MÉMOIRES DES CONTEMPORAINS.

Se trouve aussi

A la Galerie de BOSSANGE père, Libraire de S. A. S. Mgr le duc d'Orléans, rue de Richelieu, n° 60.

DE L'IMPRIMERIE DE L.-T. CELLOT,
rue du Colombier, n° 30.

Gal Rapp.

MÉMOIRES

DES

CONTEMPORAINS,

POUR SERVIR A L'HISTOIRE

DE LA RÉPUBLIQUE ET DE L'EMPIRE.

Première livraison.

PARIS,

BOSSANGE FRÈRES, LIBRAIRES,

RUE DE SEINE, N° 12.

1823.

MÉMOIRES
DU
GÉNÉRAL RAPP,

AIDE-DE-CAMP DE NAPOLÉON,

ÉCRITS PAR LUI-MÊME,

ET PUBLIÉS PAR SA FAMILLE.

AVERTISSEMENT.

Ces Mémoires n'étaient pas d'abord destinés à l'impression. C'était une esquisse, une série d'anecdotes que le général écrivait pour lui-même. Il cherchait à se consoler de nos malheurs; il recueillait ses souvenirs. La reconnaissance acheva un travail entrepris par l'ennui. Une foule de braves qui avaient concouru à la défense de Dantzick demandaient qu'on rendît à leur courage la justice dont les événements les avaient privés. Le général résolut de le faire de la manière qui lui parut la plus propre à les venger de cet oubli. Il refondit ses Mémoires, et en fit en quelque sorte le personnel de ceux qui s'étaient le plus distingués par leur bravoure. Un écrit avait été livré à la librairie comme un don du général, auquel on l'attribuait. Le rang de celui qui s'en disait le donataire avait dû en imposer à l'éditeur, qui l'imprimait sous le titre de Mémoires du général Rapp. Cette circonstance nous a déterminés à publier les véritables. Nous les livrons au public tels que le général les avait arrêtés.

MÉMOIRES
DU
GÉNÉRAL RAPP,

PREMIER AIDE-DE-CAMP

DE NAPOLÉON.

CHAPITRE PREMIER.

Je n'ai pas la prétention d'être un personnage historique : mais j'ai approché long-temps d'un homme dont on a indignement travesti le caractère, j'ai commandé à des braves dont les services sont méconnus ; l'un ma comblé de biens, les autres m'eussent donné leur vie : je ne dois pas l'oublier.

Je servais depuis plusieurs années ; je donnais obscurément quelques coups de sabre, comme cela se pratique quand on est subalterne. Je fus à la fin assez heureux pour être remarqué par le général Desaix. Notre avant-garde en désordre était vivement ramenée. J'accourus avec une centaine de hussards; nous chargeâmes les Autrichiens, et nous réussîmes à les mettre en fuite. Nous étions presque tous couverts de blessures, mais nous en fûmes bien dédommagés par les éloges que nous reçûmes. Le général daigna m'engager à prendre soin de moi, et me fit délivrer l'attestation la plus flatteuse que jamais soldat ait obtenue. Je note cette circonstance, non parce qu'elle me valut les épaulettes, mais parce qu'elle me concilia l'amitié de ce grand homme, et qu'elle fut l'origine de ma fortune. L'attestation était ainsi conçue :

ARMÉE DE RHIN ET MOSELLE.

« Au quartier général à Blotsheim, le 30 fructidor, an 3 de la république française, une et indivisible.

» Je soussigné, général de division commandant l'aile droite de ladite armée, certifie que le citoyen Jean Rapp, lieutenant au dixième régiment de chasseurs à cheval, a servi sous mes ordres avec ledit régiment pendant les deux dernières campagnes; que dans toutes les occasions il a donné des preuves d'une intelligence rare, d'un sang-froid étonnant, et d'une bravoure digne d'admiration ; qu'il a été blessé très grièvement à trois reprises différentes, et que notamment le 9 prairial de l'an 2, à la tête d'une compagnie de chasseurs, il s'est précipité sur une colonne de hussards ennemis, plus que quintuple, avec un dévouement si intrépide, qu'il culbuta cette masse redoutable, protégea la retraite d'une partie de nos troupes, et remporta l'honneur de la journée. On ne peut trop regretter que, victime de son zèle, il ait été blessé très dangereusement et de manière à ne pouvoir plus se servir de son bras. Il est trop digne de la reconnaissance nationale pour ne pas mériter d'être honorablement employé dans une place, si un service plus actif n'est plus en son pouvoir. J'atteste que le citoyen Rapp emporte avec lui l'amitié et l'estime de tous ceux qui le connaissent.

» Desaix. »

Devenu aide-de-camp du modeste vainqueur d'Offenbourg, je fis auprès de lui les campagnes d'Allemagne et d'Égypte. J'obtins successivement le grade de chef d'escadron à Sédiman, où j'eus le bonheur, à la tête de deux cents braves, d'enlever le reste de l'artillerie des Turcs; et de colonel à Samanhout sous les ruines de

Thèbes. Je fus grièvement blessé dans cette dernière affaire, mais aussi je fus cité bien honorablement dans les relations du général en chef.

A la mort du brave Desaix, tué à Marengo au moment où il décidait la victoire, le premier consul daigna m'attacher à sa personne. J'héritai de sa bienveillance pour le conquérant de la haute Egypte. J'eus dès lors quelque consistance; mes rapports devinrent plus étendus.

Du zèle, de la franchise, quelque aptitude aux armes, me méritèrent sa confiance. Il a souvent dit à ses alentours qu'il était difficile d'avoir plus de bon sens naturel et de discernement que Rapp. On me répétait ces éloges, et j'avoue que j'en étais flatté : si c'est une faiblesse, qu'on me la pardonne ; chacun a les siennes. Je me serais fait tuer pour lui prouver ma reconnaissance, il le savait : aussi répétait-il fréquemment à mes amis que j'étais un frondeur, une mauvaise tête, mais que j'avais un bon cœur. Il me tutoyait, ainsi que Lannes; quand il nous appelait *vous* ou **Monsieur le général**, nous étions inquiets, nous étions sûrs d'avoir été desservis. Il avait la faiblesse d'attacher de l'importance à une police de caquetage, qui ne lui faisait la plupart du temps que de faux rapports. Cette méprisable police! elle a empoisonné sa vie;

elle l'a souvent aigri contre ses amis, ses proches, contre sa propre épouse.

Napoléon faisait peu de cas de la bravoure; il la regardait comme une qualité ordinaire, commune à tous les Français : l'intrépidité seule était quelque chose à ses yeux; aussi passait-il tout à un intrépide. C'était son expression : quand quelqu'un sollicitait une grâce, soit aux audiences, soit aux revues, il ne manquait jamais de lui demander s'il avait été blessé. Il prétendait que chaque blessure était un quartier de noblesse. Il honorait, il récompensait cette espèce d'illustration : il savait pourquoi. Cependant il s'aperçut bientôt qu'elle n'allait pas aux antichambres, et les ouvrit à l'ancienne caste. Cette préférence nous déplut : il le remarqua, et nous en sut mauvais gré. « Je vois » bien, me dit-il un jour, que ces nobles que je » place dans ma maison vous donnent de l'om- » brage. » J'avais pourtant assez bien mérité du privilége. J'avais fait rayer de la liste des émigrés plusieurs gentilshommes ; j'avais procuré des places aux uns, donné de l'argent, fait des pensions aux autres : quelques uns s'en rappellent, la plupart l'ont oublié. A la bonne heure ; ma caisse est fermée depuis le retour du roi. Aussi-bien n'était-ce pas de la reconnaissance que je cherchais. Je voulais soulager l'infortune ; mais je ne voulais pas que les émigrés vinssent s'interposer entre nous et le grand homme que nous avions élevé sur le pavois.

J'avais oublié cette scène désagréable : mais Napoléon n'oubliait pas les choses pénibles qui lui échappaient ; il avait beau chercher à se montrer sévère, la nature était plus forte, sa bonté l'emportait toujours. Il me fit appeler ; il me parla de noblesse, d'émigration, et revenant tout à coup à la scène qu'il m'avait faite, « Vous croyez donc que j'ai de la prédi-
» lection pour ces gens-là ! vous vous trompez.
» Je m'en sers ; mais vous savez pourquoi : car
» enfin suis-je noble moi, mauvais gentilhomme
» corse ? — Ni moi, ni l'armée, lui répliquai-je, ne
» nous sommes jamais informés de votre origine.
» Vos actions nous suffisent. » Je rendis compte de cette conversation à plusieurs de mes amis, entre autres aux généraux Mouton et Lauriston.

La plupart de ces mêmes nobles prétendent cependant qu'ils ont cédé à la violence. Rien n'est plus faux. Je n'en connais que deux qui aient reçu des brevets de chambellans sans les avoir demandés. Quelques autres ont refusé des offres avantageuses ; mais, à ces exceptions près, tous sollicitaient, priaient, importunaient. C'était un concert de zèle et d'abandon dont on n'a pas d'exemple. Le plus chétif emploi, les fonctions les plus humbles, rien ne les rebutait; on eût dit que c'était à la vie et à la mort. Si jamais quelque main infidèle se glisse dans les cartons de MM. Talleyrand, Montesquiou, Ségur, Duroc, etc., de quelles expressions brûlantes elle enrichira le langage du dévouement! Ils rivalisent aujourd'hui de haines et d'invectives. La chose est bien naturelle : s'ils avaient en effet pour lui la haine profonde qu'ils témoignent, il faut convenir que pendant quinze ans qu'ils furent à ses pieds ils ont dû se faire une étrange violence. Et pourtant toute l'Europe le sait! à l'aisance de leurs manières, à la continuité de leur sourire, à la souplesse de leurs révérences, on eût dit qu'ils y allaient de cœur et que cela leur coûtait bien peu.

CHAPITRE II.

Beaucoup de gens dépeignent Napoléon comme un homme violent, dur et emporté : c'est qu'ils ne l'ont jamais approché. Sans doute, absorbé comme il l'était par les affaires, contrarié dans ses vues, entravé dans ses projets, il avait ses impatiences et ses inégalités. Cependant il était si bon, si généreux, qu'il se fût bientôt calmé : mais, loin de l'apaiser, les confidents de ses ennuis ne faisaient qu'exciter sa colère. « Votre Majesté a raison, lui disaient-ils : un tel a mérité d'être fusillé ou destitué, renvoyé ou disgracié.... Je savais depuis long-temps qu'il était votre ennemi. Il faut des exemples ; ils sont nécessaires au maintien de la tranquillité. »

S'agissait-il de lever des contributions sur le pays ennemi, Napoléon demandait, je suppose, vingt millions : on lui conseillait d'en exiger dix de plus. Les contributions étaient-elles acquittées, « Il faut, lui disait-on, que Votre Majesté ménage son trésor, qu'elle fasse vivre ses troupes aux dépens des pays conquis, ou les laisse en subsistance sur le territoire de la confédération. »

Etait-il question de lever deux cent mille conscrits, on lui persuadait d'en demander trois cent mille; de liquider un créancier dont le droit était incontestable, on lui insinuait des doutes sur la légitimité de la créance, on lui faisait réduire à moitié, au tiers, souvent à rien, le montant de la réclamation.

Parlait-il de faire la guerre, on applaudissait à cette généreuse résolution : la guerre seule enrichissait la France; il fallait étonner le monde, et l'étonner d'une manière digne de la grande nation.

Voilà comment, en provoquant, en encourageant des vues, des entreprises encore incertaines, on l'a précipité dans des guerres continuelles. Voilà comment on est parvenu à imprimer à son règne un air de violence qui n'était point dans son caractère et dans ses habitudes : elles étaient tout-à-fait débonnaires. Jamais homme ne fut plus enclin à l'indulgence, et plus sensible à la voix de l'humanité. Je pourrais en citer mille exemples : je me borne au suivant.

George et ses complices avaient été condamnés. Joséphine intercéda pour MM. Polignac, Murat pour M. de Rivière: ils réussirent l'un et l'autre. Le jour de l'exécution, le banquier Schérer accourut tout en pleurs à Saint-Cloud : il demanda à me parler. C'était pour que je sollicitasse la grâce de son beau-frère, M. de Russillon, ancien major suisse, qui se trouvait impliqué dans cette affaire. Il était accompagné de quelques uns de ses compatriotes, tous parents du condamné. Ils savaient bien, me dirent-ils, que le major avait mérité la mort ; mais il était père de famille, il tenait aux premières maisons du canton de Berne. Je cédai, et n'eus pas lieu de m'en repentir.

Il était sept heures du matin ; Napoléon, déjà levé, était dans son cabinet avec Corvisart : je me fis annoncer. « Sire, lui dis-je, il n'y a pas
» long-temps que Votre Majesté a donné sa mé-
» diation aux Suisses. Elle sait que tous n'en ont
» pas été également satisfaits, les Bernois surtout...
» Il se présente une occasion de leur prouver que
» vous êtes grand et généreux : un de leurs compa-
» triotes doit être exécuté aujourd'hui ; il tient à
» ce qu'il y a de mieux dans le pays, et certes la
» grâce que vous lui accorderez fera sensation, et
» vous y attachera beaucoup de monde. — Quel est
» cet homme ? Comment s'appelle-t-il ? — Russil-
» lon. » A ce nom, il devint furieux. — « Il est plus
» dangereux, plus coupable que George même.

» — Je sais tout ce que Votre Majesté me fait
» l'honneur de me dire; mais les Suisses, mais sa
» famille, mais ses enfants, vous béniront. Faites-
» lui grâce, non pas pour lui, mais pour tant de
» braves gens qui ont assez gémi de ses sottises.
» — Entendez-vous ? » dit-il en se tournant vers
Corvisart. En même temps, il m'arrache la pétition, l'approuve; et me la rendant avec la même impétuosité, « Envoyez au plus vite un courrier
» pour qu'on suspende l'exécution.» On peut aisément se figurer la joie de cette famille, qui me témoigna sa reconnaissance par la voie des papiers publics. Russillon fut enfermé avec ses complices, et obtint plus tard sa mise en liberté. Il a fait, depuis le retour du roi, plusieurs voyages à Paris, sans que je l'aie vu. Il a pensé que j'attachais assez peu d'importance à ce petit service; il a eu raison.

CHAPITRE III.

Personne n'était plus sensible, personne n'était plus constant dans ses affections que Napoléon. Il aimait tendrement sa mère, il adorait son épouse, il chérissait ses sœurs, ses frères, tous ses proches. Tous, excepté sa mère, l'ont abreuvé d'amertumes : il n'a cependant cessé de leur prodiguer les biens et les honneurs. Lucien est celui qui s'est le plus opposé à ses vues, qui a plus obstinément contrarié ses projets. Un jour, dans une vive discussion qu'ils eurent, je ne sais à quel sujet, il tira sa montre, la jeta par terre avec violence, en lui adressant ces paroles remarquables : « Vous vous briserez comme » j'ai brisé cette montre, et un temps viendra où » votre famille et vos amis ne sauront où reposer » leur tête. » Il se maria quelques jours après, sans avoir obtenu son agrément, ni même lui avoir fait part de son dessein. Tout cela ne l'a pas empêché de l'accueillir en 1815 : à la vérité, il se fit presser ; Lucien fut obligé d'attendre à l'avant-dernière poste, mais il ne tarda pas à être admis.

Napoléon ne se bornait pas à ses proches : l'amitié, les services, tout avait part à ses bienfaits. Je puis en parler par expérience. Je suis revenu d'Égypte, alors aide-de-camp du brave général Desaix, avec deux cents louis d'épargnes ; c'était tout ce que je possédais. A l'époque de l'abdication, j'avais quatre cent mille francs de revenus, tant en dotations, qu'appointements, gratifications, frais extraordinaires, etc. J'en ai perdu les cinq sixièmes ; je ne les regrette pas : ce qui me reste forme encore un assez beau contraste avec ma fortune primitive. Mais ce que je regrette, c'est ce long amas de gloire acquise au prix de tant de sang et de fatigues ; elle est à jamais perdue : voilà de quoi je suis inconsolable.

Je ne suis pas le seul qu'il ait comblé de biens. Mille autres ont été accablés de faveurs, sans que jamais les torts que plusieurs de nous ont eus envers lui aient pu nous faire perdre sa bienveillance. Quelque forts que fussent ces griefs, il les oubliait toujours, dès qu'il était convaincu que le cœur n'y était pour rien. Je pourrais citer cent exemples de son indulgence à cet égard : je me borne aux suivants.

Lorsqu'il prit le titre d'empereur, les changements qu'il fut obligé de faire dans sa maison, qui jusque-là n'avait été que militaire, déplurent à plusieurs d'entre nous : nous étions habitués à l'intimité de ce grand homme ; la réserve que nous imposait la pourpre nous blessait.

Les généraux Reignier et Damas étaient alors en disgrâce : j'étais lié avec l'un et avec l'autre, et je n'avais pas l'habitude d'abandonner mes amis malheureux. J'avais tout fait pour dissiper les préventions de Napoléon contre ces deux officiers généraux, sans pouvoir y réussir. Je revins un jour à la charge au sujet de Reignier ; Napoléon impatienté prit de l'humeur, et me dit sèchement qu'il ne voulait plus entendre parler de lui. J'écrivis à ce brave général que toutes mes démarches avaient été infructueuses ; je l'exhortai à la patience, et j'ajoutai quelques phrases dictées par le dépit. J'eus l'imprudence de confier ma lettre à la poste ; elle fut ouverte et envoyée à l'empereur. Il la lut trois ou quatre fois, se fit apporter de mon écriture pour comparer, et ne pouvait se persuader que je l'eusse écrite. Il se mit dans une colère affreuse, et m'envoya de Saint-Cloud un courrier aux Tuileries, où j'étais logé. Je crus être appelé pour une mission, et partis sur-le-champ. Je trouvai Caulaincourt dans le salon de service avec Cafarelli : je

lui demandai ce qu'il y avait de nouveau. Il connaissait déjà l'affaire, il en paraissait peiné; mais il ne m'en dit pas un mot. J'entrai chez Napoléon, qui, ma lettre à la main, sortait du cabinet comme un furieux. Il me regarda avec ces yeux étincelants qui ont fait trembler tant de monde. « Connaissez-vous cette écriture ? —
» Oui, Sire. — Elle est de vous ? — Oui, Sire.
» — Vous êtes le dernier que j'aurais soupçonné.
» Pouvez-vous écrire de pareilles horreurs à mes
» ennemis ? vous que j'ai toujours si bien traité !
» vous pour qui j'ai tout fait ! vous le seul de mes
» aides-de-camp que j'ai logé aux Tuileries ! » La porte de son cabinet était entr'ouverte; il s'en aperçut, et alla l'ouvrir tout-à-fait, afin que M. Menneval, un des secrétaires, entendît la scène qu'il me faisait. « Allez, me dit-il en me
» toisant du haut en bas, vous êtes un ingrat !
» — Non, Sire; l'ingratitude n'est jamais entrée
» dans mon cœur. — Relisez cette lettre (il me la
» mit devant les yeux), et décidez. — Sire, de tous
» les reproches que vous pouvez me faire, celui-là
» m'est le plus sensible. Puisque j'ai perdu votre
» confiance, je ne puis plus vous servir. — Oui,
» f....e, vous l'avez perdue. » Je le saluai respectueusement, et m'en allai.

J'étais décidé à me retirer en Alsace. Je fis

mes préparatifs de départ. Joséphine m'envoya dire de revenir et de faire des excuses à Napoléon ; Louis me donna un conseil tout opposé. J'eusse pu m'en passer, ma résolution était déjà prise. Deux jours se passèrent sans que j'eusse reçu de nouvelles de Saint-Cloud. Quelques amis, au nombre desquels était le maréchal Bessières, vinrent me faire visite. « Vous avez eu tort, me » dit-il, vous ne pouvez en disconvenir. Le res- » pect, la reconnaissance que vous devez à l'empe- » reur, vous en imposent le devoir; faites-lui l'aveu » de votre faute. » Je cédai. A peine Napoléon eut-il reçu ma lettre, qu'il me fit dire de monter à cheval avec lui. Il me bouda cependant quelque temps. Enfin, un jour, il me demanda de très bonne heure à Saint-Cloud. « Je ne suis plus fâ- » ché contre toi, me dit-il avec bonté : tu as fait » une lourde sottise; je n'y pense plus, tout est » oublié. Mais il faut que tu te maries. » Il me nomma deux jeunes personnes qu'il me dit me convenir. Le mariage se fit : malheureusement il ne fut pas heureux.

Bernadotte était en pleine disgrâce, et le méritait. Je le trouvai à Plombières, où on lui avait permis d'aller prendre les eaux avec sa femme et son fils, et où j'étais pour le même objet. J'ai toujours aimé son caractère affable et bon; je le

voyais souvent; il me confia ses ennuis, et me pria de m'intéresser auprès de l'empereur, qu'il n'avait jamais, disait-il, cessé d'admirer, et auprès de qui il avait été calomnié. J'appris, à mon retour, que ses amis, son beau-frère, madame Julie elle-même, avaient inutilement intercédé pour lui. Napoléon ne voulait rien entendre; il était toujours plus irrité. Cependant j'avais promis, il fallait tenir parole. L'empereur se disposait à se rendre à Villiers, où Murat lui donnait une fête: il était de bonne humeur; je résolus de profiter de cette circonstance. Je fis part de mon projet au maréchal Bessières, avec lequel je l'accompagnais : il m'en dissuada. Il m'apprit que madame Julie était encore venue le matin même à la Malmaison, qu'elle était repartie tout en pleurs, qu'elle n'avait rien pu obtenir. Cette circonstance n'était pas propre à m'inspirer de la confiance; je me hasardai néanmoins. Je dis à Napoléon que j'avais vu Bernadotte à Plombières, qu'il était triste et fort affecté de sa disgrâce. « Il proteste, ajoutai-je, qu'il n'a ja-
» mais cessé de vous aimer et de vous être dévoué.
» — Ne me parle jamais de ce b....e-là; il a
» mérité d'être fusillé; » et il partit au galop. Je trouvai chez Murat Joseph et son épouse: je leur fis part de ma mésaventure. Bernadotte l'apprit, et m'a toujours su gré de ma démarche. Tous les

griefs de Napoléon contre ce prince ne l'empêchèrent pas de lui pardonner plus tard; il le combla de biens et d'honneurs. Le prince royal est à la veille de monter sur le trône, et l'auteur de sa fortune exilé au milieu des mers.

CHAPITRE IV.

Il y en a qui prétendent que Napoléon n'a jamais été brave. Un homme qui de simple lieutenant d'artillerie est devenu chef d'une nation comme la nôtre ne peut être dépourvu d'aucune espèce de courage. Au surplus, le 18 brumaire, le 3 nivose, le complot d'Arena, attestent s'il en manquait. Il savait combien il avait d'ennemis parmi les jacobins et les chouans : cependant presque tous les soirs il sortait à pied; il se promenait dans les rues, se perdait au milieu des groupes, sans être jamais accompagné de plus de deux personnes. C'étaient ordinairement Lannes, Duroc, Bessières, ou quelques uns de ses aides-de-camp, qui le suivaient dans ces courses nocturnes. Ce fait n'était ignoré de personne à Paris.

On n'a jamais bien connu dans le public l'affaire de la machine infernale. La police avait prévenu Napoléon qu'on cherchait à attenter à sa vie, et lui avait conseillé de ne pas sortir. Madame Bonaparte, mademoiselle Beauharnais, madame Murat, Lannes, Bessières, l'aide-de-camp

de service, le lieutenant Lebrun, aujourd'hui duc de Plaisance, étaient au salon ; le premier consul travaillait dans son cabinet. On donnait ce jour-là l'Oratorio d'Haydn ; les dames avaient grande envie de l'entendre, et nous le témoignèrent. On demanda le piquet d'escorte; et Lannes se chargea de proposer à Napoléon d'être de la partie. Ce prince y consentit; et trouvant sa voiture prête, il prit avec lui Bessières et l'aide-de-camp de service. Je fus chargé d'accompagner les dames. Joséphine avait reçu de Constantinople un schall magnifique, qu'elle mettait pour la première fois. « Per-
» mettez, lui dis-je, que je vous en fasse l'obser-
» vation, votre schall n'est pas mis avec cette grâce
» qui vous est habituelle. » Elle me pria, en riant, de le ployer à la manière des dames égyptiennes. Pendant cette singulière opération, on entendit Napoléon qui s'éloignait. « Dépêchez-vous, ma
» sœur, dit madame Murat impatiente d'arriver
» au spectacle; voilà Bonaparte qui s'en va. » Nous montâmes en voiture : celle du premier consul était déjà au milieu du Carrousel; nous la suivîmes : mais nous étions à peine sur la place, que la machine fit explosion. Napoléon n'échappa que par un singulier bonheur. Saint-Régent, ou son domestique François, s'était placé au milieu de la rue Nicaise. Un grenadier de l'escorte,

qui les prit pour de véritables porteurs d'eau, leur appliqua plusieurs coups de plat de sabre qui les éloignèrent ; il détourna la charrette, Bonaparte passa, et l'explosion se fit entre sa voiture et celle de Joséphine. A cette explosion terrible, les dames jetèrent les hauts cris; les glaces furent brisées, et mademoiselle Beauharnais fut légèrement blessée à la main. Je descendis et traversai la rue Nicaise au milieu des cadavres et des pans de murs que la détonation avait ébranlés. Le consul ni personne de sa suite n'avaient éprouvé d'accident fâcheux. Il était dans sa loge, calme, paisible, occupé à lorgner les spectateurs; il avait Fouché à ses côtés. « Joséphine ! » dit-il dès qu'il m'aperçut. Elle entrait à l'instant même, il n'acheva pas sa question. « Ces coquins, ajouta-t-il avec le plus grand sang-
» froid, ont voulu me faire sauter. Faites-moi ap-
» porter un imprimé de l'Oratorio de Haydn. »

Les spectateurs apprirent bientôt à quel danger il avait échappé, et lui prodiguèrent les témoignages du plus vif intérêt. Voilà, je crois, des preuves de courage qui ne sont pas équivoques : ceux qui l'ont suivi sur le champ de bataille ne seraient pas embarrassés d'en citer d'autres.

CHAPITRE V.

Napoléon, quoi qu'en disent ses détracteurs, n'était ni avantageux ni tenace dans ses opinions. Il provoquait les lumières; il recherchait les avis de tous ceux à qui il est permis d'en avoir. L'envie de lui plaire dominait quelquefois au conseil : quand il s'en apercevait, il ramenait aussitôt la discussion à sa sévérité naturelle. « Messieurs, disait-il à ses lieutenants, ce » n'est pas pour être de mon avis, mais pour avoir » le vôtre, que je vous ai appelés. Exposez-moi » vos vues : je verrai si ce que vous proposez » vaut mieux que ce que je pense. »

Pendant que nous étions à Boulogne, il donna une leçon de cette espèce au ministre de la marine. Il lui avait proposé quelques questions auxquelles M. Decrès répondit par des flatteries. « Monsieur Decrès, lui écrivit Napoléon, je vous » prie de m'envoyer dans la journée de demain un » mémoire sur cette question : *Dans la situation* » *des choses, si l'amiral Villeneuve reste à Cadix,* » *que faut-il faire ?* Elevez-vous à la hauteur des

» circonstances et de la situation où se trouvent
» la France et l'Angleterre. Ne m'écrivez plus de
» lettres comme celle que vous m'avez écrite ;
» cela ne signifie rien. Je n'ai qu'un besoin, celui
» de réussir.

» Sur ce, je prie Dieu, etc. »

La surveille de la bataille d'Austerlitz, une partie de l'armée était placée dans une position désavantageuse, et le général qui l'occupait en exagérait encore les inconvénients. Cependant lorsque le conseil fut assemblé, il soutint qu'elle était tenable, et promettait de la défendre. « Qu'est-ce ci ? dit le grand-duc de Berg. Que » sont devenues, monsieur le maréchal, les in- » quiétudes que vous manifestiez tout à l'heure ? » — Pourquoi flatter quand on délibère ? dit à » son tour le maréchal Lannes. Nous devons ex- » poser les choses telles qu'elles nous paraissent » à l'empereur, sauf à lui de faire ce que bon lui » semble. — C'est juste, reprit Napoléon ; pour » me faire plaisir il ne faut pas qu'on me trompe. »

Mais autant il recherchait les conseils de ceux qui peuvent en donner, autant il accueillait mal les observations des gens peu capables. Fesch voulut un jour lui en faire au sujet de la guerre d'Espagne. Il n'avait pas dit deux paroles que Napoléon, le conduisant vers l'embrasure d'une fenêtre : « Voyez-vous cette étoile ? » C'était en plein midi. — « Non, répondit l'archevêque. » — Eh bien, tant que je serai le seul qui l'a- » perçoive, j'irai mon train et ne souffrirai pas » d'observations. »

Au retour de la campagne de Russie, il déplorait, avec une vive émotion, la mort de tant de braves, moissonnés, non par le fer des Cosaques, mais par le froid et la faim. Un courtisan voulut placer son mot, et dit d'un ton de pénitent : « Nous avons fait une bien grande perte ! — Oui, » repartit Napoléon, madame Barilli¹ est morte. »

Il mystifiait l'indiscrétion, mais il ne repoussait ni la plaisanterie ni la franchise.

Madame Bachioci amena un jour aux Tuileries M. d'A..., un de ses parents. Elle se retira après l'avoir introduit au salon de service, et le laissa seul avec moi. Cet homme avait, comme beaucoup de ses compatriotes, une mauvaise figure ; je me défiais de lui. Je prévins néanmoins Napoléon, qui le fit entrer. Il avait sans doute des choses importantes à lui communiquer. Un mouvement de tête m'avertit de rentrer au salon. Je feignis de ne m'en être pas aperçu, et restai : je craignais pour sa personne. Il vint à

---

¹ Célèbre cantatrice du théâtre Italien.

moi, et me dit qu'ils désiraient être seuls. Je sortis, mais je laissai la porte entr'ouverte.

Quand Napoléon eut congédié M. d'A..., il me demanda pourquoi je voulais absolument rester. — « Vous savez, lui répondis-je, que je ne suis pas » indiscret; mais, je vous l'avoue franchement, je » n'aime pas vos Corses. » Il raconta lui-même cette anecdote, qui déplut beaucoup à sa famille; quant à lui, il prit très bien la chose. Je suis persuadé cependant qu'il eût mieux aimé ne pas m'entendre ainsi parler de ses compatriotes.

Un soir, après la bataille de Wagram, nous étions à jouer au vingt-et-un. Napoléon aimait beaucoup ce jeu : il s'amusait à y tromper, et riait de ses supercheries. Il avait devant lui une grande quantité d'or, qu'il étalait sur la table. — « N'est-ce pas, Rapp, me dit-il, que les Alle- » mands aiment bien ces petits napoléons? — Oui, » Sire, bien plus que le grand. — Voilà, répli- » qua-t-il, ce qu'on peut appeler de la franchise » germanique. »

CHAPITRE VI.

J'étais au camp de Boulogne lorsque la troisième guerre d'Autriche éclata. Nous passâmes le Rhin. Coupée, battue, l'armée ennemie alla s'enfermer dans Ulm; elle fut aussitôt sommée de mettre bas les armes. Le détail de cette négociation, conduite par M. de Ségur, peint trop bien le désordre et l'anxiété du malheureux général pour ne pas trouver place ici. Voici en quels termes il en rendit compte.

« Hier, 24 vendémiaire (16 octobre), l'empereur m'a fait appeler dans son cabinet; il m'a ordonné d'aller à Ulm, de décider Mack à se rendre dans cinq jours, et, s'il en exigeait absolument six, de les lui accorder. Je n'ai pas reçu d'autres instructions. La nuit était noire; un ouragan terrible venait de s'élever, il pleuvait à flots: il fallait passer par des chemins de traverse, et éviter des bourbiers où l'homme, le cheval et la mission pouvaient finir avant terme. J'ai été presque jusqu'aux portes de la ville sans trouver nos avant-postes; il n'y en avait plus : factionnaires, vedettes, grandes-gardes, tout s'était mis à couvert; les parcs d'artillerie même étaient abandonnés; point de feux, point d'étoiles. Il a fallu errer pendant trois heures pour trouver un général. J'ai traversé plusieurs villages et questionné inutilement ceux qui les remplissaient.

» J'ai enfin trouvé un trompette d'artillerie à moitié noyé dans la boue, sous son caisson; il était raide de froid. Nous nous sommes approchés des remparts d'Ulm. On nous attendait sans doute; car, au premier appel, M. de Latour, officier parlant bien français, s'est présenté. Il m'a bandé les yeux, et m'a fait gravir par-dessus les fortifications. J'observai à mon conducteur que la nuit était si noire qu'elle rendait le bandeau inutile; mais il m'objecta l'usage. La course me paraissait longue. Je fis causer mon guide : mon but était de savoir quelles troupes renfermait la ville. Je lui demandai si nous étions encore loin de la demeure du général Mack et de celle de l'archiduc. C'est tout près, me répondit mon guide. J'en conclus que nous tenions dans Ulm tout le reste de l'armée autrichienne. La suite de la conversation me confirma dans cette conjecture. Nous arrivâmes enfin dans l'auberge où le général en chef demeurait. Il

m'a paru grand, âgé, pâle ; l'expression de sa figure annonce une imagination vive. Ses traits étaient tourmentés par une anxiété qu'il cherchait à cacher. Après avoir échangé quelques compliments, je me nommai ; puis, entrant en matière, je lui dis que je venais de la part de l'empereur le sommer de se rendre, et régler avec lui les conditions de la capitulation. Ces expressions lui parurent insupportables, et il ne convint pas d'abord de la nécessité de les entendre. J'insistai, en lui observant qu'ayant été reçu, je devais supposer, ainsi que l'empereur, qu'il avait apprécié sa position : mais il me répondit vivement qu'elle allait bien changer ; que l'armée russe s'approchait pour le secourir, qu'elle nous mettrait entre deux feux, et que peut-être ce serait bientôt à nous à capituler. Je lui répliquai que, dans sa position, il n'était pas étonnant qu'il ignorât ce qui se passait en Allemagne ; qu'en conséquence, je devais lui apprendre que le maréchal Bernadotte occupait Ingolstadt et Munich, et qu'il avait ses avant-postes sur l'Inn, où les Russes ne s'étaient pas encore montrés. « Que je sois le plus grand......,
» s'écria le général Mack tout en colère, si je ne sais
» pas, par des rapports certains, que les Russes
» sont à Dachau ! Croit-on m'abuser ainsi ? Me

» traite-t-on comme un enfant? Non, monsieur de
» Ségur. Si dans huit jours je ne suis pas secouru,
» je consens à rendre ma place, à ce que mes sol-
» dats soient prisonniers de guerre, et leurs offi-
» ciers prisonniers sur parole. Alors on aura eu le
» temps de me secourir, j'aurai satisfait à mon de-
» voir : mais on me secourra, j'en suis certain !
» — J'ai l'honneur de vous répéter, monsieur le
» général, que nous sommes non seulement maî-
» tres de Dachau, mais de Munich : d'ailleurs, en
» supposant vraie votre erreur, si les Russes sont
» à Dachau, cinq jours leur suffisent pour venir
» nous attaquer, et Sa Majesté vous les accorde.
» — Non, monsieur, reprit le maréchal; je de-
» mande huit jours. Je ne puis entendre à au-
» cune autre proposition; il me faut huit jours,
» ils sont indispensables à ma responsabilité. —
» Ainsi, repris-je, toute la difficulté consiste dans
» cette différence de cinq à huit jours? Mais je ne
» conçois pas l'importance que votre excellence y
» attache, quand Sa Majesté est devant vous, à la
» tête de plus de cent mille hommes, et quand
» les corps du maréchal Bernadotte et du général
» Marmont suffisent pour retarder de ces trois
» jours la marche des Russes, même en les sup-
» posant où ils sont encore bien loin d'être. — Ils
» sont à Dachau, répéta le général Mack. — Eh

» bien ! soit, monsieur le baron, et même à Augs-
» bourg ; nous en sommes d'autant plus pressés de
» terminer avec vous : ne nous forcez donc pas
» d'emporter Ulm d'assaut ; car alors, au lieu de
» cinq jours d'attente, l'empereur y serait dans une
» matinée. — Ah ! monsieur, répliqua le général
» en chef, ne pensez pas que quinze mille hommes
» se laissent forcer si facilement ; il vous en coûte-
» rait cher ! — Quelques centaines d'hommes, lui
» répondis-je ; et à vous votre armée et la destruc-
» tion d'Ulm, que l'Allemagne vous reprocherait ;
» enfin tous les malheurs d'un assaut que Sa Ma-
» jesté veut prévenir par la proposition qu'elle m'a
» chargé de vous faire. — Dites, s'écria le maré-
» chal, qu'il vous en coûterait dix mille hommes !
» La réputation d'Ulm est assez connue. — Elle
» consiste dans les hauteurs qui l'environnent, et
» nous les occupons. — Allons donc, monsieur,
» il est impossible que vous ne connaissiez pas la
» force d'Ulm ! — Sans doute, monsieur le maré-
» chal, et d'autant mieux que nous voyons dedans.
» — Eh bien ! monsieur, dit alors ce malheureux
» général, vous y voyez des hommes prêts à se
» défendre jusqu'à la dernière extrémité, si votre
» empereur ne leur accorde pas huit jours. Je
» tiendrai long-temps ici. Il y a dans Ulm trois
» mille chevaux que nous mangerons, plutôt que

» de nous rendre, avec autant de plaisir que vous
» le feriez à notre place. — Trois mille chevaux ?
» répliquai-je ; ah ! monsieur le maréchal, la di-
» sette que vous devez éprouver est donc déjà bien
» grande, puisque vous songez à une si triste res-
» source ? »

» Le maréchal se dépêcha de m'assurer qu'il avait pour dix jours de vivres ; mais je n'en crus rien. Le jour commençait à poindre ; nous n'avancions pas. Je pouvais accorder six jours ; mais le général Mack tenait si obstinément à ses huit jours, que je jugeai cette concession d'un jour inutile ; je ne la risquai pas. Je me levai, en disant que mes instructions m'ordonnaient d'être revenu avant le jour, et, en cas de refus, de transmettre, en passant, au maréchal Ney l'ordre de commencer l'attaque. Ici le général Mack se plaignit de la violence de ce maréchal envers un de ses parlementaires, qu'il n'avait pas voulu écouter. Je profitai de cet incident pour bien faire remarquer qu'en effet le caractère du maréchal était bouillant, impétueux, impossible à contenir ; qu'il commandait le corps le plus nombreux et le plus rapproché ; qu'il attendait avec impatience l'ordre de livrer l'assaut, et que c'était à lui que je devais le transmettre en sortant d'Ulm. Le vieux général ne s'est point laissé effrayer ; il a insisté sur les huit jours, en me pressant d'en porter la proposition à l'empereur.

» Ce malheureux général est prêt à signer la perte de l'Autriche et la sienne; et pourtant dans cette position désespérée, où tout en lui doit souffrir cruellement, il ne s'abandonne pas encore ; son esprit conserve ses facultés, sa discussion est vive et tenace. Il défend la seule chose qui lui reste à défendre, le temps. Il cherche à retarder la chute de l'Autriche dont il est cause; il veut lui donner quelques jours de plus pour s'y préparer : lui perdu, il dispute encore pour elle. Entraîné par son caractère plus politique que militaire, il veut encore jouer au plus fin contre le plus fort; sa tête s'égare dans une foule de conjectures.

» Le 25, vers neuf heures du matin, j'ai retrouvé l'empereur à l'abbaye d'Elchingen, où je lui ai rendu compte de cette négociation; il en a paru satisfait : il m'a fait rappeler; et comme je tardais, il a envoyé le maréchal Berthier me porter par écrit les propositions nouvelles qu'il voulait que je fisse signer au général Mack sur-le-champ. L'empereur accordait au général autrichien huit jours, mais à dater du 23, premier jour du blocus; ce qui les réduisait en effet aux six jours que j'avais pu d'abord proposer, et que je n'avais pas voulu concéder.

» Toutefois, en cas d'un refus obstiné, j'étais autorisé à dater ces huit jours du 25, et l'empereur gagnait encore un jour à cette concession. Il tient à entrer promptement dans Ulm, pour augmenter la gloire de sa victoire par sa rapidité, pour arriver à Vienne avant que cette ville soit remise de sa stupeur et que l'armée russe ait pu se mettre en mesure, et enfin parce que les vivres commencent à nous manquer.

» Le major-général maréchal Berthier me prévint qu'il s'approcherait de la ville, et que, les conditions réglées, il serait bien aise que je l'y fisse pénétrer.

» Je suis rentré dans Ulm vers midi, toujours avec les mêmes précautions; mais cette fois j'ai trouvé le général Mack à la porte de la ville; je lui ai remis l'ultimatum de l'empereur. Il est allé le discuter avec plusieurs généraux, parmi lesquels je crus remarquer un prince de Lichtenstein, et les généraux Klénau et Giulay. Un quart d'heure après, il revint disputer encore avec moi sur la date. Un malentendu lui persuada qu'il obtenait les huit jours entiers à partir du 25. Alors, avec une émotion de joie bien singulière : « Monsieur de Ségur! mon cher mon-

» sieur de Ségur! s'écria-t-il, je comptais sur la
» générosité de l'empereur : je ne me suis pas
» trompé... Dites au maréchal Berthier que je le
» respecte... Dites à l'empereur que je n'ai plus que
» de légères observations à faire; que je signerai
» tout ce que vous m'apportez... Mais dites à sa
» majesté que le maréchal Ney m'a traité bien du-
» rement...; que ce n'est pas ainsi qu'on traite...
» Répétez bien à l'empereur que je comptais sur
» sa générosité... » Puis, avec une effusion de cœur
toujours croissante, il ajouta : « Monsieur de
» Ségur, je tiens à votre estime...; je tiens beau-
» coup à l'opinion que vous aurez de moi. Je veux
» vous faire voir l'écrit que j'avais signé, car j'é-
» tais décidé. » En parlant ainsi, il déploya une
feuille de papier où je lus ces mots : *Huit jours
ou la mort!* signé *Mack*.

» Je restai frappé d'étonnement en voyant l'expression de bonheur qui brillait sur sa figure;
j'étais saisi et comme consterné de cette puérile
joie pour une si vaine concession. Dans un nau-
frage si considérable, à quelle faible branche le
malheureux général croyait-il donc pouvoir rat-
tacher son honneur, celui de son armée et le
salut de l'Autriche! Il me prenait les mains, me
les serrait, me permettait de sortir d'Ulm les
yeux libres; il me laissait introduire le maréchal

Berthier dans cette place sans formalités. Enfin il était heureux! Il y eut encore devant le maréchal Berthier une discussion sur les dates. J'expliquai le malentendu : on s'en remit à l'empereur. Le général Mack m'avait assuré le matin qu'il lui restait pour dix jours de vivres; il en avait si peu, comme au reste j'en avais prévenu sa majesté, qu'il demanda devant moi la permission d'en faire entrer dès le jour même.

» Mack, se voyant tourné, s'est imaginé qu'en se jetant et restant dans Ulm, il attirerait l'empereur devant ses remparts, l'y retiendrait, et favoriserait ainsi la fuite que tenteraient ses autres corps par différentes directions. Il pense s'être dévoué : c'est ce qui soutient son courage. Lorsque je négocie avec lui, *il croit notre armée tout entière immobile, et comme en arrêt devant Ulm*. Il en a fait sortir furtivement l'archiduc et Werneck. Une autre division avait tenté de s'évader vers Memmingen; une autre encore fuyait vers les montagnes du Tyrol : toutes sont ou vont être faites prisonnières.

» Aujourd'hui 27 le général Mack est venu voir l'empereur à Elchingen. Toutes ses illusions se sont évanouies.

» Sa majesté, pour le persuader de ne plus le retenir inutilement devant Ulm, lui a fait envisager sa position et celle de l'Autriche dans toute son horreur. Il lui a appris nos succès sur tous les points; que le corps de Werneck, toute son artillerie et huit généraux capitulaient; que l'archiduc lui-même était atteint, et qu'on n'entendait pas parler des Russes. Tant de coups ont anéanti le général en chef; les forces lui ont manqué, il a été obligé de s'appuyer contre la muraille; il s'est affaissé sous le poids de son malheur. Il est convenu de sa détresse, et qu'il n'avait plus de vivres dans Ulm; qu'au lieu de quinze mille hommes, il s'y trouvait vingt-quatre mille combattants et trois mille blessés; qu'au reste la confusion était telle qu'à chaque instant on en découvrait davantage; qu'il voyait bien qu'il n'avait plus d'espoir, et qu'il consentait à rendre Ulm dès le lendemain 28, à trois heures.

» En sortant de chez sa majesté, il nous vit, et je l'entendis dire : « Il est cruel d'être déshonoré » dans l'esprit de tant de braves officiers. J'ai pour- » tant dans ma poche mon opinion écrite et signée, » par laquelle je me refusais à ce qu'on disséminât » mon armée; mais je ne la commandais pas : l'ar- » chiduc Jean était là. » Il se peut qu'on n'ait obéi à Mack qu'avec répugnance.

» Aujourd'hui 28, trente-trois mille Autrichiens se sont rendus prisonniers; ils ont défilé devant l'empereur. L'infanterie a jeté les armes sur le revers du fossé; la cavalerie a mis pied à terre, s'est désarmée, et a livré ses chevaux à nos cavaliers à pied. Ces soldats, en se dépouillant de leurs armes, criaient, «Vive l'empereur!» Mack était là; il répondait aux officiers qui s'adressaient à lui sans le connaître: «Vous voyez devant » vous le malheureux Mack!»

J'étais à Elchingen avec les généraux Mouton et Bertrand lorsqu'il vint rendre ses hommages à Napoléon. « Je me flatte, Messieurs, nous dit-il » en traversant le salon de l'aide-de-camp de ser- » vice, que vous ne cessez pas de me regarder » comme un brave homme, quoique j'aie été » obligé de capituler avec des forces aussi considé- » rables. Il était difficile de résister aux manœu- » vres de votre empereur; ses combinaisons m'ont » perdu. »

Napoléon, plein de joie d'une aussi bonne affaire, envoya le général Bertrand vérifier les états de situation de l'armée qui se trouvait dans Ulm. Il vint rendre compte qu'il y avait 21,000 hommes; l'empereur ne pouvait le croire. «Vous parlez leur langue, me dit-il, allez voir ce » qui en est. » J'allai, je questionnai les chefs de corps, les généraux, les soldats; et je trouvai, d'après ces renseignements, que la place renfermait vingt-six mille combattants. Napoléon me répondit que j'étais un fou, que cela ne se pouvait pas. Effectivement quand cette armée défila devant nous, elle comptait trente-trois mille hommes, comme le dit M. de Ségur, dix-neuf généraux, une cavalerie et une artillerie superbes.

CHAPITRE VII.

Nous n'avions pas pu enfermer tous les Autrichiens dans Ulm. Werneck s'était échappé par Heydenheim, l'archiduc courait après. Tous deux fuyaient à tour de route : mais le sort avait prononcé ; on n'appelle pas de ses décisions. Napoléon, prévenu au milieu de la nuit qu'ils gagnent Albeck, mande aussitôt le grand-duc. « Une di- » vision, lui dit-il, est sortie de la place et menace » nos derrières. Suivez, prenez, dissipez-la. Que » pas un n'échappe. » La pluie tombait par torrents, les chemins étaient affreux : mais la victoire fait oublier les fatigues ! On allait, on courait, on ne songeait qu'à vaincre. Murat joint l'ennemi, l'attaque et le culbute. Il le presse, le pousse dans sa fuite ; pendant deux lieues il ne lui laisse pas reprendre haleine. Des masses occupaient Erbreetingen avec du canon. La nuit était close, nos chevaux exténués. Nous fîmes halte. Le 9ᵉ léger arriva sur les dix heures. Nous marchâmes en avant. L'attaque recommença ; village, artillerie, caissons, tout fut enlevé. Le général Odonel cherchait à faire ferme avec son arrière-garde ; un maréchal-des-logis l'aperçoit, le blesse et le prend. Il était minuit ; la troupe tombait de lassitude. Nous ne poussâmes pas plus loin nos succès.

L'ennemi fuyait en toute hâte sur Nordlingen, où nous avions de l'artillerie et des dépôts. Il était important de le prévenir. Murat détacha des partis qui le harcelaient, l'inquiétaient dans sa marche, le forçaient à prendre position, c'est-à-dire à perdre du temps. D'un autre côté, le général Rivaud devait mettre le pont de Donnavert en sûreté, et se porter avec le surplus de ses forces sur la Wiesnitz. Tout passage était intercepté. Ces dispositions prises, le prince se mit en mouvement et atteignit l'archiduc, qui se déployait à Neresheim. Nous l'abordâmes avec cet élan que donne la victoire : le choc fut irrésistible ; la cavalerie fuyait, l'infanterie mettait bas les armes ; les pièces, les drapeaux, les soldats, se rendaient en masse. Tout était dans un désordre affreux. Klein, Fauconet, Lanusses, les poussaient, les coupaient dans tous les sens, les chassaient dans toutes les directions. On somma Werneck de se rendre : il hésitait ; un concours de circonstances inouïes le décida. L'officier chargé d'escorter le parlementaire français cherchait son chef à travers champs. Il rencontra le prince de Hohenzollern, auquel il fit part de l'objet de sa mission. Celui-ci voulut l'accompagner, ne doutant pas que le feld-maréchal n'acceptât : ils se dirigèrent sur Nordlingen, qu'ils trouvèrent occupé non par ce général, mais par les troupes françaises. D'un autre côté le général Lasalle s'était porté sur Merking, et y avait enlevé un millier d'hommes; les fuyards vinrent jeter l'épouvante au quartier-général. Ces rapports ébranlèrent Werneck, il se montra disposé à traiter ; il retint l'officier français, et donna en otage le major du régiment de Kaunitz. Il remit cependant la négociation au lendemain : il voulait tenter les chances de la nuit. Dès qu'elle fut close, il essaya de se rallier à l'archiduc; mais les troupes françaises interceptaient la route, le général Rivaud culbutait Lichtenstein, et coupait le grand parc que nos hussards pressaient en queue. Werneck n'osa passer outre; il se crut enveloppé et négocia. Le général Belliard se rendit aux avant-postes : nos troupes occupèrent les hauteurs, afin d'être en mesure contre les supercheries. Mais la nuit approchait; Hohenzollern, qui, la veille, avait trouvé la capitulation inévitable, profita des ténèbres pour l'éluder; le général Miskiéry suivit son exemple: ils s'échappèrent avec la cavalerie et quelques fantassins;

ils faisaient partie du corps qui avait mis bas les armes. On pouvait croire qu'ils étaient liés par les actes de leur chef; il n'en était rien cependant: ces messieurs le crurent du moins, puisqu'ils rejoignirent les débris de l'archiduc, avec lequel ils se jetèrent sur le territoire de Prusse. Nous les atteignîmes à Gunderhausen; nous les sommâmes d'exécuter la convention. Le prince de Schwartzenberg alléguait des ordres, voulait éclaircir des doutes, écrire, s'expliquer, en un mot gagner du temps.

Les Prussiens à leur tour criaient à la neutralité; ils demandaient que la ville ne fût pas attaquée, que la colonne ennemie pût l'évacuer. Un personnage à rabat vint, sous l'escorte des officiers de l'archiduc, nous menacer de la colère du roi Guillaume. Le général Klein n'était pas homme à se payer d'une mascarade: il envoya au grand-duc ce magistrat à livrée autrichienne, et fit sonner la charge. Le prince de Schwartzenberg accourut tout décontenancé: il ne croyait pas que le général fût si proche. Il prétendit aussi que nous ne devions pas violer le territoire de la Prusse, proposa de le respecter, et de ne pas occuper Gunderhausen. Klein lui répondit de prêcher d'exemple, qu'il l'imiterait. On avançait toujours, et cependant Schwartzenberg ne se décidait pas. Murat, fatigué d'être pris pour dupe, ordonna de cesser ces discussions et de marcher. L'arrière-garde ennemie prit alors le galop, et nous céda la place. Nous la poursuivîmes pendant quelques lieues, sans pouvoir l'atteindre. Il était nuit : nous prîmes position. Nous nous remîmes en marche à la pointe du jour ; mais l'archiduc avait tellement précipité sa fuite, que ce ne fut qu'à Nuremberg que nous atteignîmes la queue de ses équipages. Un piquet d'avant-garde les chargea, et fit mettre bas les armes au bataillon d'escorte. De là, il poussa en avant, et s'engagea dans un chemin boisé, à travers l'artillerie et les bagages, poussant, culbutant quelques centaines de dragons qui cherchaient vainement à se rallier. Le gros des Autrichiens nous attendait dans une position avantageuse. Nos chasseurs furent contraints de plier. Les hussards, les carabiniers accoururent : tout fut culbuté. L'archiduc lui-même faillit être pris. Ce fut le coup de grâce du corps qui s'était échappé d'Ulm. En cinq jours, sept mille braves parcoururent un espace de quarante-cinq lieues, détruisirent une armée de vingt-cinq mille hommes, lui enlevèrent sa caisse, ses équipages, s'emparèrent de cent vingt-huit pièces de canon, onze drapeaux, et firent douze à quinze mille prisonniers. De tout ce qu'avait ramené l'archiduc, à peine restait-il quelques milliers de malheureux dispersés dans les bois.

Cependant le général Klein persistait dans ses réclamations : Werneck lui-même insistait sur la foi jurée. Ils exigeaient que les officiers compris dans la capitulation vinssent se constituer prisonniers. Le général français adressa ses plaintes à l'archiduc, ou, en son absence, au général commandant l'armée autrichienne ; mais le désordre était tel, que le parlementaire fut obligé de courir jusqu'au fond de la Bohême pour trouver un officier qui pût recevoir ses dépêches. La réponse se fit long-temps attendre : elle arriva enfin. C'était une lettre du général Kollowrard, qui lui transmettait la correspondance qui suit :

Au lieutenant-général de sa majesté impériale et royale, comte de Hohenzollern.

« Monsieur le lieutenant-général,

» Vous m'avez soumis la lettre du lieutenant-
» général Werneck. Je vous répondrai que, selon
» les lois de la guerre et les droits des nations, je
» trouve très illégales les prétentions du général
» français.

» En conséquence, je déclare que vous et les
» troupes avec lesquelles vous êtes rentré ne pou-
» vez être compris dans la capitulation. Je vous
» ordonne donc, ainsi qu'à elles, de continuer à
» servir comme auparavant. »

Signé, Ferdinand.
Et plus bas, Morvalh,
major et aide-de-camp.

Egra, le 23 octobre 1805.

Au moyen de cette pièce la capitulation n'était pas une capitulation. Hohenzollern fuyait sans forfaire à l'honneur. Il s'étonnait qu'on voulût lui faire rendre en masse des soldats qu'il perdait aussi bien en détail. Sa lettre était curieuse; la voici :

A M. le feld-maréchal baron de Werneck.

« Mon très cher camarade,

» Je ne puis vous cacher ma surprise sur la
» proposition de me rendre avec la cavalerie qui
» était de votre corps. Lorsque je vous ai quitté,
» vous aviez refusé toute capitulation, en ma
» présence; et pour moi, je pensais au moyen
» de ramener, coûte qui coûte, la cavalerie à
» l'armée, si vous, avec l'infanterie, ne pouviez
» vous tirer d'affaire. J'ai essayé, j'ai réussi. Je ne
» conçois pas de quel droit je pourrais être pri-

» sonnier de guerre, n'ayant pas été présent à
» vos arrangements, auxquels jamais, par ma per-
» sonne, je n'aurais pu me prêter. Maintenant que
» depuis hier je suis séparé de vous, il ne m'ap-
» partient plus de remplir vos ordres : je les re-
» çois de son altesse royale notre général en chef.

» J'ai l'honneur d'être votre très humble et
» très obéissant serviteur. »

Signé, le lieutenant-général DE HOHENZOLLERN,
conseiller intime.

Napoléon était content de lui, de l'armée, de tout le monde. Il nous témoigna sa satisfaction par la proclamation qui suit :

« SOLDATS DE LA GRANDE ARMÉE !

» En quinze jours nous avons fait une campa-
» gne. Ce que nous nous proposions de faire est
» rempli : nous avons chassé de la Bavière les trou-
» pes de la maison d'Autriche, et rétabli notre
» allié dans la souveraineté de ses états.

» Cette armée qui avec autant d'ostentation
» que d'imprudence était venue se placer sur nos
» frontières est anéantie.

» Mais qu'importe à l'Angleterre ? Son but est
» rempli : nous ne sommes plus à Boulogne, et
» son subside ne sera ni plus ni moins grand.

» De cent mille hommes qui composaient cette
» armée, soixante mille sont prisonniers: ils vont
» remplacer nos conscrits dans les travaux de la
» campagne.

» Deux cents pièces de canon, tout le parc,
» quatre-vingt-dix drapeaux, tous leurs généraux,
» sont en notre pouvoir. Il ne s'est pas échappé
» de cette armée quinze mille hommes.

» Soldats! je vous avais annoncé une grande
» bataille; mais, grâces aux mauvaises combi-
» naisons de l'ennemi, j'ai pu obtenir les mêmes
» résultats sans courir aucune chance; et, ce qui
» est sans exemple dans l'histoire des nations,
» un si grand résultat ne nous affaiblit pas de
» plus de quinze cents hommes hors de combat.

» Soldats! ce succès est dû à votre confiance
» sans bornes dans votre empereur, à votre pa-
» tience à supporter les fatigues et les privations
» de toute espèce, à votre rare intrépidité.

» Mais nous ne nous arrêterons pas là. Vous
» êtes impatients de commencer une seconde
» campagne.

» Cette armée russe que l'or de l'Angleterre a
» transportée des extrémités de l'univers, nous
» allons lui faire éprouver le même sort.

» A ce combat est attaché plus spécialement
» l'honneur de l'infanterie française; c'est là que

»va se décider, pour la seconde fois, cette ques-
»tion, qui l'a déjà été une fois en Suisse et en
»Hollande, si l'infanterie française est la pre-
»mière ou la seconde de l'Europe.

»Il n'y a pas là de généraux contre lesquels
»je puisse avoir de la gloire à acquérir. Tout
»mon soin sera d'obtenir la victoire avec le
»moins d'effusion de sang possible : mes soldats
»sont mes enfants. »

CHAPITRE VIII.

Les Autrichiens avaient fini, nous courûmes au-devant des Russes. Kutusof affectait de la résolution, nous le croyions disposé à combattre, nous nous félicitions de cette nouvelle occasion de gloire : mais toute cette contenance n'était qu'un simulacre; il abandonna l'Inn, la Traun, l'Ems; on ne le vit plus. Nous poussâmes sur Vienne; nous avancions, nous allions, nous marchions à tour de route : jamais mouvement n'avait été si rapide. L'empereur en fut inquiet, il craignait que cette précipitation ne compromît nos derrières, que les Russes ne nous prissent par le flanc. « Murat, me dit-il, court comme » un aveugle; il va, il va, comme s'il ne s'agissait » que d'entrer à Vienne : l'ennemi n'a personne » en face, il peut disposer de toutes ses forces et » écraser Mortier. Avertis Berthier qu'il arrête les » colonnes. » Berthier vint, le maréchal Soult eut ordre de rétrograder jusqu'à Mautern; Davoust prit position à l'embranchement des routes de Lilienfeldt et de Neustadt, et Bernadotte à Moelck.

Ces dispositions ne purent prévenir l'engagement dont Napoléon craignait l'issue. Quatre mille Français furent chargés par l'armée ennemie tout entière ; mais l'habileté, le courage, la nécessité de vaincre, suppléèrent au nombre : les Russes furent culbutés. A la nouvelle de cette étonnante victoire, tout se remit en mouvement: l'empereur pressa la marche avec encore plus de vivacité qu'il ne l'avait suspendue; il voulait gagner les Autrichiens de vitesse, surprendre le passage du Danube; tourner, couper leurs alliés, les battre avant l'arrivée de nouvelles forces. Il expédiait, hâtait les ordres : hommes et chevaux, tout était en mouvement. « Le champ est ouvert, Murat » peut se livrer à toute son impétuosité; mais il » faut qu'il agrandisse le terrain, il faut qu'il sur- » prenne le pont. » Et il lui écrivit sur-le-champ : « La grande affaire, dans le moment actuel, est de » passer le Danube, afin de déloger les Russes de » Krems en se jetant sur leurs derrières; l'ennemi » coupera probablement le pont de Vienne : si ce- » pendant il y avait possibilité de l'avoir en entier, » il faut tâcher de s'en emparer. Cette considéra- » tion seule peut forcer l'empereur à entrer dans » Vienne; et dans ce cas vous y ferez entrer une » partie de votre cavalerie et les grenadiers seule- » ment. Il faut que vous connaissiez la force des

» troupes bourgeoises qui sont armées à Vienne.
» L'empereur imagine que vous avez fait placer
» quelques pièces de canon pour intercepter le pas-
» sage sur le Danube entre Krems et Vienne. Il doit
» y avoir des partis de cavalerie sur la rive droite
» du fleuve; vous n'en parlez pas à l'empereur. Sa
» majesté trouve nécessaire de savoir à quoi s'en
» tenir, afin que s'il avait été possible d'intercepter
» le Danube au-dessous de Vienne, on eût pu le
» faire. La division du général Suchet restera avec
» une partie de votre cavalerie sur la grande route
» de Vienne à Bukersdorf, à moins que vous ne
» soyez maître du pont sur le Danube, s'il n'a
» pas été brûlé; et dans ce cas, cette division s'y
» porterait, afin de pouvoir passer le fleuve avec
» votre cavalerie et vos grenadiers, et se mettre le
» plus tôt possible en marche pour tomber sur les
» communications des Russes. Je pense que l'em-
» pereur restera toute la journée à Saint-Polten.

» Sa majesté vous recommande, prince, de lui
» rendre compte fréquemment.

» Quand vous serez à Vienne, tâchez d'avoir
» les meilleures cartes qui s'y trouvent des envi-
» rons de Vienne et de la Basse-Autriche.

» Si M. le général comte de Giulay se présente,
» ou toute autre personne, pour parler à l'empe-
» reur, envoyez-le en toute hâte ici.

» La garde bourgeoise qui fait le service à
» Vienne doit avoir tout au plus cinq cents fusils.

» Il vous sera facile, une fois à Vienne, d'avoir
» des nouvelles sur l'arrivée des autres colonnes
» russes, ainsi que sur le projet des autres, en se
» cantonnant à Krems.

» Vous aurez, pour tourner les Russes et pour
» tomber sur leurs derrières, votre cavalerie, le
» corps du maréchal Lannes et celui du maréchal
» Davoust. Quant aux corps des maréchaux Berna-
» dotte et Soult, ils ne peuvent être disponibles
» que lorsqu'on saura définitivement le parti qu'au-
» ront pris les Russes.

» Passé dix heures du matin vous pourrez donc
» entrer à Vienne; tâchez d'y surprendre le pont
» du Danube, et s'il est rompu avisez à trouver les
» plus prompts moyens de passage : c'est la seule
» grande affaire dans ce moment. Si cependant
» avant dix heures M. de Giulay se présentait
» pour apporter des propositions de négociations,
» et qu'il vous engageât à suspendre votre marche,
» vous suspendriez votre mouvement sur Vienne,
» mais vous ne vous occuperiez pas moins de
» trouver tous les moyens de passer le Danube à
» Klosterbourg ou à tout autre endroit favorable.

» L'empereur ordonne que depuis Seghartz-
» Kirchen jusqu'à Vienne vous placiez de deux en

» deux lieues de France un poste de cavalerie de
» dix hommes, dont les chevaux serviront à re-
» layer les officiers que vous enverrez pour rendre
» compte de ce qui se passera. Les hommes du
» même poste pourront porter les dépêches de
» Seghartz-Kirchen à Saint-Polten. Le maréchal
» Bessières fera placer des postes de la garde de
» l'empereur. »

CHAPITRE IX.

Nous étions à Saint-Polten. Napoléon se promenait à cheval sur la route de Vienne, lorsqu'il vit arriver une voiture ouverte où se trouvaient un prêtre et une dame tout en pleurs. Il était, comme à son ordinaire, en costume de colonel de chasseurs de la garde. Elle ne le reconnut pas. Il s'informa de la cause de ses larmes et du lieu où elle dirigeait sa course. « Monsieur, lui
» dit-elle, j'ai été pillée dans une campagne à deux
» lieues d'ici par des soldats qui ont tué mon jardi-
» nier. Je vais demander une sauvegarde à votre
» empereur, qui a beaucoup connu ma famille, à
» laquelle il a de grandes obligations.—Votre nom?
» —De Bunny; je suis la fille de M. de Marbœuf,
» autrefois gouverneur en Corse.—Je suis charmé,
» madame, répliqua Napoléon avec beaucoup d'a-
» mabilité, de trouver une occasion de vous être
» agréable. C'est moi qui suis l'empereur. » Elle fut tout interdite. Napoléon la rassura et lui dit d'aller l'attendre à son quartier-général. Il la traita à merveille, lui donna un piquet de chasseurs de sa garde, et la renvoya heureuse et satisfaite.

Napoléon avait reçu un rapport, qu'il lisait avec satisfaction ; j'entrai dans son cabinet. « Eh » bien ! Rapp, sais-tu que nous avons des partis » jusqu'au fond de la Bohême ? — Oui, sire. — Sais-» tu quelle cavalerie a battu les houlans, enlevé » des postes, pris des magasins ? — Non, sire. » — Nos fantassins perchés sur des chevaux de » trait ! — Comment cela ? » Il me donna le rapport. Des détachements qui avaient pénétré en Bohême s'étaient tout à coup trouvés dans un pays découvert : ils n'avaient qu'une vingtaine de dragons ; ils ne voulaient pas rétrograder, ils n'osaient pénétrer plus avant. Dans cette perplexité, le chef imagine un expédient : il réunit les chevaux des bagages, monte ses fantassins, et les lance ainsi équipés à travers les épaisses forêts qui avoisinent Égra. Des partis de cavalerie vinrent à leur rencontre et furent culbutés ; nous prîmes des hommes, des chevaux, et des approvisionnements qui furent livrés aux flammes. Je rendais le rapport : « Eh bien, que te semble de » cette nouvelle espèce de cavalerie ? — Admirable, » sire. — C'est que quand on a du sang français » dans les veines, on fait toujours entrer la mort » dans les rangs ennemis. »

Nous marchions à la suite de l'arrière-garde. Il nous eût été facile de l'enlever ; nous n'eûmes garde de le faire : nous voulions endormir sa vigilance ; nous ne la poussions pas, nous répandions des bruits de paix. Nous laissions échapper des troupes, des bagages ; mais quelques hommes de plus n'étaient pas une affaire : la conservation des ponts était d'une bien autre importance. Rompus, il fallait reprendre sous œuvre une question déjà résolue. L'Autriche assemblait de nouvelles forces, la Prusse levait le masque, et la Russie se présentait sur le champ de bataille avec tous les moyens de ces deux puissances. La possession des ponts était une victoire, et il n'y avait que la surprise qui pût nous la faire remporter. Nous prîmes nos mesures en conséquence. On défendit aux troupes échelonnées sur la route de faire aucune démonstration capable de donner l'éveil, on ne permit à personne d'entrer à Vienne. Quand tout fut bien vu, bien examiné, le grand-duc prit possession de cette capitale et chargea Lanusses et Bertrand de faire sans délai une reconnaissance sur le fleuve. Ces deux officiers étaient suivis du 10ᵉ hussards. Ils trouvèrent aux portes du faubourg un poste de cavalerie autrichienne. On ne se battait plus depuis trois jours ; il y avait une espèce de suspension d'armes. Ils abordent le commandant, lient conversation avec lui, s'attachent à ses pas, ne l'abandonnent plus. Arrivés sur les bords du fleuve, ils s'obstinent encore à le suivre malgré lui ; l'Autrichien s'emporte, les Français demandent à communiquer avec le général qui commande les troupes stationnées sur la rive gauche : il y consent, mais il ne souffre pas que nos hussards les accompagnent ; le 10ᵉ est obligé de prendre position. Cependant nos troupes arrivaient, conduites par le grand-duc et le maréchal Lannes. Le pont était encore intact, mais les conducteurs étaient établis, les canonniers tenaient leurs mèches : le moindre signe qui eût décelé le projet de passer de force eût fait avorter l'entreprise. Il fallait jouer de ruse ; la bonhomie des Autrichiens s'y prêtait. Les deux maréchaux mirent pied à terre, la colonne fit halte, il n'y eut qu'un petit détachement qui se porta sur le pont et s'y établit. Le général Belliard s'avança en se promenant les mains derrière le dos avec deux officiers d'état-major. Lannes le joignit avec d'autres ; ils allaient, venaient, causaient, et arrivèrent ainsi jusqu'au milieu des Autrichiens. L'officier du poste ne voulait pas d'abord les recevoir, mais il finit par céder, et la conversation s'établit. On lui répéta les propos qu'avait déjà tenus le général Bertrand, que les négociations avançaient, que la guerre était finie, qu'on ne se battrait, qu'on ne se déchirerait plus. « Pourquoi, lui dit le ma- » réchal, tenez-vous encore vos canons braqués » sur nous ? N'est-ce pas assez de sang, de com- » bats ? Voulez-vous nous attaquer, prolonger » des malheurs qui vous pèsent plus qu'à nous ? » Allons, plus de provocations : tournez vos piè- » ces. » Moitié subjugué, moitié convaincu, le commandant obéit. L'artillerie fut dirigée sur les troupes autrichiennes, et les armes mises en faisceau. Pendant ces pourparlers, le peloton d'avant-garde avançait lentement, mais enfin il avançait, masquant des sapeurs, des canonniers, qui jetaient dans le fleuve les matières combustibles, répandaient de l'eau sur les poudres et coupaient les conducteurs. L'Autrichien, trop peu familier avec notre langue pour s'intéresser beaucoup à la conversation, s'aperçut que la troupe gagnait du terrain, et s'efforçait de faire comprendre que cela ne devait pas être, qu'il ne le souffrirait pas. Le maréchal Lannes, le général Belliard, tâchèrent de le rassurer ; ils lui dirent que le froid était vif, que nos soldats marquaient le pas, qu'ils cherchaient à s'échauffer en se donnant du mouvement. Mais la colonne approchait toujours, elle était déjà aux trois quarts du pont ; il perdit patience et commanda le feu. Toute la troupe courut aux armes, les artilleurs apprêtaient leurs pièces, la position était terrible : un peu moins de présence d'esprit, le pont était en l'air, nos soldats dans les flots, et la campagne compromise. Mais l'Autrichien avait affaire à des hommes qui n'étaient pas faciles à déconcerter. Le maréchal Lannes le saisit d'un côté, le général Belliard de l'autre; ils le secouent, le menacent, crient, empêchent qu'on ne l'entende. Arrive sur ces entrefaites le prince d'Hogsberg, accompagné du général Bertrand. Un officier court rendre compte au grand-duc de l'état des choses; transmet à la troupe, en passant, l'ordre d'allonger le pas et d'arriver. Le maréchal s'avance au-devant du prince, se plaint du chef du poste, demande qu'il soit remplacé, puni, éloigné d'une arrière-garde où il peut troubler les négociations. Hogsberg donne dans le piége. Il discute, approuve, contredit, se perd dans une conversation inutile. Nos troupes mettent le temps à profit ; elles arrivent, débouchent, et le pont est emporté. Des reconnaissances sont aussitôt dirigées dans tous les sens, et le général Belliard porte nos colonnes sur la route de Stokrau, où elles prennent position. Hogsberg, confus de sa loquacité intempestive, se rend auprès du grand-duc, qui, après un court entretien, l'adresse à Napoléon et passe aussi le fleuve.

Le piquet autrichien veillait toujours à la garde du pont. Nous bivouaquions pêle-mêle. Les troupes étaient confondues à Stokrau comme sur les bords du fleuve. Napoléon trouva ce mélange inutile. Il envoya les houlans à Vienne, où ils furent désarmés.

Nous arrivâmes à Austerlitz. Les Russes avaient des forces supérieures aux nôtres ; ils avaient replié nos avant-gardes et nous croyaient déjà vaincus. L'action s'engagea ; mais, au lieu de ces succès faciles que leur garde seule devait obtenir, ils trouvèrent partout une résistance opiniâtre. Il était déjà une heure, et la bataille était loin de se décider pour eux. Ils résolurent de tenter au centre un dernier effort. La garde impériale se déploya ; infanterie, cavalerie, artillerie, marchèrent sur le pont sans que Napoléon aperçût ce mouvement, que lui dérobaient les accidents du terrain. Un feu de mousqueterie se fit bientôt entendre, c'était une brigade commandée par le général Schinner que les Russes enfonçaient. Napoléon m'ordonna de prendre les Mamelouks, deux escadrons de chasseurs, un de grenadiers de la garde, et de me porter en avant pour reconnaître l'état des choses. Je partis au galop, et n'étais pas à une portée de canon que j'aperçus le désastre. La cavalerie était au milieu de nos carrés, et sabrait nos soldats. Un peu en arrière nous discernions les masses à pied et à cheval qui formaient la réserve. L'ennemi lâcha prise et accourut à ma rencontre. Quatre pièces d'artillerie arrivèrent au galop et se mirent en batterie. Je m'avançai en bon ordre; j'avais à ma gauche le brave colonel Morland, et le général Dallemagne à ma droite. « Voyez-vous, dis-je à ma » troupe, nos frères, nos amis qu'on foule aux » pieds : vengeons-les, vengeons nos drapeaux. » Nous nous précipitâmes sur l'artillerie, qui fut enlevée. La cavalerie nous attendit de pied ferme et fut culbutée du même choc; elle s'enfuit en désordre, passant, ainsi que nous, sur le corps de nos carrés enfoncés. Les soldats qui n'étaient pas blessés se rallièrent. Un escadron de grenadiers à cheval vint me renforcer, je fus à même de recevoir les réserves qui arrivaient au secours de la garde russe. Nous recommençâmes. La charge fut terrible; l'infanterie n'osait hasarder son feu; tout était pêle-mêle; nous combattions corps à corps. Enfin l'intrépidité de nos troupes triomphe de tous les obstacles; les Russes fuient et se débandent. Alexandre et l'empereur d'Autriche furent témoins de la défaite; placés sur une élévation à peu de distance du champ de bataille, ils virent cette garde qui devait fixer la victoire taillée en pièces par une poignée de braves. Les canons, le bagage, le prince Repnin, étaient dans nos mains; malheureusement nous avions un bon nombre d'hommes hors de combat, le colonel Morland n'était plus, et j'avais moi-même un coup de pointe dans la tête. J'allai rendre compte de cette affaire à l'empereur; mon sabre à moitié cassé, ma blessure, le sang dont j'étais couvert, un avantage décisif remporté avec aussi peu de monde sur l'élite des troupes ennemies, lui inspirèrent l'idée du tableau qui fut exécuté par Gérard.

Les Russes, comme je l'ai dit, se flattaient de nous battre avec leur garde seule. Cette jactance avait blessé Napoléon, il s'en est rappelé longtemps.

Après la bataille d'Austerlitz, Napoléon me nomma général de division, et m'envoya au château d'Austerlitz pour soigner ma blessure, qui n'était pas dangereuse. Il daigna me faire plusieurs visites, une entre autres le jour de l'entrevue qu'il accorda à l'empereur d'Autriche. Il me remit deux lettres que les avant-postes avaient interceptées ; l'une était du prince Charles, l'autre d'un prince Lichteinsten. Elles se trouvèrent assez importantes : je les fis traduire. Le soir Napoléon vint en prendre lecture à son retour.

Il me parla beaucoup de François II, de ses plaintes, de ses regrets. Il me dit à ce sujet des choses fort curieuses.

Nous partîmes pour Schœnbrunn. Il y avait à peine quinze jours que nous y étions lorsque Napoléon me fit demander. « Etes-vous en état » de voyager ? — Oui, sire. — En ce cas, allez ra- » conter les détails de la bataille d'Austerlitz à » Marmont, afin de le faire enrager de n'y être » pas venu ; et voyez l'effet qu'elle a produit sur » les Italiens. Voici vos instructions.

» Monsieur le général Rapp,

» Vous vous rendrez à Gratz. Vous y resterez » le temps nécessaire pour faire connaître au gé- » néral Marmont les détails de la bataille d'Auster- » litz ; que des négociations sont ouvertes, mais que » rien n'est fini ; qu'il doit donc se tenir prêt à tout » événement et en mesure ; et pour prendre con- » naissance de la situation dans laquelle se trouve » le général Marmont et du nombre d'ennemis » qu'il a devant lui. Vous lui direz que je désire » qu'il envoie des espions en Hongrie et qu'il » m'instruise de tout ce qu'il apprendra. Vous » poursuivrez votre route jusqu'à Laybach, où » vous verrez le corps du maréchal Masséna, qui » forme le huitième corps de l'armée ; vous m'en

» enverrez l'état exact. Vous lui ferez connaître que
» si les négociations se rompaient, comme cela
» est possible, il serait appelé sur Vienne. Vous
» m'instruirez du nombre de troupes ennemies que
» le maréchal Masséna a devant lui, et de la situa-
» tion des siennes sous tous les points de vue. Vous
» vous rendrez à Palmanova, après avoir beaucoup
» pressé le maréchal Masséna de bien armer et
» approvisionner cette place, et vous me ferez
» connaître dans quel état elle se trouve. De là
» vous vous rendrez devant Venise, vous y verrez
» les postes que nous y occupons et la situation
» de nos troupes. Vous irez de là à l'armée du gé-
» néral Saint-Cyr, qui marche sur Naples ; vous
» verrez sa composition et sa force. Vous revien-
» drez par Klagenfurth, où vous verrez le maréchal
» Ney ; et vous me rejoindrez. Ayez soin de m'é-
» crire de chaque lieu où vous vous arrêterez :
» expédiez-moi des estafettes de Gratz, Laybach,
» Palmanova, Venise, et du lieu où se trouvera
» l'armée de Naples. Sur ce, je prie Dieu qu'il vous
» ait en sa sainte garde. »

NAPOLÉON.

Schœnbrunn, le 25 frimaire an 14.

Je rejoignis Napoléon à Munich, où il se trouvait pour le mariage du prince Eugène, qui vint
d'Italie, et que j'accompagnai. Pendant mon ab-

sence, la paix s'était faite à Vienne. L'empereur eut une entrevue avec le prince Charles; il lui destinait une épée magnifique, mais il fut mécontent de l'archiduc, l'épée ne fut pas remise.

Nous partîmes pour Paris. Ce fut partout des cris de joie : jamais Napoléon n'avait été reçu avec autant d'enthousiasme.

CHAPITRE X.

Pendant que nous étions à Ulm, les Prussiens s'étaient tout à coup avisés qu'ils avaient l'héritage d'une longue gloire à défendre : les têtes s'échauffèrent, on courut aux armes. Haugwitz vint nous signifier cette réminiscence inopinée. Mais la bataille d'Austerlitz eut lieu dans l'intervalle. Quand le ministre arriva, il ne fut plus question que d'alliance et de dévouement. Napoléon ne fut pas dupe de ces protestations diplomatiques : il savait les intrigues, les scènes de chevalerie qu'on avait employées pour agiter la multitude. Déjà avant l'action il avait dit : « Si » je suis battu, ils marcheront sur mes derrières; » si je suis vainqueur, ils diront qu'ils voulaient » être pour moi. » Ils ne surent opter ni pour la paix ni pour la guerre; ils épièrent les événements. Cette politique tortueuse porta son fruit, elle leur coûta le pays d'Anspach, Bareuth, une partie du grand duché de Berg, et les possessions qu'ils avaient en Westphalie : ils étaient furieux. Je fus envoyé dans le Hanovre, que nous leur avions abandonné. Le motif apparent de mon voyage était la remise de la forteresse de Hameln ; le véritable, de s'assurer de la situation des esprits. J'étais chargé de voir comment ils étaient vus dans le pays, si l'on y parlait de guerre, si les militaires la désiraient, enfin d'acheter à Hambourg tout ce que je pourrais de pamphlets contre Napoléon et contre la France.

Ma mission n'était pas difficile à remplir. Les Prussiens étaient exaspérés et insolents : les Hanovriens les détestaient. Cependant le nord de l'Allemagne comptait encore sur cette puissance, qui s'était jusque-là maintenue intacte. Le comte de Schulemburg était gouverneur de la nouvelle acquisition du roi Guillaume ; il me reçut assez mal. Nos succès d'Ulm et d'Austerlitz lui paraissaient médiocres ; cette dernière bataille même avait été indécise ; elle ressemblait à celle de Zorndorf, livrée autrefois par le grand Frédéric aux Russes, et à laquelle il avait assisté. « Comment les lui faut-il donc ? » me dit Napoléon lorsque je lui racontai cette anecdote.

J'allai de là à Hambourg, où je trouvai Bourienne ; on me fit beaucoup d'accueil : je savais pourquoi.

Je retournai en France. Je passai à Munster, où était le général Blücher, que j'avais vu quelques années auparavant. Je lui fis une visite. Il était indisposé contre nous : il me reçut néanmoins avec beaucoup d'égards.

Je m'arrêtai huit jours à Francfort chez Augereau pour voir et pour entendre : c'étaient mes instructions. Napoléon venait de demander des contributions à cette ville ; elle craignait d'être obligée d'en payer encore.

Nous occupions le pays de Darmstadt. Le maréchal..., qui avait son quartier-général dans la capitale de cette principauté, n'était pas plus aimé de la cour que des habitants ; son état-major encore moins. Madame la grande duchesse me fit inviter par Augereau, qui paraissait affectionner ce pays ; je refusai, je n'avais pas d'ordre : elle le chargea de me transmettre ses plaintes. Elles étaient amères.

Je partis pour Wesel. Je devais examiner les dispositions du pays. Nos troupes l'occupaient déjà.

A mon retour, je rendis compte à Napoléon de ce que j'avais vu et entendu. Je ne lui cachai rien. Je lui parlai surtout en faveur du pauvre pays de Darmstadt ; mais il était outré contre la duchesse. Elle avait écrit au roi de Bavière une lettre terrible, au sujet de la mésalliance de sa nièce Auguste avec le prince Eugène. Entre autres expressions outrageantes se trouvait celle d'*horrible mariage*. L'empereur, qui croyait que la gloire d'avoir fait de grandes choses valait bien l'avantage de descendre de ceux qui peut-être n'en avaient pas faites, ne lui pardonnait pas ses préventions féodales. Il fut sur le point de lui ôter ses états; mais Maximilien intercéda pour elle : elle en fut quitte pour une occupation de quelques mois, c'est-à-dire que son peuple expia les torts de sa vanité.

Il n'y avait pas quinze jours que j'étais rentré. La cour était à Saint-Cloud, et Napoléon assistait au spectacle; au milieu de la pièce, il reçut une dépêche du grand-duché de Berg. Il l'ouvrit. C'étaient des détachements prussiens qui avaient attaqué nos troupes. « Je vois bien, me dit-il, qu'ils » veulent absolument en tâter; montez à cheval, » et allez chercher le grand-duc à Neuilly. » Murat connaissait déjà l'affaire; il vint aussitôt. Napoléon s'entretint un moment avec lui, et me donna ordre le lendemain d'aller prendre le commandement de la division militaire à Strasbourg, d'y organiser des bataillons, des escadrons de marche, de les diriger au fur et à mesure sur Mayence, et d'y expédier beaucoup d'artillerie. L'infanterie s'embarquait sur le Rhin pour arriver plus tôt.

Je correspondais directement avec Napoléon. J'employais les courriers, les télégraphes, tout ce qui allait plus vite. Je ne devais pas mettre cent hommes en mouvement, déplacer un canon, remuer un fusil, sans l'en prévenir. J'étais depuis deux mois occupé de ces apprêts, lorsqu'il arriva à Mayence, d'où il m'écrivit d'aller le rejoindre à Wurtzbourg. Il m'envoya une lettre pour le grand duc de Bade, et me chargea de la porter moi-même à ce prince. C'était pour l'engager d'envoyer à l'armée son petit-fils, le grand duc actuel. Je trouvai ce respectable vieillard dans son ancien château de Bade; il parut très affecté de l'invitation; il se résigna néanmoins, et donna des ordres pour les préparatifs de départ. Il me fit l'honneur de me recommander d'une manière fort touchante le jeune prince, qui se mit en route deux jours plus tard, et nous rejoignit à Wurtzbourg. Le roi de Wurtemberg y était déjà. Il venait d'arrêter le mariage de sa fille avec Jérôme. Napoléon était d'une humeur charmante. Cette alliance lui souriait. Il n'était pas moins satisfait du grand duc. Murat l'avait singulièrement disposé en faveur de ce prince. « Je me suis rendu, lui avait-il écrit quelques jours » auparavant, chez le grand duc de Wurtzbourg, » que la lettre et ensuite la nouvelle que je lui ai

» donnée, que le traité qui l'admet dans la confé-
» dération a été signé à Paris, ont tiré de la plus
» grande inquiétude, tant il craignait de ne pas
» y être reçu. Les sentiments de bienveillance que
» je lui ai annoncés de la part de votre majesté
» ont surtout paru le toucher vivement. Il montre
» la meilleure volonté pour tout ce qui concerne
» le service de l'armée. Aujourd'hui on a proclamé
» son admission dans la confédération du Rhin.
» On a tout préparé pour recevoir votre majesté
» au château, où il paraît qu'on ne néglige rien
» pour tâcher de lui en rendre le séjour commode
» et agréable. »

Nous n'avions encore aucune donnée précise au sujet des Prussiens; nous ne savions s'ils étaient sur la route de Magdebourg, en Saxe, à Gotha, ni quel était leur nombre. Nous avions pourtant assez de monde en campagne. Les gentilshommes ne manquent pas plus au delà du Rhin qu'ailleurs ; mais les rapports étaient si contradictoires qu'on ne pouvait asseoir aucune idée. Tantôt l'avant-garde ennemie était à Hoff, Cobourg et Memmingen étaient occupés; les Prussiens dédaignaient toute action partielle, ils voulaient tenter la fortune en bataille rangée, ils ne voulaient point d'affaire de détails : tantôt Hohenlohe s'avançait sur Schleitz, Ruchel avait fait sa jonction, la reine s'était rendue à Erfurt; ce n'était plus à Hoff, c'était à Nauenbourg que les troupes se réunissaient. Cette disposition n'était pas en harmonie avec la nature des lieux ; elle semblait inconcevable. Nous étions aussi incertains sur la masse des forces ennemies que sur leur ligne d'opérations.

Au milieu de cette incertitude, nous apprîmes que Cronach était occupé. Le grand duc manda qu'on travaillait à réparer cette citadelle, qu'elle serait bientôt en état. Napoléon fut étonné que les Prussiens ne s'en fussent pas rendus maîtres. « Quel motif les arrêtait, puisqu'ils voulaient ab- » solument la guerre? Les difficultés! il n'y avait » ni approvisionnements, ni artillerie; l'entre- » prise n'était pas au-dessus de leur courage. Ne » la jugeaient-ils pas assez importante pour s'es- » sayer? Ce fort commande trois grands débou- » chés; mais ces messieurs se soucient peu des » positions, ils se réservent pour les grands coups; » nous les servirons à souhait. »

Il recevait à chaque instant des nouvelles de l'armée prussienne. Ruchel, Blücher, le duc de Brunswick, étaient impatients de commencer la guerre, et le prince Louis encore plus. Il hâtait, il pressait les hostilités, il craignait de laisser échapper l'occasion. C'était, du reste, un homme

plein de courage et de capacité; tous les rapports s'accordaient à cet égard. Napoléon, à qui cette pétulance ne déplaisait pas, s'entretenait un soir avec nous des généraux ennemis. Quelqu'un prononça le nom du prince. « Quant à
» celui-là, dit-il, je lui prédis qu'il sera tué cette
» campagne. » Qui aurait cru que la prédiction dût se vérifier si vite?

La Prusse s'était enfin expliquée. Elle exigeait que nous abandonnassions nos conquêtes, et nous menaçait de toute sa colère si nous persistions à ne pas évacuer l'Allemagne, si nous ne repassions pas le Rhin. La prétention était modeste et bien digne de ceux qui l'élevaient. Napoléon n'acheva pas, il jeta la pièce, de dédain :
« Se croit-il en Champagne? veut-il reproduire
» son manifeste? Quoi! par journées d'étapes !
» Vraiment, j'ai pitié de la Prusse, je plains Guil-
» laume. Il ne sait pas quelles rapsodies on lui fait
» écrire. C'est par trop ridicule. Il ne le sait pas.
» Berthier, on nous donne pour le 8 un rendez-
» vous d'honneur; une belle reine veut être spec-
» tatrice du combat : allons, marchons, soyons
» courtois, n'arrêtons pas que nous ne soyons en
» Saxe. » Se tournant ensuite vers son secrétaire, il lui dicta tout d'une haleine la proclamation suivante :

« Soldats !

» L'ordre pour votre rentrée en France était
» parti ; vous vous en étiez déjà rapprochés de
» plusieurs marches. Des fêtes triomphales vous
» attendaient, et les préparatifs pour vous rece-
» voir étaient commencés dans la capitale. Mais
» lorsque nous nous abandonnions à cette trop
» confiante sécurité, de nouvelles trames s'our-
» dissaient sous le masque de l'amitié et de l'al-
» liance. Des cris de guerre se sont fait entendre
» à Berlin ; depuis deux mois nous sommes pro-
» voqués avec une audace qui demande ven-
» geance.

» La même faction, le même esprit de vertige,
» qui, à la faveur de nos dissensions intestines,
» conduisit, il y a quatorze ans, les Prussiens au
» milieu des plaines de la Champagne, domine en-
» core dans leurs conseils. Si ce n'est plus Paris
» qu'ils veulent brûler et renverser jusque dans
» ses fondements, c'est aujourd'hui leurs drapeaux
» qu'ils se vantent de planter dans la capitale de
» nos alliés ; c'est la Saxe qu'ils veulent obliger à
» renoncer, par une transaction honteuse, à son
» indépendance, en la rangeant au nombre de
» leurs provinces ; c'est enfin vos lauriers qu'ils
» veulent arracher de votre front. Ils veulent que

» nous évacuions l'Allemagne à l'aspect de leur
» armée. Les insensés! Qu'ils sachent donc qu'il
» serait mille fois plus facile de détruire la grande
» capitale que de flétrir l'honneur des enfants du
» grand peuple et de ses alliés. Leurs projets furent
» confondus alors; ils trouvèrent dans les plaines
» de Champagne la défaite, la mort et la honte:
» mais les leçons de l'expérience s'effacent, et il
» est des hommes chez lesquels le sentiment de
» la haine et de la jalousie ne meurt jamais.

» Soldats, il n'est aucun de vous qui veuille re-
» tourner en France par un autre chemin que celui
» de l'honneur. Nous ne devons y rentrer que sous
» des arcs de triomphe.

» Eh quoi! nous n'aurions donc bravé les saisons,
» les mers, les déserts, vaincu l'Europe plusieurs
» fois coalisée contre nous, porté notre gloire de
» l'orient à l'occident, que pour retourner aujour-
» d'hui dans notre patrie comme des transfuges,
» après avoir abandonné nos alliés, et pour enten-
» dre dire que l'aigle française a fui épouvantée
» devant des armées prussiennes!...

» Mais déjà ils sont arrivés sur nos avant-pos-
» tes... Marchons donc, puisque la modération n'a
» pu les faire sortir de cette étonnante ivresse. Que
» l'armée prussienne éprouve le même sort qu'elle
» éprouva il y a quatorze ans. Qu'ils apprennent

» que s'il est facile d'acquérir un accroissement de
» domaines et de puissance avec l'amitié du grand
» peuple, son inimitié (qu'on ne peut provoquer
» que par l'abandon de tout esprit de sagesse et de
» raison) est plus terrible que les tempêtes de
» l'Océan. »

Les soldats ne demandaient qu'à combattre. Les Prussiens occupaient Saalfeld et Schleitz ; nous les chargeâmes, nous les culbutâmes, nous leur fîmes un millier de prisonniers. Ce furent les deux premiers engagements que nous eûmes avec eux. Je quittai Murat, que j'avais eu ordre de suivre, et allai rendre compte de l'affaire de Schleitz à Napoléon, qui avait son quartier-général à quelques lieues en arrière, chez une princesse de Reus-Lobenstein. Il travaillait avec Berthier. Je lui appris les succès du grand duc et la déroute de Tauenzien. « Tauenzien ! reprit Napoléon, un des fai-
» seurs prussiens ! C'était bien la peine de tant
» pousser à la guerre ! » Il me dit que je pouvais me coucher ; que dans quelques heures on m'éveillerait pour aller en mission. J'ignorais où ce pouvait être. Je fus effectivement appelé vers les cinq heures. L'empereur me remit une lettre pour le roi Guillaume, qui avait alors, je crois, son quartier-général à Sondershausen. « Vous irez, me
» dit-il, courir après le roi de Prusse; vous lui re-

» mettrez cette lettre de ma part. Je lui demande en-
» core une fois la paix, quoique les hostilités soient
» déjà commencées. Vous ferez bien sentir à ce
» souverain le danger de sa position et les suites
» funestes qu'elle peut avoir. Vous reviendrez sur-
» le-champ m'apporter sa réponse. Je marche sur
» Géra. » Nos équipages étaient encore en arrière,
je n'avais pas de voiture; j'en empruntai une des
remises de la princesse, je la fis atteler de quatre
bons chevaux, et me mis en route vers les six
heures. Je n'avais pas fait une lieue que Napoléon
fit courir après moi. Je montai dans son cabinet,
où il avait travaillé toute la nuit. Il me dit de remettre la lettre à Berthier : « Toute réflexion faite,
» je ne veux pas qu'un de mes aides-de-camp soit
» chargé d'un semblable message. Vous êtes des
» personnages trop importants pour que je vous
» expose à être mal reçus. » Elle fut envoyée deux
jours plus tard par M. de Montesquiou. Il partit, je
crois, de Géra. On sait le traitement qu'il essuya.
Il fut arrêté par le prince de Hohenlohe, alors
commandant de l'armée prussienne, qui le fit
assister à la bataille de Jéna, et n'expédia, à ce
qu'on assure, la lettre qu'après l'affaire.

Plusieurs personnes de la suite de Napoléon
ont prétendu que si j'eusse achevé la mission dont
j'étais d'abord chargé, je serais arrivé chez le roi

de Prusse, et que peut-être la guerre n'eût pas eu lieu. Je ne le pense pas. Le gant était jeté, il fallait le ramasser. Je ne crois pas même que Napoléon fût plus enclin à la paix que le roi Guillaume.

CHAPITRE XI.

Quoi qu'il en soit, nous étions maîtres du cours de la Saale et en mesure de tourner l'armée ennemie; le duc de Brunswick était bien déchu. Il avait imaginé de nous aller chercher sur le Mein, d'occuper nos ailes par des corps détachés et de nous rompre au centre avant que nous fussions réunis. Il avait encore tous les fils de ce vaste système d'espionnage qui pesait sur la France depuis l'émigration : il connaissait la force et l'itinéraire de divers corps qui partaient de Meudon. Il ne doutait pas de nous prévenir. Napoléon se plaisait à nourrir cette illusion; il faisait des apprêts, des reconnaissances sur toute cette ligne. Le duc ne douta plus de nous avoir pénétrés : nous devions déboucher par Kœnigshoften; il le certifiait, il en était convaincu. Nos mouvements sur son centre n'étaient qu'un piége, une ruse de guerre; nous voulions lui donner le change, empêcher qu'il ne débouchât par les forêts de la Tuhringe, tandis que nous nous porterions vers Cobourg, Memmingen, dans des pays boisés, montueux, où sa cavalerie perdrait l'occasion d'agir ou tout au moins sa supériorité. Il était urgent de nous prévenir, il courut sur Kœnigshoften.

L'ennemi était engagé dans les bois; Napoléon se porta sur Schleitz, à soixante lieues du point d'attaque présumé. Le troisième corps couchait paisiblement le 10 à Nauenbourg sur les derrières du duc de Brunswick. Les hostilités ne dataient que de deux jours, et ce prince, déjà débordé sur sa gauche, était à la veille d'être tout-à-fait coupé; ses communications avec l'Elbe étaient compromises; il allait essuyer les mêmes disgrâces que Mack, contre lequel il avait tant invectivé. Son avant-garde arrivée sur le Mein n'y trouva personne. Cette circonstance lui parut inouïe, sans néanmoins lui faire soupçonner le danger où il était : la déroute de Saalfeld put seule le tirer de sa sécurité. Il rebroussa en toute hâte; Weimar, Hohenlohe, eurent ordre d'accourir, et l'armée de réserve de forcer de marche; mais les uns s'égarèrent, les autres ne firent pas assez de diligence; une partie des troupes ne put prendre part à la bataille. Le duc, déconcerté par un système de mouvements si nouveaux pour lui, ne savait quel parti prendre : ces marches, ces dispositions, qui se pressaient, se succédaient l'une à l'autre, formaient un imbroglio dont il ne saisissait ni la combinaison ni le but. L'occupation de Nauenbourg le tira de cet état d'anxiété; il vit que son aile gauche allait être tournée ou tout au moins débordée; il ne voulut pas attendre, il courut rallier l'armée de réserve qui avançait sur Halle, et laissa Hohenlohe au camp de Capellendorf pour masquer le mouvement rétrograde. Ses troupes, qui n'avaient pas partagé les disgrâces de Saalfeld et de Schleitz, persiflaient les corps battus; elles criaient vive le roi, la reine, tout le monde : elles allaient venger l'affront fait aux armes prussiennes; il n'y avait pas assez de Français pour elles. Le duc lui-même avait repris toute sa confiance. Il ne trouva sur la chaussée d'Auerstaedt qu'une trentaine de chasseurs. Ses communications étaient libres; il était impossible qu'elles fussent interceptées. Un manœuvrier comme lui n'était pas facile à surprendre. Les Prussiens de Hohenlohe campaient derrière les hauteurs de Jéna : il y en avait à perte de vue; ils se prolongeaient par-delà Weimar. Napoléon les reconnut dans la soirée du 13, et fixa l'attaque au lendemain; il expédia dans la nuit les ordres de mouvements pour les divers corps. « Quant à Davoust, il faut qu'il marche sur Apolda, » afin de tomber sur les derrières de cette armée; » qu'il tienne la route qui lui conviendra, je le

» laisse le maître pourvu qu'il prenne part à la
» bataille. Si Bernadotte est à portée, il faut qu'il
» l'appuie. Berthier, donnez des instructions en
» conséquence. » Il était dix heures du soir; toutes les dispositions étaient faites, et cependant le général ennemi se flattait encore que nous ne pourrions déboucher; mais la pioche fit justice des obstacles, on creusa le roc, on ouvrit des tranchées : l'armée s'écoula par toutes les issues. L'action commença; de la droite à la gauche, la mêlée devint terrible. Davoust surtout se trouvait dans une position sous laquelle un homme moins tenace eût succombé. Bernadotte refusa de le soutenir; il défendit même à deux divisions de la cavalerie de réserve, qui pourtant n'était pas sous ses ordres, de prendre part à l'action. Il paradait autour d'Apolda pendant que vingt-six mille Français étaient aux prises avec soixante-dix mille hommes d'élite commandés par le duc de Brunswick et le roi de Prusse. Au reste, cette circonstance ne fit que rehausser la gloire de celui qu'elle aurait dû perdre. Le maréchal fit des dispositions si bien entendues, ses généraux, ses soldats déployèrent tant d'habileté et de courage, que Blücher avec ses douze mille chevaux n'eut pas même la satisfaction d'entamer une compagnie. Le roi, les gardes, toute l'armée, se précipi-

taient sur nos troupes sans obtenir plus de succès. Au milieu de ce déluge de feux elles conservaient toute la gaieté nationale. Un soldat que ses camarades appelaient l'empereur s'impatiente de l'obstination des Prussiens : « A moi, grenadiers! en » avant, s'écrie-t-il; allons, suivez l'empereur! » Il se jette au plus épais de la mêlée, la troupe le suit, et les gardes sont enfoncés. Il fut fait caporal; ses amis remarquaient qu'il ne lui manquait plus que le protectorat.

A Jéna, la victoire n'avait pas été moins brillante. La déroute était entière, était générale. Tout fuyait, tout était dans la confusion.

Je fus chargé vers le soir de poursuivre avec e grand-duc les débris de l'armée prussienne. Nous prîmes quelques bataillons saxons. Nous entrâmes pêle-mêle avec eux dans Weimar. Nous plaçâmes nos postes en avant de la ville; nous envoyâmes de la cavalerie sur la route d'Erfurt, et nous nous présentâmes au château. M. de Papenheim, que je me rappelai avoir vu à Paris, vint au-devant de nous. Il était tout effrayé : nous le rassurâmes. La cour entière, à l'exception du grand-duc et de sa famille, était à Weimar. La duchesse nous reçut parfaitement. Je connaissais plusieurs dames de sa suite, dont une est devenue depuis ma belle-sœur. Je les calmai. Chacun reprit courage. Il y eut bien quelques petits désordres, mais ce fut peu de chose.

Murat s'établit au château. J'allai rejoindre Napoléon à Jéna, afin de lui rendre compte des événements de la soirée. Il ne croyait pas qu'on dépasserait Weimar. Il fut extrêmement satisfait. Le courage de la duchesse l'étonna. Il n'imaginait pas que cette cour osât l'attendre. Il ne l'aimait pas, il le répétait souvent. La nuit était fort avancée; il venait de recevoir des nouvelles du deuxième corps. « Davoust, me dit-il, a eu une
» affaire terrible. Il avait devant lui Guillaume et
» le duc de Brunswick. Les Prussiens se sont bat-
» tus avec beaucoup d'acharnement : il en a fait
» une boucherie affreuse. Le duc a été dangereu-
» sement blessé, et toute cette armée paraît être
» dans un désordre épouvantable. Bernadotte s'est
» mal conduit : il aurait été enchanté que Davoust
» manquât cette affaire, qui lui fait le plus grand
» honneur, d'autant plus que Bernadotte avait
» rendu sa position difficile. Ce Gascon n'en fera
» jamais d'autres. »

La bataille était perdue : les Prussiens n'étaient plus à la guerre; ils demandaient, ils invoquaient la paix; ils ne voulaient plus d'une lutte qui leur réussissait si mal. A force de désirer une suspension d'armes, ils s'étaient imaginé qu'elle avait été consentie. Kalkreuth annonçait, Blücher jurait qu'elle était conclue; qui pouvait refuser d'y croire? Soult, cependant, ne donna pas dans le piége. L'imprudente générosité d'Austerlitz ne l'avait pas disposé à la confiance. Il refusa de livrer passage aux troupes qu'il avait coupées. « La convention dont vous parlez, dit-il au feld-maréchal, est impossible. Posez les » armes, je prendrai les ordres de l'empereur, » vous vous retirerez s'il le permet. » Kalkreuth ne voulut pas d'un expédient de cette espèce. Il échappe toujours quelque chose d'une défaite. Il aima mieux l'essuyer. D'autres colonnes furent plus heureuses; mais ce n'était que partie remise. Elles furent obligées de rendre les armes quelques lieues plus loin. Ce n'était pas la peine de recourir à la supercherie.

Le roi lui-même était rebuté de ses disgrâces. Nos hussards ne lui donnaient ni trêve ni repos. Il se rappela tout ce que Napoléon avait fait pour éviter les hostilités; il lui écrivit. C'était un peu tard pour répondre à des ouvertures qui avaient été si mal accueillies. « Il eût mieux valu s'expliquer » deux jours plus tôt; mais n'importe, je veux » arrêter l'effusion du sang. Je suis disposé à me » prêter à tout ce qui est compatible avec la di-» gnité et les intérêts de la nation. J'enverrai Du-

» roc au roi de Prusse. Mais il y a quelque chose
» d'encore plus pressé : Duroc, partez de suite;
» allez à Nauenbourg, à Dessau, partout où il y
» a des blessés. Assurez-vous qu'il ne leur man-
» que rien, voyez-les, visitez-les de ma part,
» chacun en particulier. Donnez-leur toutes les
» consolations dont ils peuvent avoir besoin. Di-
» tes-leur, dites au maréchal que lui, que ses
» généraux, que ses troupes, ont acquis pour
» jamais des droits à ma reconnaissance. »

Il ne se contenta pas de ce message, il écrivit à Davoust combien il était charmé de sa conduite. Sa lettre fut mise à l'ordre du jour, elle enivra les soldats; les blessés mêmes étaient dans le délire.

L'empereur porta son quartier-général à Weimar. Il eut tous les égards possibles pour la duchesse, à laquelle il trouva de l'amabilité, de l'esprit, de grandes manières.

Cependant l'ennemi se ralliait sur Magdebourg. Les débris de Jéna, l'armée de réserve, les troupes de la vieille et de la nouvelle Prusse, accouraient sur cette place. Le duc de Wurtemberg prenait déjà position à Halle; Bernadotte y marcha. Son corps n'avait pas combattu à Auerstaedt; il ne demandait qu'à se dédommager de la part de gloire dont il avait été privé. Il aborda les Prussiens à la baïonnette, renversa, culbuta tout ce qui se présenta sur son passage. Le carnage fut affreux. Le lendemain Napoléon visita le champ de bataille. Il fut frappé à la vue des monceaux de cadavres qui entouraient ceux de quelques-uns de nos soldats ; il s'approcha, et reconnut les numéros du 32e. « J'en ai tant fait tuer, dit-il, de » ce régiment-là en Italie, en Égypte et partout, » qu'il ne devrait plus en être question. »

Il se dirigea sur Dessau et traita à merveille le vieux duc, qui y était resté avec son fils. Il y avait quelques mois qu'un M. de Gussau, attaché à la cour de Bade, m'avait dit à Paris : « Vous au- » rez sans doute la guerre avec les Prussiens. Si » cela arrive et que vous pénétriez, cette campa- » gne, jusqu'à Dessau, je vous recommande son » respectable souverain, qui est le père de ses » sujets. » M. de Gussau dut être bien étonné de voir que les Français, au lieu d'aller jusqu'à Dessau, pénétrèrent jusqu'au Niémen, et plus tard à vingt lieues au delà de Moscou.

CHAPITRE XII.

Les Prussiens fuyaient à toutes jambes; mais plus la fuite était précipitée, plus la poursuite était ardente. Culbutés à la vue de Magdebourg, ils se réfugièrent derrière des retranchements informes où ils furent bientôt forcés et contraints de mettre bas les armes. La place fut investie; et Guillaume, qui s'y trouvait, fut trop heureux d'échapper. Tout, autour de lui, avait plié sous l'orage. Ce n'était plus cette nation fameuse qui devait nous refouler sur le Rhin. Un revers l'avait abattue, un seul coup avait suffi pour la coucher dans la poussière. Elle courait au-devant de la défaite, elle s'abandonnait, elle se livrait elle-même : jamais nation n'était tombée plus à plat. Sa chute allait se consommer; tous les corps étaient en marche sur la capitale, et se disposaient à en prendre possession. Napoléon réserva cet honneur à celui qui avait le plus contribué à la victoire; c'était celui de Davoust. Voici les instructions qu'il adressa au maréchal :

Wittemberg, le 23 octobre 1806.

ORDRE A M. LE MARÉCHAL DAVOUST.

« Si les partis de troupes légères, monsieur
» le maréchal, que vous n'aurez pas manqué d'en-
» voyer sur la route de Dresde et la Sprée, vous
» assurent que vous n'avez pas d'ennemis sur vos
» flancs, vous dirigerez votre marche de manière
» à pouvoir faire votre entrée à Berlin le 25 de
» ce mois à midi. Vous ferez reconnaître le général
» de brigade Hullin pour commandant de la place
» de Berlin; vous laisserez dans la ville un régi-
» ment à votre choix pour faire le service; vous
» enverrez des partis de cavalerie légère sur les
» routes de Kustrin, de Langsberg, et de Franc-
» fort-sur-l'Oder. Vous placerez votre corps d'ar-
» mée à une lieue, une lieue et demie de Berlin,
» la droite appuyée à la Sprée, et la gauche à la
» route de Langsberg. Vous choisirez un quartier-
» général sur la route de Kustrin, dans une maison
» de campagne, en arrière de votre armée. Comme
» l'intention de l'empereur est de laisser ses trou-
» pes quelques jours en repos, vous ferez faire
» des baraques avec de la paille et du bois. Gé-
» néraux, officiers d'état-major, colonels, et

» autres, logeront en arrière de leurs divisions
» dans les villages, personne à Berlin; l'artillerie
» sera placée dans des positions qui protégent le
» camp; les chevaux d'artillerie aux piquets, et
» tout dans l'ordre le plus militaire.

» Vous ferez couper, c'est-à-dire intercepter le
» plus tôt qu'il vous sera possible la navigation de
» la Sprée par un fort parti, afin d'arrêter tous les
» bateaux qui de Berlin évacueraient sur l'Oder.

» Le quartier-général sera demain à Postdam;
» envoyez un de vos aides-de-camp qui me fasse
» connaître où vous serez dans la nuit du 23 au
» 24, et dans celle du 24 au 25.

» Si le prince Ferdinand se trouve à Berlin,
» faites-le complimenter, et accordez-lui une
» garde avec une entière exemption de logements.

» Faites publier sur-le-champ l'ordre de désar-
» mement, laissant seulement six cents hommes
» de milice pour la police de la ville. On fera
» transporter les armes des bourgeois dans un
» lieu désigné, pour être à la disposition de l'armée.

» Faites connaître à votre corps d'armée que
» l'empereur, en le faisant entrer le premier à
» Berlin, lui donne une preuve de sa satisfaction
» sur la belle conduite qu'il a tenue à la bataille
» de Jéna.

» Ayez soin que tous les bagages, et surtout

» ceux qui sont si vilains à voir à la suite des di-
» visions, s'arrêtent à deux lieues de Berlin, et
» rejoignent le camp sans traverser la capitale,
» mais en s'y rendant par un autre chemin sur
» la droite. Enfin, monsieur le maréchal, faites
» votre entrée dans le plus grand ordre et par
» division, chaque division ayant son artillerie
» et marchant à une heure de distance l'une de
» l'autre.

» Les soldats ayant une fois formé le camp,
» ayez soin qu'ils n'aillent en ville que par tiers,
» de manière qu'il y en ait toujours deux tiers pré-
» sents au camp. Comme sa majesté pense faire
» son entrée à Berlin, vous pouvez provisoirement
» recevoir les clefs, en faisant connaître aux ma-
» gistrats qu'ils ne les remettront pas moins à
» l'empereur quand il fera son entrée. Mais vous
» devez toujours exiger que les magistrats et no-
» tables viennent vous recevoir aux portes de la
» ville avec toutes les formes convenables; que
» tous vos officiers soient dans la meilleure tenue,
» autant que les circonstances peuvent le permet-
» tre. L'intention de l'empereur est que votre en-
» trée se fasse par la chaussée de Dresde.

» L'empereur ira vraisemblablement loger au
» palais de Charlottembourg : donnez des ordres
» afin que tout y soit préparé.

»Il y a un petit ruisseau qui se jette dans la
»Sprée, à une lieue et demie ou deux de Berlin,
»et qui coupe le chemin d'Eu.»

CHAPITRE XIII.

Nous partîmes pour Postdam. L'orage nous surprit : il était si violent et la pluie si abondante, que nous nous réfugiâmes dans une maison voisine. Napoléon, enveloppé dans sa capote grise, fut bien étonné de voir une jeune femme que sa présence faisait tressaillir : c'était une Égyptienne, qui avait conservé pour lui cette vénération religieuse que lui portaient les Arabes. Veuve d'un officier de l'armée d'Orient, la destinée l'avait conduite en Saxe dans cette même maison, où elle avait été accueillie. L'empereur lui donna une pension de douze cents francs, et se chargea de l'éducation d'un fils, seul héritage que lui eût laissé son mari : « C'est la première fois, nous dit » Napoléon, que je mets pied à terre pour éviter » un orage. J'avais le pressentiment qu'une bonne » action m'attendait là. »

Postdam était intact; la cour avait fui avec tant de précipitation qu'elle n'avait rien enlevé. L'épée du grand Frédéric, sa ceinture, le grand cordon de ses ordres, y étaient encore. Napoléon s'en empara. « Je préfère ces trophées, nous dit-il avec enthousiasme, à tous les trésors du roi de Prusse. Je les enverrai à mes vieux soldats des campagnes de Hanovre; je les donnerai au gouverneur des Invalides, qui les gardera comme un témoignage des victoires de la grande armée et de la vengeance qu'elle a tirée des désastres de Rosbach. »

Nous étions à peine à Postdam que nous fûmes assiégés de députations; il en vint de Saxe, de Weimar, de partout : Napoléon les accueillit avec bonté. L'envoyé du duc de Brunswick, qui recommandait ses sujets à la générosité française, fut reçu avec moins de bienveillance : « Si je faisais démolir la ville de Brunswick, si je n'y laissais pas pierre sur pierre, que dirait votre prince ? La loi du talion ne m'autorise-t-elle pas à faire à Brunswick ce qu'il voulait faire dans ma capitale ? Annoncer le projet de démolir des villes peut être d'un insensé; mais vouloir ôter l'honneur à toute une armée de braves gens, lui proposer de quitter l'Allemagne par journées d'étape, à la seule sommation de l'armée prussienne, voilà ce que la postérité aura peine à croire. Le duc n'aurait pas dû se permettre un semblable outrage. Lorsqu'on a blanchi sous les armes, on doit respecter l'honneur militaire. Ce

» n'est pas d'ailleurs dans les plaines de Champa-
» gne que ce général a acquis le droit de traiter
» les drapeaux français avec tant de mépris. Une
» pareille sommation ne déshonore que celui qui
» l'a faite. Ce n'est pas au roi de Prusse qu'en res-
» tera la honte, c'est au chef de son conseil de
» guerre, c'est au général à qui il avait remis,
» dans ces circonstances difficiles, le soin de ses
» affaires; c'est enfin le duc de Brunswick que la
» France et la Prusse accuseront des calamités de
» la guerre. La frénésie dont ce vieux général a
» donné l'exemple a autorisé une jeunesse tur-
» bulente, et entraîné le roi contre sa propre pen-
» sée et son intime conviction. Toutefois, mon-
» sieur, dites aux habitants du pays de Brunswick
» qu'ils trouveront dans les Français des ennemis
» généreux; que je désire adoucir à leur égard les
» rigueurs de la guerre, et que le mal que pour-
» rait occasioner le passage des troupes est contre
» mon intention. Dites au général Brunswick qu'il
» sera traité avec tous les égards dus à un officier
» ennemi, mais que je ne puis reconnaître un sou-
» verain dans un des généraux du roi de Prusse.
» S'il arrive que la maison de Brunswick perde la
» souveraineté de ses ancêtres, elle ne pourra s'en
» prendre qu'à l'auteur des deux guerres, qui,
» dans l'une, voulut saper jusque dans ses fon-

» dements la grande capitale ; qui, dans l'autre, pré-
» tendit déshonorer deux cent mille braves, qu'on
» parviendrait peut-être à vaincre, mais qu'on ne
» surprendra jamais hors du chemin de l'honneur
» et de la gloire. Beaucoup de sang a été versé en
» peu de jours ; de grands désastres pèsent sur la
» monarchie prussienne. Qu'il est digne de blâme
» cet homme qui, d'un mot, pouvait les prévenir,
» si, comme Nestor, élevant la voix au milieu des
» conseils, il avait dit :

» Jeunesse inconsidérée, taisez-vous ; femmes,
» retournez à vos fuseaux et rentrez dans l'inté-
» rieur de vos ménages. Et vous, sire, croyez-en
» le compagnon du plus illustre de vos prédéces-
» seurs : puisque l'empereur Napoléon ne veut
» pas la guerre, ne le placez pas entre la guerre
» et le déshonneur ; ne vous engagez pas dans
» une lutte dangereuse avec une armée qui s'ho-
» nore de quinze ans de travaux glorieux, et que
» la victoire a accoutumée à tout soumettre.

» Au lieu de tenir ce langage, qui convenait si
» bien à la prudence de son âge et à l'expérience
» de sa longue carrière, il a été le premier à crier
» aux armes ; il a méconnu jusqu'aux liens du sang
» en armant un fils (le prince Eugène de Wurtem-
» berg) contre son père ; il a menacé de planter
» ses drapeaux sur le palais de Stuttgard ; et accom-

» pagnant ses démarches d'imprécations contre
» la France, il s'est déclaré l'auteur de ce mani-
» feste insensé qu'il avait désavoué pendant qua-
» torze ans, quoiqu'il n'osât pas nier de l'avoir
» revêtu de sa signature. »

Spandau venait de se rendre au maréchal Lannes. Napoléon la visita en détail, et m'envoya à Berlin, où Davoust était entré, complimenter de sa part le vieux Ferdinand et son épouse. Le prince était triste et abattu, il venait de perdre son fils; la princesse paraissait plus calme et plus résignée. J'allai également complimenter la princesse Henry, et la sœur de sa majesté prussienne, la princesse de Hesse. La première parut fort sensible à la prévenance de Napoléon; la seconde était retirée dans une aile du château, où elle vivait tranquille avec ses petits-enfants. La position de cette princesse m'inspira beaucoup d'intérêt et de vénération. Elle parut rassurée. Elle me pria néanmoins de la recommander à Napoléon, qui alla lui rendre visite aussitôt qu'il fut arrivé. Elle lui inspira les mêmes sentiments.

L'empereur porta son quartier-général à Charlottembourg. Il fit son entrée le lendemain dans la capitale, et adressa à l'armée la proclamation qui suit.

« SOLDATS !

» Vous avez justifié mon attente et répondu
» dignement à la confiance du peuple français.
» Vous avez supporté les privations et les fatigues
» avec autant de courage que vous avez montré
» d'intrépidité et de sang-froid au milieu des
» combats. Vous êtes les dignes défenseurs de
» l'honneur de ma couronne et de la gloire du
» grand peuple. Tant que vous serez animés de
» cet esprit, rien ne pourra vous résister. Je ne
» sais désormais à quelle arme donner la pré-
» férence... Vous êtes tous de bons soldats. Voici
» le résultat de nos travaux.

» Une des premières puissances de l'Europe, qui
» osa naguère nous proposer une honteuse capi-
» tulation, est anéantie. Les forêts, les défilés de
» la Franconie, la Saale, l'Elbe, que nos pères
» n'eussent pas traversés en sept ans, nous les
» avons traversés en sept jours, et livré dans l'in-
» tervalle quatre combats et une grande bataille.
» Nous avons précédé à Postdam, à Berlin, la
» renommée de nos victoires. Nous avons fait
» soixante mille prisonniers, pris soixante-cinq
» drapeaux, parmi lesquels ceux des gardes du
» roi de Prusse, six cents pièces de canon, trois
» forteresses, plus de vingt généraux ; cependant

» plus de la moitié de vous regrettent de n'avoir
» pas tiré un coup de fusil. Toutes les provinces
» de la monarchie prussienne jusqu'à l'Oder sont
» en notre pouvoir.

» Soldats, les Russes se vantent de venir à nous ;
» nous marcherons à leur rencontre, nous leur
» épargnerons la moitié du chemin ; *ils retrouve-*
» *ront Austerlitz au milieu de la Prusse.* Une na-
» tion qui a aussitôt oublié la générosité dont
» nous avons usé envers elle après cette bataille
» où son empereur, sa cour, les débris de son
» armée, n'ont dû leur salut qu'à la capitulation
» que nous leur avons accordée, est une nation
» qui ne saurait lutter avec succès contre nous.

» Cependant, tandis que nous marchons au-
» devant des Russes, de nouvelles armées, for-
» mées dans l'intérieur de l'empire, viennent pren-
» dre notre place pour garder nos conquêtes. Mon
» peuple tout entier s'est levé honteux de la hon-
» teuse capitulation que les ministres prussiens,
» dans leur délire, nous ont proposée. Nos routes
» et nos villes frontières sont remplies de con-
» scrits qui brûlent de marcher sur vos traces.
» Nous ne serons plus désormais les jouets d'une
» paix traîtresse, et nous ne poserons plus les ar-
» mes que nous n'ayons obligé les Anglais, ces
» éternels ennemis de notre nation, à renoncer

»au projet de troubler le continent, et à la tyran-
»nie des mers.

»Soldats, je ne puis mieux vous exprimer les
»sentiments que j'éprouve pour vous qu'en di-
»sant que je porte dans mon cœur l'amour que
»vous me montrez tous les jours. »

CHAPITRE XIV.

Napoléon se rendit ensuite au camp et passa la revue du troisième corps ; tous ceux qui s'étaient spécialement distingués reçurent des grades ou des décorations. Les généraux, les officiers, sous-officiers, furent appelés autour de sa personne. « J'ai voulu vous réunir, leur
» dit-il, pour vous témoigner toute la satisfaction
» que m'inspire la belle conduite que vous avez
» tenue à la bataille du 14. J'ai perdu des braves;
» ils étaient mes enfants, je les regrette; mais
» enfin ils sont morts au champ d'honneur, ils
» sont morts comme de vrais soldats ! Vous m'avez
» rendu un service signalé dans cette circonstance
» mémorable : c'est surtout à la brillante conduite
» du troisième corps que sont dus les grands ré-
» sultats que nous avons obtenus. Dites à vos
» soldats que j'ai été satisfait de leur courage.
» Généraux, officiers, sous-officiers et soldats,
» vous avez tous acquis pour jamais des droits à
» ma reconnaissance et à mes bienfaits. » Le maréchal lui répondit que le troisième corps serait

toujours digne de sa confiance, qu'il serait constamment pour lui ce que la dixième légion avait été pour César.

M. Denon assistait à cette scène d'émotion ; peut-être son pinceau en consacrera-t-il le souvenir : mais quel que soit son talent, il ne peindra jamais l'air de satisfaction et de bonté répandu dans les traits du souverain ; ni le dévouement, la reconnaissance dessinés sur toutes les figures, depuis celle du maréchal jusqu'à celle du dernier des soldats.

La proclamation que Napoléon avait adressée aux troupes les avait remplies d'une nouvelle ardeur ; elles se précipitaient à la suite des débris de Hall et de Jéna. Le prince de Hohenlohe en avait rallié une masse considérable, avec laquelle il eût pu nous échapper : il ne fit pas assez de diligence, il perdit du temps. Ces retards nous rendirent l'espérance de le voir coupé : Napoléon l'attendait impatiemment. « Bernadotte, » me dit-il pendant que nous nous installions au » palais, doit être à cette heure à Cremen. Il aura » sûrement débordé les Prussiens ; Murat les poussera avec son impétuosité ordinaire : ils ont à » eux deux plus de monde qu'il n'en faut pour les » prendre. J'aurai, d'ici à quelques jours, le prince » de Hohenlohe avec tout son corps, et bientôt

» après ce qui leur reste d'artillerie et d'équi-
» pages ; mais il faut de l'ensemble : il n'est pas
» présumable qu'ils se laissent prendre sans se
» battre. »

Tout se passa comme Napoléon l'annonçait :
les Prussiens, ébranlés par la cavalerie et la mitraille, furent sommés par le général Belliard, et
mirent bas les armes. Vingt-cinq mille hommes
d'élite, quarante-cinq drapeaux, soixante-qua-
torze pièces d'artillerie, défilèrent devant la cavalerie française : c'était une deuxième journée
d'Ulm. L'empereur fut charmé d'un si beau résultat : « C'est bien, dit-il ; mais il reste encore
» ce Blücher si habile à improviser des armistices ;
» il faut qu'il vienne aussi. » Et il écrivit de suite à
Murat : « Il n'y a rien de fait tant qu'il reste à
» faire : vous avez débordé la cavalerie du général
» Blücher ; que j'apprenne bientôt que ces troupes
» ont éprouvé le sort de celles de Hohenlohe. »
Berthier lui écrivit aussi pour lui recommander
le duc de Weimar : « Indépendamment des petites
» colonnes égarées, il y en a trois principales :
» celle du prince Hohenlohe, que vous avez prise
» à Prentzlow ; celle de Blücher, qui, le 28 à la
» pointe du jour, a quitté Wessemberg, et que
» vous aurez sûrement rencontrée aujourd'hui à
» Paselwalch ; enfin, une troisième du duc de

» Weimar, qui a surpris à M. le maréchal Soult
» le passage de l'Elbe, qu'elle a passé, à ce qu'il
» paraît, du côté de Saudon et d'Havelsberg le 26,
» d'où elle s'est dirigée par Wursterhausen, Ne-
» wrupin, Grausée ou par Furstemberg. Or, d'Ha-
» velsberg à Furstemberg, il y a vingt-cinq lieues ;
» le duc de Weimar ne peut donc pas être à Furs-
» temberg le 28 : mais de Furstemberg à Pasel-
» walch, il y a vingt lieues; et si la colonne en-
» nemie prend cette route, vous la rencontrerez
» sûrement à Paselwalch dans la journée du 30 et
» du 31. Ainsi il est à présumer que rien n'échap-
» pera entre vous, les maréchaux Lannes et Ber-
» nadotte. Tels sont les renseignements que je puis
» vous donner d'après les rapports parvenus à
» l'empereur. »

Mais le duc se lassa de partager les disgrâces des armées prussiennes; il négocia et remit ses troupes à Blücher, qui, tout occupé de fuir, ne s'inquiétait pas trop de savoir où il allait : son itinéraire déconcertait Napoléon. « Que se pro-
» pose-t-il ? où va-t-il ? Je ne le conçois pas de
» se jeter dans le Holstein : que fera-t-il, une fois
» dans ce cul-de-sac ? Il ne veut pas repasser
» l'Elbe ; il serait acculé, noyé : il ne songe pas à
» une semblable tentative. Il sera bientôt ici. » Il mit en effet bas les armes quelques jours après.

Il avait couru toute la Prusse, violé le territoire danois, pour rendre quelques jours plus tard vingt à vingt-cinq mille hommes, les drapeaux et les derniers attelages de l'armée prussienne. Avec un peu plus de capacité, il eût tiré meilleur parti de son obstination. « A la bonne heure, » dit Napoléon en apprenant ce succès. Les voilà » en avance avec les Autrichiens : ils seront plus » réservés à l'avenir; ils ne parleront plus d'Ulm : » en trois semaines ils l'ont renouvelé quatre » fois. Il faut envoyer Blücher en France, à Dijon. » Il y forgera à loisir des suspensions d'armes. » Écrivez au général Belliard : »

Berlin, le 13 octobre 1806.

M. le général Belliard, chef de l'état-major général de la réserve de cavalerie.

« L'intention de l'empereur, «général, est que » l'on porte le plus grand soin à ce que tous les » prisonniers provenants de la colonne du général Blücher et du duc de Weimar se rendent » comme prisonniers en France. Sa majesté veut » que tous les généraux et officiers se rendent » également en France; M. le général Blücher sera » conduit par un officier à Dijon : le jeune prince

» de Brunswick sera aussi conduit par un officier
» à Châlons-sur-Marne. Tous les autres officiers
» seront dirigés sur les différents points de la
» France désignés par le ministre Dejean pour
» les prisonniers de guerre. »

Nous laissâmes dicter la dépêche. Quand elle fut écrite, nous cherchâmes à l'adoucir en faveur de cet officier. Nous lui représentâmes qu'il avait mis bas les armes, qu'il n'était pas dangereux, qu'il fallait donner quelque chose à ses habitudes de hussard : il en convint, et Blücher se retira à Hambourg.

CHAPITRE XV.

Le prince Hatzfeld était venu à Postdam, comme député de la ville de Berlin, et avait été bien reçu. Il rendit compte de sa mission, autant que je puis me rappeler, au comte de Hohenlohe, et lui donna des détails sur les troupes, les pièces, les munitions qui se trouvaient dans la capitale, ou qu'il avait rencontrées sur la route; sa lettre fut interceptée. Napoléon me la remit, avec ordre de le faire arrêter sur-le-champ, et de l'envoyer au quartier-général du maréchal Davoust, qui était à deux lieues de là. Berthier, Duroc, Caulincourt et moi cherchâmes vainement à le calmer; il ne voulait rien entendre. M. de Hatzfeld transmettait des détails, des renseignements militaires, qui n'avaient rien de commun avec sa mission : c'était évidemment un délit d'espionnage. Savary, qui, en sa qualité de commandant de la gendarmerie impériale, était ordinairement chargé de ces sortes d'affaires, était en mission. Je fus obligé de suppléer à son absence. J'ordonnai l'arrestation du prince; mais au lieu de le faire conduire chez le maréchal, je le plaçai dans la chambre de l'officier de garde du palais, que je chargeai de le traiter avec les plus grands égards.

Caulincourt et Duroc quittèrent l'appartement. Napoléon, resté seul avec Berthier, lui dit de s'asseoir pour écrire l'ordre en vertu duquel M. de Hatzfeld devait être traduit devant une commission militaire. Le major-général essaya quelques représentations. « Votre majesté ne peut pas faire » fusiller un homme qui appartient aux premières » familles de Berlin, pour aussi peu de chose; la » supposition est impossible, vous ne le voulez » pas. » L'empereur s'emporta davantage. Neufchâtel insista; Napoléon perdit patience; Berthier sortit. Je fus appelé : j'avais entendu la scène qui venait d'avoir lieu; je me gardai bien de hasarder la moindre réflexion. J'étais au supplice : outre le désagrément d'écrire un ordre aussi sévère, il fallait aller aussi vite que la parole, et j'avoue que je n'ai jamais eu ce talent-là; il me dicta littéralement ce qui suit :

« Notre cousin le maréchal Davoust nommera » une commission militaire composée de sept » colonels de son corps d'armée, dont il sera président, afin de faire juger, comme convaincu » de trahison et d'espionnage, le prince de Hatzfeld.

« Le jugement sera rendu et exécuté avant six
» heures du soir. »

Il était environ midi. Napoléon m'ordonna d'expédier sur-le-champ cet ordre, en y joignant la lettre du prince de Hatzfeld ; je n'en fis rien. J'étais néanmoins dans une transe mortelle ; je tremblais pour le prince, je tremblais pour moi, puisqu'au lieu de l'envoyer au quartier-général je l'avais laissé au palais.

Napoléon demanda ses chevaux pour aller faire visite au prince et à la princesse Ferdinand. Comme je sortais pour donner ses ordres, on m'annonça que la princesse de Hatzfeld était tombée évanouie dans l'antichambre, qu'elle désirait me parler. J'allai à elle, et ne lui dissimulai pas la colère de Napoléon. Je lui dis que nous allions monter à cheval, et lui conseillai de nous devancer chez le prince Ferdinand, pour l'intéresser au sort de son mari. J'ignore si elle eut recours à lui ; mais elle se trouva dans un des corridors de son palais, et se jeta tout éplorée aux pieds de l'empereur, à qui je déclinai son nom.

Elle était enceinte. Napoléon parut touché de sa situation, et lui dit de se rendre au château ; en même temps il me chargea d'écrire à Davoust de suspendre le jugement ; il croyait M. de Hatzfeld parti.

Napoléon rentra au palais, où madame de Hatzfeld l'attendait; il la fit entrer dans le salon, où je restai. « Votre mari, lui dit-il avec bonté, » s'est mis dans un cas fâcheux; d'après nos lois » il a mérité la mort. Général Rapp, donnez-moi » sa lettre. Voyez, lisez, madame. » Elle était toute tremblante. Napoléon reprend aussitôt la lettre, la déchire, la jette au feu. « Je n'ai plus de » preuve, madame; votre mari a sa grâce. » Il me donna ordre de le faire revenir sur-le-champ du quartier-général; je lui avouai que je ne l'y avais pas envoyé; il ne me fit pas de reproche, il parut même en être satisfait.

Berthier, Duroc, et Caulincourt, se conduisirent dans cette circonstance comme à leur ordinaire, c'est-à-dire comme de braves gens, Berthier surtout.

A peine le prince de Hatzfeld fut-il de retour dans sa famille qu'il sut tout ce qui s'était passé. Il m'écrivit une lettre qui peint sa reconnaissance et les émotions dont il était agité. La voici :

« Mon général,

» Au milieu des sentiments de toute espèce que » j'ai éprouvés dans la journée d'hier, les mar- » ques de votre sensibilité, de votre intérêt,

»n'ont pas échappé à ma reconnaissance ; mais
»hier au soir j'appartenais tout entier au bon-
»heur de ma famille, et je ne puis m'acquitter
»qu'aujourd'hui envers vous.

»Croyez, au reste, mon général, qu'il est des
»moments dans la vie dont le souvenir est inef-
»façable; et si la profonde reconnaissance, l'es-
»time d'un homme de bien peuvent être de quel-
»que prix à vos yeux, vous devez être récom-
»pensé de l'intérêt que vous m'avez montré.

»Agréez l'assurance de ma haute considération
»et de tous les sentiments qui m'attachent à votre
»souvenir.

»J'ai l'honneur d'être,

»Mon général,

»Votre très humble et très obéissant serviteur,

»Le prince DE HATZFELD. »

Berlin, le 3o octobre 1806.

On vit bientôt arriver à Berlin des envoyés de presque toutes les cours d'Allemagne, qui venaient réclamer pour leur prince la bienveillance de Napoléon. La duchesse de Weimar nous députa un certain M. de Muller qui demandait une déduction d'impôt et le retour du duc, qui était, je crois, à Hambourg. L'empereur ne fut pas content des formes du diplomate; il le trouva ennuyeux et me le renvoya. « J'ai, me dit-il, chargé » Talleyrand de t'adresser ce monsieur-là, pour » que tu arranges les petites affaires de la cour de » Veimar. » Il ne voulut pas entendre parler du duc, contre lequel il était aussi courroucé qu'il était bien disposé en faveur de la duchesse. Il se calma néanmoins et traita celle-ci de cousine, ce qui était alors quelque chose. Son altesse reçut l'autorisation de rentrer dans ses états. Il demanda à son passage d'être présenté à Napoléon, mais ce jour-là même nous partîmes pour la Pologne. Il me fit l'honneur de m'écrire pour me remercier de ce que j'avais fait pour sa famille. Je crois que je lui avais effectivement rendu quelques services. Je lui en rendis encore quelque temps après, comme on le verra plus tard. Au reste, voici sa lettre : je cite ces sortes de pièces autant parce qu'elles peignent l'époque que parce qu'elles sont honorables pour celui qui les a reçues.

« Monsieur,

» Pénétré de la plus vive reconnaissance pour » toutes les bontés que vous avez bien voulu mar- » quer à ma famille, pour les sentiments d'un

» intérêt noble que vous avez prouvés à celle-ci.
» J'étais très empressé de vous en protester de
» vive voix le témoignage, et de vous dire en même
» temps, monsieur le général, que la duchesse
» m'avait chargé tout particulièrement de vous
» dire combien grande est l'estime qu'elle vous a
» vouée. Malheureusement le départ précipité de
» sa majesté l'empereur et roi m'empêche de
» vous présenter aujourd'hui mes hommages per-
» sonnellement. Mais j'ose me flatter que l'époque
» ne sera pas éloignée où je jouirai de l'avantage
» de vous assurer de bouche que la considération
» toute particulière que je vous porte est inalté-
» rable, et que je ne cesserai d'être avec ce sen-
» timent,

» Monsieur,

» Votre très humble et très obéissant serviteur,

» Duc de WEIMAR. »

Berlin, le 24 novembre 1806.

CHAPITRE XVI.

L'électeur de Hesse voulait aussi traiter; mais l'empereur était si courroucé contre ce prince qu'il ne reçut pas son envoyé : « Quant à celui-là, » dit-il, il a fini de régner. »

Magdebourg ouvrit ses portes au maréchal Ney : on apporta avec les clefs une petite cassette qui renfermait des objets précieux appartenants, disait-on, à cet électeur. Ils avaient été trouvés dans la place.

Colbert, Custrin, Stettin, capitulèrent. Le grand duc avait détaché la cavalerie légère de Prentzlow; elle se présente inopinément devant la place. Le jour baissait. Le général Lasalle annonce que des troupes le suivent, que l'armée prussienne a capitulé. Il somme, menace, intimide le gouverneur; il l'amène à des ouvertures. Le général Belliard arrive, brusque la négociation, et déclare que si dans une heure la place n'est pas rendue, il l'inonde de projectiles. Les Prussiens prennent l'alarme; ils imaginent que l'armée, que le parc, que tout est prêt à les foudroyer, et livrent leurs murailles à nos hussards. Custrin fit encore mieux. Nos troupes faisaient leur mouvement pour franchir l'Oder; elles rencontrent, chemin faisant, quelques centaines de Prussiens qu'elles dispersent; la place tire sur elles, des boulets tombent dans nos rangs. Le général Gudin lui signifie que, si elle ne cesse pas un feu inutile, elle sera incendiée sur l'heure. Le gouverneur effrayé propose des arrangements; on refuse, on répond qu'il n'y en a point à faire: il insiste; mais le général avait continué sa marche, il n'y avait personne pour le recevoir. On court avertir le général Petit, qui se trouvait à une assez grande distance : le parlementaire s'obstinait toujours à faire des arrangements. « A quels arrangements » voulez-vous que j'entende? lui répondit gravement le général; mes instructions sont précises : » si la place n'est pas rendue dans deux heures, j'ai » ordre de la foudroyer. On prépare les batteries; » quatre-vingts mortiers ou obusiers vont tout à » l'heure vomir le fer et la flamme sur vos remparts. Voici le colonel d'artillerie (c'était au » contraire celui du quatre-vingt-cinquième de » ligne qui arrivait); vous allez voir si j'exagère. » Vos pièces sont-elles placées, colonel, vos dispositions achevées? — Tout est prêt, général; je » n'attends que vos ordres. — Suspendez un ins-

» tant, monsieur apporte des paroles de paix. Vous
» le voyez, dit-il à l'officier prussien, votre ville
» touche à sa ruine; évitez-lui des malheurs qui ne
» changeront pas la face des affaires. Abattue ou
» debout, nous n'en pousserons pas moins nos
» avantages : la capitulation ou le siége, peu m'im-
» porte; choisissez, mais choisissez vite. Je ne
» veux, du reste, traiter qu'avec le gouverneur. »
Celui-ci parut bientôt sur l'Oder.

Le général Gauthier alla recevoir le gouverneur et le conduisit dans une maison voisine; le général Petit les joignit, et la capitulation fut signée. Quatre mille Prussiens, qui regorgeaient de vivres et de munitions, mirent bas les armes devant un régiment d'infanterie qui ne les sommait pas, qui ne pouvait aller à eux. De tels hommes avaient droit de nous demander de repasser le Rhin : notre voisinage était trop dangereux.

Napoléon envoya Duroc au roi de Prusse; mais personne ne croyait à la paix.

Comme nous nous promenions, Caulincourt et moi, dans la cour du château, nous vîmes arriver à nous un grand jeune homme blond très simplement vêtu; il nous salua : c'était le prince Paul de Wurtemberg. Il venait de quitter l'armée prussienne, où il avait servi contre la volonté de son père, avec lequel il était fort mal ainsi qu'avec

Napoléon. « Que vient faire ici votre altesse? » lui demanda Caulincourt. Il répondit qu'il désirait rentrer dans les bonnes grâces de l'empereur, et pria ce général de l'annoncer. Le duc de Vicence y consentit; mais Napoléon ne voulut pas recevoir le prince : il le fit arrêter et conduire par un officier de gendarmerie dans les états du roi son père, où il fut détenu pendant plusieurs années. Caulincourt fit tout au monde pour adoucir sa captivité.

Le quartier-général fut transféré à Posen; l'insurrection qui s'était manifestée dès que nos troupes avaient paru éclata avec une nouvelle force. Kalisch avait désarmé la garnison prussienne; une foule de places suivaient cet exemple ce n'était qu'imprécations contre les auteurs du partage. Les villes, les villages, Varsovie même, quoique occupée par les Russes, envoyaient des députations, demandaient que l'indépendance de la Pologne fût proclamée. «Je le voudrais bien, me » dit Napoléon; mais la mèche une fois allumée, » qui sait où s'arrêtera l'incendie? Mon premier » devoir est envers la France; je ne dois pas la » sacrifier à la Pologne : il faut s'en remettre » au souverain qui régit tout, au temps; lui seul » nous apprendra ce que nous aurons à faire. »

Duroc nous rejoignit à Posen. Nous partîmes pour Varsovie : le grand maréchal versa dans ce trajet, et se cassa la clavicule. Napoléon en fut très affecté. Duroc a toujours été pour lui un homme presque indispensable; il a constamment joui de la plus haute faveur et de la plus grande confiance : il le méritait à tous égards. Il était difficile d'avoir plus de tact, d'esprit de conduite, d'habileté, et en même temps plus de modestie : son dévouement était illimité; il avait le cœur droit, il était honnête homme : on ne pouvait lui reprocher que la crainte de déplaire et une excessive timidité.

Nous arrivâmes enfin dans la capitale de la Pologne; le roi de Naples nous y avait précédés et en avait chassé les Russes. Napoléon fut reçu avec enthousiasme; la nation croyait toucher au moment où elle allait renaître; elle était au comble de ses vœux. Il est difficile de peindre la joie des Polonais et le respect qu'ils avaient pour nous. Nos soldats étaient moins satisfaits; ils montraient surtout une vive répugnance à passer la Vistule. La misère, l'hiver, le mauvais temps, leur avaient inspiré pour ce pays une extrême aversion : c'étaient des plaisanteries continuelles sur la nation, les épigrammes ne tarissaient pas. Ils n'en battirent pas moins les Russes dans les boues de Nasielsk, à Golymin, à Pultusk, et plus tard à Eylau.

A une revue où les Polonais se pressaient sur nos troupes, un soldat se mit à jurer tout haut contre le pays et le mauvais temps. « Vous avez » bien tort, lui dit une demoiselle, de ne pas » aimer notre pays, car nous vous aimons beau- » coup. — Vous êtes fort aimable, lui répliqua » le soldat; mais si vous voulez que je vous croie, » vous nous ferez faire un bon dîner à mon cama- » rade et à moi. » Les parents de la jeune personne emmenèrent effectivement les deux soldats, et les traitèrent.

C'était surtout au spectacle que la troupe se donnait beau jeu. La toile tardait un soir à se lever; un grenadier perdit patience : « Commencez » donc, messieurs les Polonais, cria-t-il du fond » du parterre; commencez donc, ou je ne passe » pas la Vistule. »

M. de Talleyrand s'embourba avec sa voiture à quelque distance de Varsovie, et resta une douzaine d'heures avant de pouvoir s'en tirer. Les soldats, d'assez mauvaise humeur, demandèrent qui c'était. « Le ministre des relations extérieures, » répondit quelqu'un de sa suite. « Que diable aussi » vient-il faire de la diplomatie dans un pays de » cette espèce ? »

Quatre mots constituaient, pour eux, tout l'idiome polonais : *Kleba? niema; vota? sara :*

du pain? il n'y en a pas; de l'eau? on va en apporter. C'était là toute la Pologne.

Napoléon traversait un jour une colonne d'infanterie aux environs de Nasielsk, où la troupe éprouvait de grandes privations à cause des boues qui empêchaient les arrivages. « Papa, kleba? » lui cria un soldat. « Niema, » répondit l'empereur. Toute la colonne partit d'un éclat de rire; personne ne demanda plus rien.

Je rapporte ces anecdotes parce qu'elles font voir quel esprit animait nos soldats. Ces respectables vétérans méritaient plus de reconnaissance qu'ils n'en ont obtenu.

Napoléon s'amusait de ces plaisanteries, et riait quand on lui parlait de la répugnance de l'armée à passer la Vistule. Quelques généraux auguraient mal de sa situation morale, et se plaignaient de voir le dégoût succéder à l'enthousiasme. « Leur avez-vous parlé de l'ennemi? Sont-
» elles sans élan quand elles l'aperçoivent? Ces
» gens-là, me dit-il ensuite, ne sont pas fait
» pour apprécier mes troupes; ils ne savent pas
» qu'elles bouillent dès qu'il est question de
» Russes, de victoire : je vais les réveiller. » Il appela un secrétaire et lui dicta la proclamation suivante :

« Soldats !

» Il y a aujourd'hui un an, à cette heure même, que vous étiez sur le champ mémorable d'Austerlitz : les bataillons russes épouvantés fuyaient en désordre, ou enveloppés rendaient les armes à leurs vainqueurs. Le lendemain ils firent entendre des paroles de paix ; mais elles étaient trompeuses : à peine échappés, par l'effet d'une générosité peut-être condamnable, aux désastres de la troisième coalition, ils en ont ourdi une quatrième ; mais l'allié sur la tactique duquel ils fondaient leur principale espérance n'est déjà plus : ses places fortes, ses capitales, ses magasins, ses arsenaux, deux cent quatre-vingts drapeaux, sept cents pièces de bataille, cinq grandes places de guerre, sont en notre pouvoir. L'Oder, la Wartha, les déserts de la Pologne, les mauvais temps de la saison, n'ont pu vous arrêter un moment ; vous avez tout bravé, tout surmonté ; tout a fui à votre approche. C'est en vain que les Russes ont voulu défendre la capitale de cette ancienne et illustre Pologne ; l'aigle française plane sur la Vistule. Le brave et infortuné Polonais, en vous voyant, croit revoir les légions de Sobieski de retour de leur mémorable expédition.

» Soldats! nous ne déposerons pas les armes
» que la paix générale n'ait affermi et assuré la
» puissance de nos alliés, n'ait restitué à notre
» commerce sa liberté et ses colonies. Nous avons
» conquis sur l'Elbe et l'Oder Pondichéry, nos
» établissements des Indes, le cap de Bonne-
» Espérance et les colonies espagnoles. Qui don-
» nerait le droit aux Russes de balancer les des-
» tins? Qui leur donnerait le droit de renverser
» de si justes desseins? Eux et nous, ne sommes-
» nous plus les soldats d'Austerlitz? »

Les troupes furent réunies sur la place de Saxe : c'était l'anniversaire du couronnement; les Russes occupaient le faubourg de Prague. Ces circonstances, ces souvenirs, cette perspective de gloire, furent accueillis par de longues acclamations. On ne songea plus qu'à vaincre; toutes les préventions disparurent. L'ennemi couvrait la rive gauche, il avait remorqué tous les bâtiments; un maréchal-des-logis brava les lances des Cosaques, et réussit à s'emparer d'un bateau. C'en fut assez, l'armée opposée leva son camp pendant la nuit; nous passâmes sans obstacle. Le Bug nous offrit plus de difficultés; sa rive gauche est plate, marécageuse, disposée pour la défense; mais Benigsen ne sut pas profiter de ses avantages. Nous le menaçâmes sur ses ailes, nous remîmes à flot les bateaux qu'il avait submergés; il hésita, le fleuve fut franchi. Les Russes revinrent à la charge, ils essayèrent d'enlever la tête du pont que nous avions élevé à Okuniew; mais tout avait été prévu : Davoust était en mesure, l'ennemi fut culbuté, battu, obligé de repasser le Wkra.

CHAPITRE XVII.

Cependant le vieux Kaminski avait pris le commandement de l'armée russe, il avait porté son quartier-général à Pultusk. Ses généraux se concentraient, tout annonçait le projet de se porter en deçà du fleuve. Napoléon accourut pour les déloger; il visita le camp retranché d'Okuniew, reconnut la rivière, la position des Russes, et la plaine qu'il fallait franchir pour arriver à eux. Couverte de bois, d'abatis, de marécages, elle était presque aussi difficile à emporter que les redoutes derrière lesquelles s'abritaient les Cosaques. L'empereur l'examina long-temps et à plusieurs reprises : des bouquets de bois lui masquaient la vue; il se fit apporter une échelle, monta sur le faîte d'une chaumière, observa la disposition des lieux, les mouvements qui s'opéraient à l'autre rive. « C'est bien, nous » allons passer; faites venir un officier. » Le sous-chef d'état-major du 3ᵉ corps se présenta, et écrivit sous sa dictée les dispositions suivantes :

« La première division passera dans l'île, et

» se formera le plus loin possible de l'ennemi.

» Tout ce qui appartient à la 3ᵉ division res-
» tera dans la tête du pont; ne devant participer
» en rien à l'attaque, elle demeurera en réserve.

» On formera des bataillons avec les huit
» compagnies de voltigeurs, ce qui, avec le ba-
» taillon du 13ᵉ léger, formera trois colonnes;
» ces trois colonnes se porteront dans le plus
» grand silence sur les trois extrémités du canal,
» et s'arrêteront au milieu de l'île, de manière
» à être hors de portée de la fusillade; elles au-
» ront chacune derrière elles trois pièces de
» canon.

» Chaque colonne détachera ses pièces, escor-
» tées par une compagnie de voltigeurs; ces com-
» pagnies commenceront la fusillade, se cou-
» vrant par les haies. Pendant ce temps les offi-
» ciers d'artillerie placeront leurs batteries, et
» tireront à mitraille sur les bataillons et les
» troupes que l'ennemi ne manquera pas d'op-
» poser au passage.

» On jettera les ponts sous la protection de
» cette artillerie.

» Les trois colonnes passeront; et du mo-
» ment où elles seront placées de l'autre côté,
» trois piquets de chasseurs à cheval, chacun de
» soixante hommes, passeront pour charger l'en-

» nemi, le gagner de vitesse et faire des prison-
» niers.

» Le 17ᵉ régiment passera immédiatement après,
» se mettra en bataille, laissant entre chaque ba-
» taillon un intervalle de vingt-cinq toises, en
» arrière desquelles seront placés trois escadrons
» de cavalerie légère; le reste de la division pas-
» sera après et se formera en arrière. »

Nous nous portâmes sur les hauteurs qu'oc-cupait l'ennemi; nous l'attaquâmes par la droite, nous l'attaquâmes par la gauche : il ne put supporter le choc, tout fut culbuté. Les troupes avaient déployé une valeur sans exemple; Napoléon applaudit à leur courage. Il fit appeler les généraux Morand et Petit, auxquels il dit les choses les plus flatteuses; il voulut que les corps qui venaient de combattre prissent quelque repos, et détacha la division Friant à la poursuite des Russes. Nos voltigeurs les atteignent à Nasielsk, se jettent sur leur gauche, les coupent, les culbutent, leur prennent trois pièces de canon. Ils les suivent au milieu des bois, la fusillade s'engage, nous éprouvons une vive résistance; nous n'avions pas d'artillerie, nous ne pouvions débusquer des colonnes que les lieux et la mitraille protégeaient. A défaut de pièces, on recourt à l'audace; la charge bat; le 48ᵉ, conduit par l'intrépide Barbanègre, se jette tête baissée sur les masses ennemies, et les renverse. La nuit approchait, elle les déroba à nos baïonnettes. Nous ramassâmes une multitude de pièces embourbées sur la route.

Nous avions en vue des masses formidables, mais elles n'osaient nous attendre; elles fuyaient l'une vers Golymin, l'autre vers Pultusk. Je suivis la première avec la division de dragons que l'empereur m'avait confiée; le maréchal détacha Daultane pour couvrir les derrières du 5ᵉ corps, qu'il savait s'être porté sur Pultusk. Le dégel était complet depuis deux jours, ce qui, dans la saison, est rare en Pologne. Le terrain que nous parcourions est un fond d'argile entrecoupé de marécages; les chemins étaient affreux; cavalerie, infanterie, artillerie, se perdaient dans ces fondrières; personne ne pouvait s'en tirer qu'avec des peines inouïes; il fallait deux heures pour faire une petite lieue. Des officiers, des soldats restèrent enfoncés dans la boue pendant tout le temps que dura la bataille de Pultusk. Ils servaient de point de mire à l'ennemi.

La 3ᵉ division avait à peine débouché du village qu'elle fut prévenue par ses éclaireurs qu'une masse considérable de cavalerie couvrait à quelque distance une colonne d'artillerie et d'équipages. Le général Friant les fit observer par des détachements de troupes à cheval, bien convaincu que cette nuée de Cosaques se dissiperait dès qu'elle verrait paraître l'infanterie. En effet, ils s'enfuirent; nous prîmes de l'artillerie, des munitions, des voitures, des caissons de toute espèce. Le général, satisfait de ces avantages, allait asseoir sa position de nuit, lorsqu'une canonnade terrible se fit entendre; c'était le maréchal Lannes qui chassait les Russes de Pultusk. Nous eûmes notre tour le lendemain; ils occupaient un bois, nous voulions les en déloger: nos colonnes s'avancèrent, les voltigeurs étaient en tête, et l'infanterie disposée derrière par échelons. L'ennemi opposait une vive résistance; il nous aborda, nous chargea à la baïonnette; mais nos bataillons le refoulèrent sur ses masses. Nous restâmes maîtres du champ de bataille; il était couvert de cadavres et de sacs; les Russes les avaient jetés pour être plus alertes. L'infanterie était débusquée, la cavalerie s'avançait; j'allai à sa rencontre et la culbutai: mais les voltigeurs répandus dans les marais nous accablaient de balles; j'eus le bras gauche fracassé.

J'avais été blessé quatre fois dans nos premières campagnes aux armées du Rhin, sous

Custine, Pichegru, Moreau, Desaix; deux fois sous les ruines de Memphis, et dans la Haute-Égypte sous les murs de Thèbes; à la bataille d'Austerlitz et à Golymin : je le fus encore quatre fois, comme on le verra par la suite, à la Moskowa.

De Golymin je fus transporté à Varsovie. Napoléon y entra le 1ᵉʳ janvier; il me fit l'honneur de venir me voir. « Eh bien, Rapp, tu es encore » blessé, et toujours au mauvais bras. » C'était la neuvième blessure que j'avais reçue à ce bras seulement, qu'il appelait le bras malheureux. « Cela n'est pas étonnant, sire; toujours des ba- » tailles! » — « Nous finirons, répliqua-t-il, quand » nous aurons quatre-vingts ans. »

MM. Boyer et Yvan me pansèrent en sa présence. Quand il vit que la fracture était réelle, il dit à ces messieurs : « Il faut lui cou- » per le bras; il est déjà trop malade, il pour- » rait en mourir. » M. Boyer lui répondit en riant : « Votre majesté veut aller trop vite en » besogne; le général est jeune, il est vigoureux, » nous le guérirons. » — « J'espère bien, lui ré- » pliquai-je, que ce n'est pas la dernière fois que » vous me martyriserez. »

Napoléon partit bientôt de Varsovie pour la bataille d'Eylau, et établit son quartier général à

Osterode; c'est là que je reçus l'ordre d'aller prendre le commandement du gouvernement de Thorn, pour achever de me rétablir. J'expédiais des vivres, de l'artillerie, des munitions, pour presser le siége de Dantzick.

J'étais alors la providence des généraux prussiens. Ils m'écrivaient, ils me priaient d'intercéder pour eux. Blücher lui-même ne dédaignait pas de solliciter la *grâce* de sa majesté l'empereur et roi d'Italie. Il devait d'abord être conduit à Dijon, comme on l'a vu; mais il avait mis bas les armes : qu'importait qu'il fût à Dijon ou ailleurs? On lui permit de se retirer à Hambourg. Il s'y ennuya bientôt et demanda à se rapprocher de Berlin. Voici sa lettre :

« Monsieur le général,

» Votre excellence se rappellera peut-être que
» j'ai eu l'honneur de faire votre connaissance,
» il y a quelques années, à votre passage à Muns-
» ter; et les témoignages d'attention que vous avez
» bien voulu me donner alors me font espérer
» que la situation malheureuse dans laquelle je
» me trouve actuellement ne vous sera pas abso-
» lument indifférente. J'ose ainsi m'adresser à
» votre excellence pour vous demander votre in-

» tervention près de sa majesté l'empereur des
» Français, roi d'Italie, afin qu'elle ait la grâce de
» me faire délivrer des passe-ports pour moi, mes
» deux fils officiers, et le reste de ma famille,
» pour pouvoir nous retirer dans les environs
» de Berlin ou dans la Poméranie, sur une de
» mes terres. Ayant perdu tout par le sort des
» armes, il m'est impossible de faire face aux dé-
» penses que le séjour d'une ville où tout est
» aussi énormément cher qu'à Hambourg exige.
» D'ailleurs je suis malade, et je sens que ce ne
» sera que dans le sein de ma famille, et menant
» une vie très retirée, que je pourrai rétablir ma
» santé.

» Ces raisons et la générosité de sa majesté
» l'empereur me font espérer qu'elle daignera
» bien soulager mon sort pénible en me permet-
» tant de choisir mon séjour; et la protection que
» votre excellence voudra bien m'accorder à ce
» sujet joindra les sentiments de la plus vive
» reconnaissance à ceux de la plus haute consi-
» dération, avec lesquels j'ai l'honneur d'être

» De votre excellence

» Le très humble et très obéissant serviteur,

» BLUCHER, lieutenant-général. »

Hambourg, le 15 novembre 1806.

L'empereur refusa; mais le général doit se rappeler la manière dont je le traitai. Il peut dire si les Français savent respecter le malheur.

A la reddition de Dantzick, je fus nommé gouverneur, avec le rang de général en chef.

Napoléon arriva dans cette place le 29 mai; il y passa deux jours. Il comptait en tirer des ressources immenses, en argent surtout. Je reçus les ordres les plus sévères de faire rentrer les contributions, qui s'élevaient à vingt millions, et qui furent portées à une trentaine en denrées par le traité que je fis avec cette ville quelque temps plus tard. J'avais carte blanche; j'étais autorisé à tout pour effectuer ce recouvrement : mais il était impossible; il m'a causé bien des ennuis. Tantôt c'était une mesure de sévérité, tantôt une autre. La population, les citoyens les plus riches et les plus influents étaient tour à tour menacés. J'ai constamment éludé ces ordres violents; j'ai évité aux Dantzickois toutes sortes de déboires. A la paix, ils devaient encore dix-sept millions.

Napoléon assista aux batailles d'Heilsberg, de Friedland. Huit jours après son départ il m'écrivit :

« M. de Talleyrand se rendra à Dantzick; il y
» restera avec vous pendant quelque temps. Vous

» le recevrez et vous le traiterez en prince. Vous
» connaissez toute l'estime et tout l'attachement
» que j'ai pour ce ministre, etc. » Il eût évité bien
des malheurs s'il ne se fût jamais brouillé avec
ce diplomate.

Après le traité de Tilsit, Napoléon m'envoya
des instructions particulières. Il m'annonça la
paix et m'ordonna d'exercer une surveillance sévère sur la Prusse et la famille royale. Il était
toujours courroucé contre Guillaume et ses sujets. Je cherchais pourquoi, je ne pouvais le deviner; Berthier me l'expliqua : la cause ne me parut pas très juste. Le prince était venu à Dantzick
me transmettre de nouveaux ordres, et me renouveler celui d'avoir toujours l'œil ouvert sur
les menées qui se faisaient autour de moi. Je
devais rester dans cette place jusqu'à la cessation
des hostilités. Les Russes étaient pour nous. Nous
avions beau jeu avec les Anglais ; avant deux ans
ces insulaires devaient être obligés de demander
la paix.

Enfin je restai à Dantzick. Je correspondais directement avec Napoléon ; presque toutes ses
lettres respiraient une humeur extraordinaire,
et j'avoue que je l'ai moi-même partagée longtemps.

Les propos, la conduite de quelques officiers

prussiens, contribuaient à entretenir cette prévention. Je sévissais contre eux, la moindre faute était sévèrement punie; mais aussi je leur faisais rendre justice, je ne souffrais pas qu'on les molestât. Tout se calma cependant. On mit de part et d'autre le fiel de côté, la confiance se rétablit. Je les voyais, je les recevais, et je puis dire que dès la première année de mon commandement tous les rapports que j'envoyais à Paris étaient marqués au coin de la modération et de la vérité. Je représentais à Napoléon qu'il était difficile aux Prussiens d'oublier si vite leur grandeur passée, que les esprits se calmaient, que le roi, les ministres, la famille royale, ne cessaient d'inviter la nation à cette résignation que le malheur rend indispensable.

J'ai toujours écrit dans le même sens. Je n'avais à me plaindre de personne; de mon côté j'étais très bien avec les autorités civiles et militaires. Je les voyais souvent; et toutes, j'ose le dire, avaient en moi la plus grande confiance: elles étaient sensibles à mes bons procédés.

Mais tous les commandants n'y mettaient pas la même bienveillance. Leurs rapports, les désastres de Baylen, donnèrent à Napoléon de nouveaux doutes sur la conduite de la Prusse. Il me chargea de redoubler de surveillance. « Ne passez

» rien aux Prussiens, me disait-il dans une lettre;
» je ne veux pas qu'ils lèvent la tête. »

La nouvelle des revers que nous avions éprouvés dans la péninsule se répandit de suite en Allemagne; elle éveilla de nouvelles espérances; toutes les têtes étaient en fermentation. J'en rendis compte à Napoléon; mais il n'aimait pas qu'on lui rappelât des souvenirs pénibles, encore moins qu'on lui montrât un avenir malheureux. Il me répondit : « Les Allemands ne sont pas des Es-
» pagnols; le caractère flegmatique d'un Allemand
» n'a rien de commun avec celui des féroces Cata-
» lans. »

CHAPITRE XVIII.

L'entrevue d'Erfurt eut lieu. Napoléon partit pour l'Espagne; il battit, il dissipa tout ce qui lui fut opposé : l'armée anglaise était perdue s'il avait pu lui-même la poursuivre; mais la quatrième guerre d'Autriche avait éclaté, il fut obligé d'accourir au secours de la Bavière. Le prince Berthier m'envoya l'ordre de rejoindre l'armée; l'empereur y était déjà : je le trouvai à Landshut, qui venait de remporter la victoire de Ratisbonne; je ne fus pas content de sa réception. Il me demanda d'un air assez sec : « Comment se » portent vos Prussiens et vos Dantzickois? Vous » auriez dû faire payer à ces derniers ce qu'ils me » doivent. Vous le voyez, nous ne sommes pas » tous morts en Espagne; il me reste encore assez » de monde pour battre les Autrichiens. » Je sentis l'allusion.

Nous marchâmes sur Vienne. L'empereur s'adoucit et me traitait avec plus de bienveillance. L'affaire 'Esslingen eut lieu : une foule de braves avaient perdu la vie; le maréchal Lannes était

hors de combat; la cavalerie, l'artillerie, étaient détruites; et le village d'Esslingen, le point le plus important qui nous restait à défendre, inondé par vingt bataillons de grenadiers hongrois : nous ne pouvions plus nous y maintenir; déjà ils pénétraient dans la maison carrée que Napoléon avait fait fortifier la veille. Le comte Lobau s'avança à leur rencontre et les arrêta; mais ils reçurent tout de suite des renforts. L'empereur s'en aperçut : je fus chargé de prendre deux autres bataillons de la jeune garde et de voler au secours des nôtres; je devais les dégager, faire retraite avec eux, et prendre position entre le village et le reste de la garde, sur les bords du Danube, près du pont qui avait été rompu. Les colonnes autrichiennes s'avançaient de tous les côtés sur ce point; la position devenait terrible : à notre gauche, Masséna occupait encore Grosaspern; il avait perdu beaucoup de monde, mais enfin il se maintenait. Je me mis à la tête de mes deux bataillons et j'entrai dans le village : je disposai mes troupes en arrière du général Mouton, et fus lui porter les ordres de l'empereur : mais toute la réserve ennemie, conduite par l'archiduc Charles, se déployait à quelques pas. « Vous avez, dis-je au comte Lobau, étonné
» ces masses par votre résistance; abordons-les à

» la baïonnette, rejetons-les sur les colonnes
» qui s'avancent : si nous réussissons, l'empereur
» et l'armée nous sauront gré du succès ; si nous
» sommes malheureux, la responsabilité pèsera
» sur moi. — Sur tous les deux, reprend le gé-
» néral. » Nos cinq bataillons s'ébranlent, culbutent, dispersent tout à coups de baïonnettes : nous sommes maîtres du village. L'archiduc cherche en vain à le reprendre : cinq fois il ramène ses troupes à la charge, cinq fois il est défait ; nous lui fîmes éprouver une perte immense. Nous en avions essuyé aussi une considérable : le général Mouton, le général Grosse, étaient blessés ; beaucoup d'autres officiers avaient perdu la vie. Napoléon fut enchanté de cette affaire ; il me dit des choses flatteuses, et ajouta : « Si jamais
» tu as bien fait de ne pas exécuter mes ordres,
» c'est aujourd'hui ; car le salut de l'armée dépen-
» dait de la prise d'Esslingen. »

Napoléon trouvait les Viennois plus exaltés que dans nos campagnes précédentes ; il m'en fit la remarque. Je lui répondis que le désespoir y était pour beaucoup ; que partout l'on était fatigué de nous et de nos victoires. Il n'aimait pas ces sortes de réflexions.

Schill courait alors la Saxe ; il l'apprit et en fut inquiet : c'était une manière de sonder l'opinion. La Prusse préludait à cette guerre d'insurrection qu'elle nous fit plus tard : j'avoue que je ne le croyais pas; j'avais une trop haute idée de la loyauté nationale. Je cherchai à dissiper les préventions de l'empereur; mais ses soupçons étaient plus forts que tout ce que je pouvais lui dire. Une autre circonstance contribuait à le rendre défiant : la marche des Russes n'était pas plus franche que celle des Prussiens; ils tergiversaient. Ce manque de foi le rendit furieux. Il résolut d'en tirer vengeance : mais il lui fallait du temps.

La bataille de Wagram eut lieu : je n'y assistai pas. Trois jours auparavant j'accompagnai Napoléon à l'île Lobau : j'étais dans une de ses voitures avec le général Lauriston; nous versâmes : j'eus une épaule démise et trois côtes fracassées.

L'empereur poussa jusqu'à Znaim et revint s'établir à Schoenbrunn; il y apprit enfin la défaite et la mort de Schill; il en fut satisfait : il eût cependant mieux aimé que ce partisan eût été pris.

Il y eut, pendant les négociations, diverses émeutes à Vienne. Plusieurs personnes, convaincues d'y avoir trempé, furent condamnées à mort : deux bourgeois et un juif allaient être exécutés; je fus assez heureux pour obtenir leur grâce.

Napoléon était assez constamment de bonne humeur; cependant les rapports que lui faisait la police venaient de temps à autre troubler sa gaieté. Ses ennemis avaient répandu le bruit ridicule d'une aliénation mentale : il en fut blessé. « C'est, dit-il, le faubourg Saint-Germain qui » imagine ces belles choses; ils en feront tant que » je finirai par envoyer ce monde-là dans la Cham- » pagne pouilleuse. »

Un jour je lui demandai de l'avancement pour deux officiers. « Je ne veux plus, me dit-il, en » donner tant; ce diable de Berthier m'en a trop » fait faire. » Puis se tournant vers Lauriston : « N'est-ce pas, Lauriston, que de notre temps on » n'allait pas si vite? Je suis resté bien des années » lieutenant, moi ! — Cela se peut, sire, mais de- » puis vous avez bien rattrapé le temps perdu. » Il rit beaucoup de ma repartie, et m'accorda ce que je sollicitais.

CHAPITRE XIX.

Cependant la paix traînait en longueur : les négociations n'avançaient pas; et l'Allemagne souffrait toujours. Un jeune homme, égaré par un amour aveugle de la patrie, forma le dessein de la délivrer de celui qu'il regardait comme la cause de ses maux. Il se présenta à Schoenbrunn le 23 octobre, pendant que les troupes défilaient : j'étais de service; Napoléon était placé entre le prince de Neufchâtel et moi. Ce jeune homme, nommé St..., s'avança vers l'empereur; Berthier, s'imaginant qu'il venait présenter une pétition, se mit au-devant et lui dit de me la remettre; il répondit qu'il voulait parler à Napoléon : on lui dit encore que, s'il avait quelques communications à faire, il fallait qu'il s'adressât à l'aide-de-camp de service. Il se retira quelques pas en arrière, en répétant qu'il ne voulait parler qu'à Napoléon. Il s'avança de nouveau et s'approcha de très près : je l'éloignai, et lui dis en allemand qu'il eût à se retirer; que, s'il avait quelque chose à demander, on l'écouterait après la parade. Il avait la main droite enfoncée dans la poche de côté, sous sa redingote; il tenait un papier dont l'extrémité était en évidence. Il me regarda avec des yeux qui me frappèrent; son air décidé me donna des soupçons: j'appelai un officier de gendarmerie qui se trouvait là; je le fis arrêter et conduire au château. Tout le monde était occupé de la parade; personne ne s'en aperçut. On vint bientôt m'annoncer qu'on avait trouvé un énorme couteau de cuisine sur St...: je prévins Duroc; nous nous rendîmes tous au lieu où il avait été conduit. Il était assis sur un lit où il avait étalé le portrait d'une jeune femme, son portefeuille, et une bourse qui contenait quelques vieux louis d'or. Je lui demandai son nom. — «Je ne puis le dire » qu'à Napoléon. — Quel usage vouliez-vous faire » de ce couteau ? — Je ne puis le dire qu'à Napoléon. — Vouliez-vous vous en servir pour » attenter à sa vie? — Oui, monsieur. — Pour» quoi ? — Je ne le puis dire qu'à lui seul. »

J'allai prévenir l'empereur de cet étrange événement; il me dit de faire amener ce jeune homme dans son cabinet: je transmis ses ordres et je remontai. Il était avec Bernadotte, Berthier, Savary et Duroc. Deux gendarmes amenèrent St... les mains liées derrière le dos: il était calme;

la présence de Napoléon ne lui fit pas la moindre impression; il le salua cependant d'une manière respectueuse. L'empereur lui demanda s'il parlait français; il répondit avec assurance : « Très peu. » Napoléon me chargea de lui faire en son nom les questions suivantes :

« D'où êtes-vous ? — De Naumbourg. — » Qu'est votre père ? — Ministre protestant. — » Quel âge avez-vous ? — Dix-huit ans. — Que » vouliez-vous faire de votre couteau ? — Vous » tuer. — Vous êtes fou, jeune homme; vous » êtes illuminé. — Je ne suis pas fou; je ne sais » ce que c'est qu'illuminé. — Vous êtes donc ma- » lade ? — Je ne suis pas malade, je me porte » bien. — Pourquoi vouliez-vous me tuer ? — » Parce que vous faites le malheur de mon pays. » — Vous ai-je fait quelque mal ? — Comme à » tous les Allemands. — Par qui êtes-vous en- » voyé ? qui vous pousse à ce crime ? — Per- » sonne ; c'est l'intime conviction qu'en vous » tuant je rendrai le plus grand service à mon » pays et à l'Europe, qui m'a mis les armes à la » main. — Est-ce la première fois que vous me » voyez ? — Je vous ai vu à Erfurt lors de l'en- » trevue. — N'avez-vous pas eu l'intention de » me tuer alors ? — Non, je croyais que vous ne » feriez plus la guerre à l'Allemagne; j'étais un

» de vos plus grands admirateurs. — Depuis
» quand êtes-vous à Vienne ? — Depuis dix jours.
» — Pourquoi avez-vous attendu si long-temps
» pour exécuter votre projet? — Je suis venu à
» Schœnbrunn il y a huit jours avec l'intention
» de vous tuer ; mais la parade venait de finir, j'a-
» vais remis l'exécution de mon dessein à aujour-
» d'hui. — Vous êtes fou, vous dis-je, ou vous
» êtes malade. — Ni l'un ni l'autre. — Qu'on fasse
» venir Corvisart. — Qu'est-ce que Corvisart? —
» C'est un médecin, lui répondis-je. — Je n'en ai
» pas besoin. » Nous restâmes sans rien dire jusqu'à l'arrivée du docteur; St... était impassible.
Corvisart arriva ; Napoléon lui dit de tâter le
pouls du jeune homme, il le fit. « N'est-ce pas,
» monsieur, que je ne suis point malade? — Mon-
» sieur se porte bien, répondit le docteur en s'a-
» dressant à l'empereur. — Je vous l'avais bien
» dit, reprit St... avec une sorte de satisfaction. »

Napoléon, embarrassé de tant d'assurance, recommença ses questions.

« Vous avez une tête exaltée, vous ferez la
» perte de votre famille. Je vous accorderai la
» vie, si vous demandez pardon du crime que
» vous avez voulu commettre, et dont vous de-
» vez être fâché. — Je ne veux pas de pardon. J'é-
» prouve le plus vif regret de n'avoir pu réussir.

» — Diable! il paraît qu'un crime n'est rien pour
» vous? — Vous tuer n'est pas un crime, c'est
» un devoir. — Quel est ce portrait qu'on a trouvé
» sur vous? — Celui d'une jeune personne que
» j'aime. — Elle sera bien affligée de votre aven-
» ture! — Elle sera affligée de ce que je n'ai pas
» réussi; elle vous abhorre autant que moi. —
» Mais enfin si je vous fais grâce, m'en saurez-
» vous gré? — Je ne vous en tuerai pas moins. »
Napoléon fut stupéfait. Il donna ordre d'emmener le prisonnier. Il s'entretint quelque temps
avec nous, et parla beaucoup d'illuminés. Le
soir il me fit demander et me dit : « Savez-vous
» que l'événement d'aujourd'hui est extraordi-
» naire. Il y a dans tout cela des menées de Berlin
» et de Weimar. » Je repoussai ces soupçons.
« Mais les femmes sont capables de tout. — Ni
» hommes ni femmes de ces deux cours ne con-
» cevront jamais de projet aussi atroce. — Voyez
» leur affaire de Schill. — Elle n'a rien de com-
» mun avec un pareil crime. — Vous avez beau
» dire, monsieur le général; on ne m'aime ni à
» Berlin ni à Weimar. — Cela n'est pas douteux :
» mais pouvez-vous prétendre qu'on vous aime
» dans ces deux cours? et parce qu'on ne vous
» aime pas, faut-il vous assassiner? » Il communiqua les mêmes soupçons à.....

Napoléon me donna l'ordre d'écrire au général Lauer d'interroger St..., afin d'en tirer quelque révélation. Il n'en fit point. Il soutint que c'était de son propre mouvement et sans aucune suggestion étrangère qu'il avait conçu son dessein.

Le départ de Schoenbrunn était fixé au 27 octobre. Napoléon se leva à cinq heures du matin et me fit appeler. Nous allâmes à pied sur la grande route voir passer la garde impériale, qui partait pour la France. Nous étions seuls. Napoléon me parla encore de St.... « Il n'y a pas d'exemple » qu'un jeune homme de cet âge, Allemand, pro- » testant, et bien élevé, ait voulu commettre un » pareil crime. Sachez comment il est mort. »

CHAPITRE XX.

Une pluie abondante nous fit rentrer. J'écrivis au général Lauer de nous donner des détails à ce sujet. Il me répondit que St... avait été exécuté à sept heures du matin, 27, sans avoir rien pris depuis le jeudi 24; qu'on lui avait offert à manger; qu'il avait refusé, attendu, disait-il, qu'il lui restait encore assez de force pour marcher au supplice. On lui annonça que la paix était faite; cette nouvelle le fit tressaillir. Son dernier cri fut *Vive la liberté! vive l'Allemagne! mort à son tyran!* Je remis ce rapport à Napoléon. Il me chargea de garder le couteau, que j'ai chez moi.

Napoléon me dit que les préliminaires de la paix n'étaient pas encore signés, mais que les articles en étaient arrêtés, et qu'il la ratifierait à Munich, où nous devions nous arrêter. Nous arrivâmes à Nymphenbourg : la cour de Bavière s'y trouvait. Je n'avais pas eu l'honneur de voir le roi depuis la campagne d'Austerlitz. Il me logea dans son palais. Il me témoigna beaucoup de confiance et de bonté. Il me dépeignit la triste situation de ses sujets, et ajouta que si cet état de choses ne cessait bientôt, il serait obligé de mettre la clef sous la porte et de s'en aller. Ce furent ses expressions.

Je conservai le souvenir de ce dernier propos. J'étais bien décidé à le rendre, non pour lui nuire, mais pour prouver à Napoléon que toutes les indemnités qu'il accordait à ses alliés étaient loin de les satisfaire et de compenser les charges que la guerre leur imposait.

La paix fut effectivement ratifiée. Nous quittâmes Nymphenbourg, et nous arrivâmes à Stuttgard. Napoléon fut reçu avec magnificence et logé au palais, ainsi que toute sa suite. Le roi faisait construire un grand jardin, et employait à ces travaux des hommes condamnés aux galères. L'empereur lui demanda ce que c'était que ces hommes enchaînés. Il répondit que c'étaient, la plupart, des rebelles de ses nouvelles possessions. Nous nous remîmes en route le lendemain. Chemin faisant, Napoléon revint sur ces malheureux et me dit : « C'est un homme » bien dur que le roi de Wurtemberg, mais » aussi bien loyal. C'est le souverain de l'Europe » qui a le plus d'esprit. » Nous nous arrêtâmes une heure à Rastadt, où les princes de Bade et la princesse Stéphanie étaient venus lui faire leur cour. Le grand duc et la grande duchesse l'accompagnèrent jusqu'à Strasbourg. Il reçut à son arrivée dans cette ville des dépêches qui l'indisposèrent de nouveau contre le faubourg Saint-Germain. Nous nous rendîmes à Fontainebleau: aucun préparatif n'était fait, il n'y avait pas même de service ; mais peu après toute la cour arriva, ainsi que la famille de Napoléon.

L'empereur eut de longues conférences avec le ministre de la police ; il se plaignait du faubourg Saint-Germain. Ce contraste de souplesse et d'audace, que sa livrée déployait tour à tour dans ses antichambres et les salons, le déconcertait ; il ne concevait pas qu'on fût si bas et si perfide, qu'on déchirât d'une main tandis qu'on sollicitait de l'autre. Il paraissait disposé à sévir ; Fouché l'en dissuada. « C'est de tradition, » lui dit-il ; la Seine coule, le faubourg intrigue, » demande, consomme, et calomnie ; c'est dans » l'ordre, chacun a ses attributions. » Napoléon se rendit, il ne se vengeait que des hommes. On lui proposa une entrée solennelle dans la capitale, il la refusa : le vainqueur du monde était bien au-dessus de ces triomphes dont s'enivraient les Romains. Le lendemain la cour quitta Fontainebleau. L'empereur fit le trajet à franc étrier ;

toute son escorte resta en arrière, un chasseur de la garde seul put le suivre; c'est ainsi qu'il arriva aux Tuileries.

Napoléon touchait à l'une des époques les plus importantes de sa vie.

CHAPITRE XXI.

Il était question de divorce; on en parlait hautement dans Paris, mais on n'était pas d'accord sur le choix de cet homme extraordinaire. On désignait les princesses de Russie, de Saxe, l'archiduchesse. Il fut d'abord effectivement question de la première. M. de Metternich l'apprit et fit des ouvertures; elles furent acceptées. Cependant tous les membres de la famille impériale étaient opposés à cette alliance; ils redoutaient l'astuce autrichienne; ils prévoyaient que cette cour consentirait, se prêterait à tout ce qu'il lui demandait jusqu'à ce que l'occasion devînt favorable; qu'alors elle lèverait le masque, et serait la première à provoquer sa perte : mais le mariage était conclu, les représentations furent inutiles. Je fus désigné pour assister à la cérémonie; c'était une espèce de faveur, puisqu'une grande partie de la cour était confondue dans la foule. Je n'avais cependant pas, je l'avoue, le droit d'y prétendre; je m'étais permis quelques réflexions sur le divorce du chef de l'état, et elles lui avaient été rapportées. Je plaignais l'impératrice Joséphine, qui avait toujours été bonne, simple et sans prétentions. Elle était reléguée à la Malmaison; j'allais la voir souvent. Elle me confiait ses peines, ses ennuis; je l'ai vue pleurer des heures entières; elle parlait de son attachement pour Bonaparte, c'est ainsi qu'elle l'appelait parmi nous; elle regrettait le beau rôle qu'elle avait joué : ce regret était bien naturel.

Le lendemain du mariage nous reçûmes l'ordre d'aller faire les trois révérences devant le couple impérial assis sur le trône. Je ne pus y aller, je fus retenu par une migraine que j'ai assez régulièrement toutes les semaines; j'en prévins le grand maréchal. Napoléon ne crut pas à mon indisposition; il s'imagina que je n'avais pas voulu me soumettre à l'étiquette, et m'en sut mauvais gré. Il me fit donner l'ordre de repartir pour Dantzick. Le duc de Feltre me rencontra sur les boulevards et me communiqua les intentions de l'empereur. Je demandai des instructions : Napoléon me répondit sèchement que je n'avais qu'à surveiller la Prusse, à traiter avec égard les Russes, et à rendre compte de ce qui se passerait dans les ports de la Baltique; que je pouvais me dispenser de passer par

Berlin. Je m'arrêtai quelques jours à Strasbourg, à Francfort, et j'arrivai le 10 juin à Dantzick.

Je fus très bien reçu des troupes et des habitants. On se plaignait beaucoup du général Grabowski : les Dantzickois ne l'aimaient pas ; ils avaient tort, c'était un excellent homme.

La garnison ne tarda pas à s'augmenter ; elle reçut des Saxons, des Badois, des Wurtembergeois, des Westphaliens, des Hessois ; c'était une armée. Ce surcroît de forces me déplaisait parce qu'il surchargeait la bourgeoisie ; car pour moi je n'avais pas à me plaindre. Les sentiments des troupes n'étaient pas équivoques, et les souverains dont elles dépendaient daignaient presque tous saisir cette occasion pour m'assurer de leur bienveillance ; je ne citerai que la lettre du roi de Bavière.

Munich, le 15 avril 1811.

« Vous allez avoir mon 14ᵉ régiment d'infan- » terie sous vos ordres, mon cher Rapp ; je le » recommande à vos bontés et à vos soins. Le » colonel est un brave homme qui fera son de- » voir. Le lieutenant-colonel et les deux majors » sont bons ; le corps des officiers de même,

» et les soldats beaux et parfaits. Je les trouve
» bien heureux, mon cher général, d'être
» sous un chef tel que vous : *und noch dazu ein*
» *Elsasser.*

» Adressez-vous à moi directement toutes les
» fois qu'il s'agira du bien-être de ma troupe, ou
» que vous trouverez des défauts, ou qu'elle ser-
» vira mal ; chose qui, j'espère, n'arrivera pas. Je
» saisis avec empressement cette occasion, mon
» cher Rapp, pour vous réitérer l'assurance de
» ma constante amitié.

» Maximilien-Joseph. »

On m'envoya des instructions pour fermer le port de la place, et surveiller ceux de la Prusse. Davoust vint prendre le commandement de Hambourg : je n'étais pas sous ses ordres; mais je devais correspondre avec lui et M. de Saint-Marsan. Je ne connaissais pas ce dernier, cependant je l'estimais beaucoup ; ses lettres prouvaient qu'il était homme de bien, qu'il désirait voir la bonne harmonie renaître entre les deux nations. Je le désirais aussi, nous étions parfaitement d'accord........ m'écrivait souvent de me défier de ce diplomate, que c'était un traître vendu au roi Guillaume et à ses ministres. Sans doute qu'il en écrivait autant à Napoléon. Heureusement quand ce prince avait une fois son opinion fixée sur un homme, il faisait peu de cas des rapports qu'on lui adressait : à moins, comme il le disait, de le prendre la main dans le sac, il ne lui retirait pas sa confiance.

Ma position cependant devenait pénible : d'un côté, les Dantzickois se plaignaient de nourrir des troupes, de supporter des charges, et d'être sans commerce; de l'autre, les ministres me pressaient de faire rentrer les contributions, afin de couvrir les dépenses d'une expédition secrète et du développement des fortifications. Les fournisseurs menaçaient de suspendre les livraisons; je ne savais que devenir. Je retirais bien quelque argent des impositions frappées sur la Prusse; mais ces sommes étaient insuffisantes. A force cependant de persévérance et de représentations, je réussis à obtenir les fonds nécessaires pour acquitter les fournitures, et peu à peu la place fut déchargée de ce service.

On m'assigna des ressources pour les fortifications, et des valeurs pour les préparatifs de l'expédition secrète, qui n'était plus un secret.

Les ministres proposèrent un jour à Napoléon de faire entretenir la garnison par le gouvernement prussien. On m'écrivit pour avoir mon avis. Je répondis que si jamais semblable décision m'arrivait, je quitterais sur-le-champ Dantzick, sans qu'aucune considération fût capable de me retenir. Je dois rendre justice au maréchal Davoust, qui fut également consulté ; il fit voir que cette mesure était dangereuse et inexécutable. Le projet fut abandonné.

Je ne passerai pas sous silence un différent bizarre que j'eus à Dantzick.

Je donnais à dîner. J'avais entre autres les résidents de Prusse et de Russie ; je plaçai l'un à ma droite et l'autre à ma gauche. Celui-ci se formalisa d'une disposition semblable. Il s'imagina que j'avais voulu molester lui, sa cour, et tout ce qu'il y avait de Russes au monde. Il se plaignit ; sa plainte fut transmise de Saint-Pétersbourg à M. de Champagny, qui la communiqua à Napoléon. Je reçus des reproches : j'avais manqué d'égards au résident d'une grande nation, j'avais donné la place d'honneur à celui de Prusse ; j'étais invité à réparer cette faute. J'avoue que je fus piqué. Je répondis au ministre que je ne donnais pas de dîners diplomatiques ; que les consuls étrangers n'étaient pas accrédités auprès du gouverneur, mais auprès du sénat ; que je pouvais mettre à côté de moi à ma table qui bon me semblait ; que les plaintes du résident étaient ridicules ; que je ne le recevrais plus :

j'ai tenu parole, et cette affaire n'a pas eu plus de suite. J'ai cru devoir rapporter cette anecdote, parce qu'elle prouve combien on cherchait encore à cette époque à ménager la Russie.

CHAPITRE XXII.

Il ne pouvait arriver rien de plus fâcheux aux Dantzickois que d'avoir chez eux des douaniers français. Depuis long-temps il était question de les y établir; je les repoussais de toutes mes forces. Leur présence devait donner le coup de grâce au peu de commerce que je tolérais encore malgré les cris de Napoléon.

Elle ne devait pas être moins à charge à tout le littoral de la Baltique, que je ne surveillais pas, je l'avoue franchement, avec la sévérité qui m'était prescrite : aussi les dénonciations pleuvaient-elles contre moi; mais je savais d'où elles partaient, je ne m'en inquiétais pas. Cependant Napoléon était outré de mon indulgence; il m'en fit des reproches. « Laisser faire du commerce » aux Prussiens et aux Dantzickois, me manda- » t-il, c'est me trahir. » ..... écrivait dans le même sens et envoyait des espions partout. Napoléon était fatigué de rapports et de dénonciations. Il chargea Bertrand de me faire connaître combien il était mécontent. « L'empereur, mon cher Rapp,

» m'écrivit ce général, sait que tu laisses faire la
» contrebande en Prusse et à Dantzick ; je te pré-
» viens qu'il est fâché contre toi, etc. » On cria,
je laissai crier, et continuai d'user du pouvoir
avec modération. La douane fut installée. On sait
combien elle était sévère, dans les pays conquis
surtout. La direction de Dantzick singeait l'indépendance. Elle prétendait ne recevoir d'ordre que
du ministre Sucy ; elle citait en preuve celle de
Hambourg. Je tranchai la question. J'envoyai le
directeur à Weichselmunde : six jours de prison
firent justice de ses prétentions. Un tel acte de
sévérité était alors sans exemple ; il fut regardé
comme un crime de lèse-majesté. Le ministre s'en
plaignit ; mais, à sa grande surprise, Napoléon
lui répliqua que si j'avais puni, c'est que j'avais des
motifs. « D'ailleurs Dantzick est en état de siége,
» et dans ce cas un gouverneur est tout-puissant. »
Les douaniers comprirent qu'ils avaient trop présumé de leur crédit ; ils furent plus circonspects,
et s'en conduisirent d'autant mieux avec les Dantzickois. Le commerce fut rassuré. Il le fut encore
plus quand il me vit relâcher diverses prises
faites par nos corsaires. On dénonça encore, mais
toujours avec aussi peu de succès.

Je reçus l'ordre de livrer aux flammes les marchandises anglaises : cette mesure était désas-

treuse; je l'éludai, et, malgré la présence des douaniers, Dantzick n'en perdit pas pour plus de trois cents francs, et Kœnigsberg encore moins. Je ne parle pas de ce qui provenait des prises.

Le système continental et les mesures de rigueur qu'employait Napoléon dans le nord de l'Allemagne indisposait de plus en plus. La population était exaspérée. On me demandait fréquemment des rapports sur sa situation morale : je la dépeignais telle qu'elle était en effet, accablée, ruinée, poussée à bout. Je signalai ces sociétés secrètes où la nation s'initiait tout entière, où la haine préparait la vengeance, où le désespoir rassemblait, combinait ses moyens. Mais Napoléon trouvait ces associations ridicules. Il connaissait peu les Allemands. Il ne leur supposait ni force ni énergie; il les comparait avec leurs pamphlets « à ces petits chiens qui aboient et » n'osent pas mordre. » Il éprouva plus tard de quoi ils étaient capables.

On me demandait aussi souvent des rapports sur ce qui se passait en Russie, sur l'armée qui s'assemblait à Wilna. On désirait connaître mon opinion sur ce que ferait la nation, sur ce que ferait l'Allemagne, dans le cas où une expédition au delà du Niémen serait malheureuse ou viendrait à échouer tout-à-fait. Je répondis mot pour mot (on croira avec peine à une prédiction qui s'est malheureusement si bien vérifiée) :

« Si votre majesté éprouvait des revers, elle
» peut être assurée que Russes et Allemands, tous
» se lèveraient en masse pour secouer le joug ; ce
» serait une croisade ; tous vos alliés vous aban-
» donneraient. Le roi de Bavière, sur lequel vous
» comptez tant, se joindrait lui-même à la coali-
» tion. Je n'excepte que le roi de Saxe ; peut-être
» il vous resterait fidèle, mais ses sujets le for-
» ceraient de faire cause commune avec vos en-
» nemis. »

Napoléon, comme on peut le croire, ne fut pas content de ce rapport : il l'envoya au maréchal Davoust afin qu'il en prît lecture, et le chargea de m'écrire qu'il était bien étonné qu'un de ses aides-de-camp se fût permis de lui adresser une lettre de cette espèce ; que mes rapports ressemblaient aux pamphlets d'outre-Rhin, que je paraissais lire avec plaisir ; qu'au reste, les Allemands ne seraient jamais des Espagnols. Le maréchal fit sa commission ; Napoléon resta long-temps indisposé. L'expérience a prouvé si je voyais juste ; je me suis permis d'en faire la remarque à ce prince, comme je le dirai plus tard.

Lorsqu'il obligea le roi de Prusse à faire conduire à Magdebourg les marchandises prohibées qui avaient été confisquées à Kœnigsberg, je lui adressai les observations les plus vives; je lui représentai combien cette mesure était propre à soulever, à exaspérer la nation. M. de Clérambaut, qui était consul général, écrivit dans le même sens; nous ne pûmes rien obtenir.

La guerre avec la Russie était à la veille d'éclater; Napoléon songeait au rôle qu'il devait donner à la Prusse. S'allier au roi Guillaume, il conservait ses doutes et ses préventions. Le détrôner, la mesure était violente : c'était pourtant ce que lui conseillaient plusieurs personnes que je ne nommerai pas; elles voulaient qu'il envahît les états de ce prince et s'en emparât. Peut-être Guillaume n'a-t-il jamais été bien au fait du danger qu'il avait couru : j'en connaissais toute l'étendue, et j'en ressentais des peines bien vives; je plaignais le souverain, je plaignais la nation : je détournai ce projet de toutes mes forces.

Des instructions avaient été déjà expédiées à.... Ce général s'attendait à marcher incessamment. Quelle fut sa surprise, lorsqu'au lieu de l'ordre d'envahir la Prusse il reçut la nouvelle du traité d'alliance! elle me parvint de suite; j'en éprouvai une vive satisfaction.

CHAPITRE XXIII.

La grande armée était déjà sur la Vistule. Napoléon quitta Paris, se rendit dans la capitale de la Saxe, et de là à Dantzick. Il avait été précédé par le roi de Naples, qui avait sollicité la permission d'aller à Dresde, et n'avait pu l'obtenir. Ce refus l'avait singulièrement choqué : il me fit part des chagrins et des tribulations que Napoléon lui causait; il le disait du moins. Nous fûmes les premiers que l'empereur reçut; il débuta avec moi par une question qui était assez plaisante. «Qu'est-ce que les Dantzickois font de leur argent, » de celui qu'ils gagnent, de celui que je dépense » chez eux? » Je lui répondis que leur situation était loin d'être prospère; qu'ils souffraient, qu'ils étaient aux abois. « Cela changera, répliqua-t-il; » c'est une chose convenue, je les garde mainte- » nant pour moi. »

Il était fatigué : nous nous retirâmes le roi de Naples et moi. Je fus rappelé un instant après; j'assistai seul à sa toilette : il me fit diverses questions sur le service de la place. Quand il fut habillé, son valet-de-chambre sortit. « Eh bien, » monsieur le général Rapp, me dit-il, voilà les » Prussiens qui sont nos alliés ; les Autrichiens le » seront bientôt. — Malheureusement, sire, nous » faisons beaucoup de mal comme alliés ; je reçois » de tous côtés des plaintes contre nos troupes. — » C'est un torrent momentané : je verrai si Alexan- » dre veut véritablement la guerre ; je l'éviterai si » je le puis. » Et changeant tout à coup de conver- sation : « Avez-vous remarqué comme Murat a » mauvaise mine ? il paraît malade. — Malade ? » non, sire, mais il a du chagrin. — Pourquoi du » chagrin ? Est-ce qu'il n'est pas content d'être roi ? » — Il prétend qu'il ne l'est pas. — Pourquoi fait- » il des sottises dans son royaume ? Il doit être » Français et non pas Napolitain. »

Le soir, j'eus l'honneur de souper avec Napo- léon, le roi de Naples et le prince de Neuchâtel. Avant de se mettre à table, on causa de la guerre avec la Russie ; nous étions dans le salon. L'em- pereur aperçut tout à coup un buste en marbre, placé sur la console. « Quelle est cette femme ? — » Sire, c'est la reine de Prusse. — Ah ! monsieur » le général Rapp, vous avez le buste de la belle » reine chez vous ! Cette femme-là ne m'aimait pas. » — Sire, lui répondis-je, il est permis d'avoir » chez soi le buste d'une jolie femme ; elle était

» d'ailleurs l'épouse d'un roi aujourd'hui votre
» allié. »

Le lendemain nous montâmes à cheval; Napoléon visita la place, et paraissait content des travaux, lorsqu'il aperçut je ne sais quel objet qui lui déplut; il s'emporta et me dit, devant un assez grand nombre de personnes, « qu'il » n'entendait pas que ses gouverneurs tranchas-» sent du souverain, qu'il voulait que les rè-» glements fussent exécutés. » La contravention était réelle, mais aussi peu importante; elle ne méritait pas tant de bruit. « Ne vous affectez » pas de ces reproches, me dit tout bas le roi de » Naples; l'empereur est contrarié, il a reçu ce » matin des lettres qui l'ont mis de mauvaise hu-» meur. » Nous continuâmes notre course, et nous rentrâmes. Napoléon reçut les généraux et officiers sous mes ordres, ainsi que les autorités civiles; il adressa à celles-ci diverses questions sur le commerce et les finances; elles déploraient leur position : « Elle changera, leur dit-» il; je vous garde pour moi, c'est une chose con-» venue : il n'y a que les grandes familles qui pros-» pèrent. » Il aperçut M. de Franzins aîné. « Quant » à vous, monsieur de Franzins, vous ne vous » plaignez pas, vos affaires sont en assez bon état; » vous avez au moins dix millions de fortune. »

Le soir, j'eus l'honneur de souper encore avec Napoléon, le roi de Naples et le prince de Neuchâtel. Napoléon garda le silence assez long-temps; et prenant tout à coup la parole, il me demanda combien il y avait de Dantzick à Cadix. — « Il y » a trop loin, sire.—Ah! je vous comprends, mon- » sieur le général : nous en serons pourtant bien » plus loin d'ici à quelques mois.—Tant pis. » Le roi de Naples, le prince de Neuchâtel, ne dirent pas un mot. « Je vois bien, messieurs, reprit Na- » poléon, que vous n'avez plus envie de faire la » guerre : le roi de Naples ne veut plus sortir de » son beau royaume, Berthier voudrait chasser à » Gros-Bois, et Rapp habiter son superbe hôtel à » Paris.—J'en conviens, sire. Votre majesté ne m'a » jamais gâté; je connais fort peu les plaisirs de » la capitale. »

Murat et Berthier continuèrent à garder le plus profond silence; ils avaient l'air piqué. Après dîner ils me dirent que j'avais bien fait de parler ainsi à Napoléon. « A la bonne heure; mais vous » n'auriez pas dû, leur répondis-je, me laisser » parler tout seul. »

CHAPITRE XXIV.

Napoléon quitta Dantzick et se rendit à Kœnigsberg; Murat l'avait accompagné, le général Belliard s'y trouvait aussi. Il leur parla beaucoup de l'Espagne et de son frère, dont il n'était pas content. Le général Flahaut revenait d'une mission dont il avait été chargé auprès de Schwartzenberg; il rendit compte du dévouement du prince, et de l'impatience où il était de culbuter les Russes : l'empereur n'avait pas trop l'air d'y croire; cependant il se laissa persuader : il pensa qu'à la longue les protestations peuvent devenir sincères, et les bienfaits inspirer aussi quelque reconnaissance. Il exposa son plan et ses projets : « Si » Alexandre, dit-il, persiste à ne pas exécuter les » conventions que nous avons faites, s'il ne veut » pas accéder aux dernières propositions que je » lui ai soumises, je passe le Niémen, je bats son » armée et m'empare de la Pologne russe; je la » réunis au grand duché, j'en fais un royaume, » où je laisserai cinquante mille hommes que le » pays entretiendra. Les habitants désirent se re-

» constituer en corps de nation ; ils sont belli-
» queux, ils se formeront, ils auront bientôt des
» troupes nombreuses et aguerries : la Pologne
» manque d'armes, je lui en fournirai ; elle bri-
» dera les Russes ; ce sera une barrière contre l'ir-
» ruption des Cosaques. Mais je suis embarrassé ;
» je ne sais quel parti prendre à l'égard de la Ga-
» licie ; l'empereur d'Autriche ou plutôt son con-
» seil ne veut pas s'en dessaisir : j'ai offert d'amples
» compensations, elles ont été refusées... Il faut
» s'en remettre aux événements ; eux seuls nous
» apprendront ce qu'il convient de faire. La Po-
» logne, bien organisée, peut fournir cinquante
» mille hommes de cavalerie : qu'en dites-vous,
» monsieur le général Belliard? — Je le crois, sire,
» répliqua le général : si votre majesté la mettait à
» cheval, l'infanterie de la Vistule ferait une ex-
» cellente cavalerie légère, qu'on pourrait op-
» poser avec succès à cette nuée de Cosaques dont
» les Russes se font précéder. — Nous verrons cela
» plus tard. Vous retournez avec Murat, vous
» quittez vos Suisses ; que pensez-vous des Suisses ?
» — Ils iront, sire, ils se battront : ils ont beau-
» coup gagné ; depuis six semaines, ils ne sont pas
» connaissables. J'irai les voir demain. — Allons,
» bien ; rejoignez Murat et voyez avec lui toute la
» cavalerie. »

Les propositions dont parlait l'empereur ne furent pas accueillies : les Russes se plaignaient de nos forces, de nos mesures commerciales; ils exigeaient que nous évacuassions l'Allemagne. Nous marchâmes en avant, nous arrivâmes au Niémen : cinq ans auparavant il avait été témoin de nos victoires; l'armée ne l'aperçut qu'avec des cris de joie. Napoléon se rendit aux avant-postes, se déguisa en chasseur et reconnut les bords du fleuve avec le général Axo. Il s'entretint ensuite quelques instants avec le roi de Naples : il lui indiqua l'endroit où il convenait de jeter les ponts, et lui donna ordre de concentrer ses troupes, afin que le passage fût rapidement effectué. La cavalerie était à cheval, l'infanterie avait pris les armes : jamais spectacle ne fut plus magnifique. Éblé se mit à l'ouvrage; les pontons furent placés à minuit : à une heure, nous étions sur la rive droite et le général Pajol à Kowsno; Bagawouth l'avait évacué, nous l'occupâmes sans coup férir. Nous continuâmes le mouvement; nous marchions sans relâche : nous n'apercevions que quelques pulks de Cosaques qui se perdaient à l'horizon. Nous arrivâmes à Wilna; ses immenses magasins étaient en feu : nous l'éteignîmes; la plus grande partie des subsistances fut sauvée.

CHAPITRE XXV.

Cet incendie, cette terre qu'avaient tant de fois foulée les légions polonaises au retour de leurs glorieuses expéditions, nous remplirent d'une nouvelle ardeur : l'armée s'abandonnait à la puissance des souvenirs. Nous nous précipitâmes à la suite de l'ennemi; mais la pluie tombait par torrents, le froid était devenu sévère; c'étaient les boues, les fondrières de Pultusck : nous n'avions ni abri ni aliments. Si du moins les Russes eussent osé nous attendre; mais ils gagnaient le Borysthène, ils se jetaient sur la Dwina, ils fuyaient, dévastaient : ce n'était pas une guerre, c'était une lutte à la course. Ils n'avaient plus ni ensemble ni communications; nous avions perdu l'espérance d'une bataille. A force de vitesse, l'armée ennemie parvint cependant à se rallier; elle se réfugia dans les ouvrages qu'elle avait élevés à Drissa; mais elle se vit bientôt menacée dans ses retranchements et sa retraite : elle n'osa courir cette double chance et s'éloigna. Elle était perdue si elle eût tardé quelques heures; toutes les dispositions étaient faites pour la prendre en flanc et lui intercepter la route : un coup de main la sauva. Des corps avancés ne se gardaient pas avec assez de vigilance; Wittgenstein les surprit : Napoléon crut que les Russes marchaient à nous; il arrêta ses colonnes : ce retard les sauva; ils avaient fait leur mouvement quand nous arrivâmes à Beszenkownzi. Le roi de Naples les suivit; il les atteignit, les culbuta à Ostrowno, les chargea encore à quelques lieues plus loin, et dispersa toute l'arrière-garde. Au reste, voici son rapport : je l'insère parce qu'il peint la manière de ce prince, qui ne méritait pas de mourir ailleurs que sur le champ de bataille.

« Je mis en mouvement le premier corps de la
» réserve de la cavalerie et deux bataillons d'in-
» fanterie légère : la division Delzons suivit le
» mouvement. Nous rencontrâmes l'arrière-garde
» ennemie à environ deux lieues d'Ostrowno;
» elle était avantageusement placée derrière un
» ravin escarpé; elle avait une nombreuse artil-
» lerie, son front et ses flancs étaient couverts par
» des bois touffus : on échangea quelques coups
» de canon, on envoya les bataillons pour arrêter
» l'infanterie qui faisait rétrograder nos hussards.
» La division Delzons arriva; le rôle de la cava-
» lerie était fini. Le vice-roi fit ses dispositions,

» on marcha à l'ennemi ; on passa le ravin : la
» brigade de cavalerie étrangère qui longeait la
» Dwina protégeait notre gauche et débouchait
» dans la plaine ; le reste des troupes légères mar-
» chait sur la chaussée à mesure que l'infanterie
» ennemie rétrogradait. Les cuirassiers furent lais-
» sés en réserve en arrière du ravin et les canons
» mis en batterie. Ma droite était protégée par
» des bois immenses, et éclairée par de nombreux
» partis. L'ennemi fut poussé jusqu'à la deuxième
» position en arrière du ravin où était la réserve ;
» il nous ramena à son tour sur le ravin ; il en
» fut de nouveau repoussé : il nous ramenait pour
» la seconde fois ; déjà il était sur le point d'en-
» lever nos pièces, embarrassées dans un défilé
» qu'elles traversaient pour aller prendre position
» sur les hauteurs ; notre gauche était culbutée,
» et l'ennemi faisait un grand mouvement sur la
» droite : la brigade étrangère allait être dispersée.
» Dans cet état de choses, il n'y avait qu'une charge
» de cavalerie qui pût rétablir les affaires ; je la
» tentai. Nous nous portâmes sur cette infanterie
» qui s'avançait audacieusement dans la plaine ;
» les braves Polonais s'élancèrent sur les batail-
» lons russes : pas un homme n'échappa, pas un
» ne fut fait prisonnier ; tout fut tué, tout périt ;
» le bois même ne put dérober personne au tran-

» chant du sabre. En même temps les carrés s'é-
» branlaient au pas de charge; le général Girar-
» din, qui conduisait les bataillons de gauche,
» faisait un changement à droite, et se portait par
» la grande chaussée sur les derrières de l'ennemi;
» les troupes qui se trouvaient à droite exécu-
» taient la même manœuvre. Le général Piré les
» soutenait; il chargea à la tête du huitième de
» hussards : l'ennemi fut culbuté; il ne dut son
» salut qu'aux bois et aux ravins qui retardaient
» la marche. Toute la division suivait le mouve-
» ment; l'infanterie s'avançait par la chaussée, la
» cavalerie débouchait sur les hauteurs : je faisais
» canonner les cinq à six régiments à cheval
» qu'elle avait en face. Ce fut dans cette position
» que me trouva votre majesté; elle me fit
» poursuivre l'ennemi, je le poussai jusqu'à une
» lieue et demie de Witepsk. Voilà, sire, le récit
» de l'affaire que nous venons d'avoir avec les
» Russes : elle leur coûte environ trois mille
» morts et un grand nombre de blessés; nous n'a-
» vons presque perdu personne. Ce résultat est
» en grande partie l'ouvrage du comte Belliard,
» qui a donné dans cette journée de nouvelles
» preuves de dévouement et de courage. C'est à
» lui qu'on doit la conservation de l'artillerie de la
» division Delzons. »

Tout fatigue à la longue; la lassitude même inspire du courage. Barclay l'éprouva : deux ou trois fois il eut le dessein de tenter le sort des armes; mais je ne sais quel pressentiment de défaite l'agitait à la vue de nos soldats : à peine il les voyait paraître qu'il précipitait sa fuite; ses magasins, ses pièces, ses ouvrages, tombaient dans nos mains sans l'émouvoir. Il n'avait qu'un but, qu'un objet; c'était d'être toujours quelques lieues en avance. Bagration imitait cet exemple, mais montrait parfois de la résolution; il eut divers engagements avec notre avant-garde. Le maréchal Davoust le poussait vivement; mais le roi de Vestphalie marchait avec mollesse, Vandame discutait avec ce souverain, les ordres ne s'exécutaient pas. Cette mésintelligence sauva le prince russe; il nous gagna de vitesse, atteignit Mohilow, fut battu : il fut bien arrivé pis sans ces contestations que Napoléon ne devait pas prévoir. Les Russes, éparpillés sur les bords du Niémen, se trouvaient réunis sur ceux du Borysthène : ils se préparaient à défendre Smolensk, et nous à l'emporter.

CHAPITRE XXVI.

J'avais quitté Dantzick et traversais la Lithuanie; ce pays était agreste, c'étaient des bois, des steps, un tableau indéfini de misère et de désolation. Nous étions à cette époque de l'année où la nature étale ses richesses; cependant la végétation était faible, languissante : tout, dans ces fatales contrées, peignait le deuil, tout présageait les désastres qui devaient nous accabler.

La pluie n'arrêtait pas, les routes étaient défoncées, impraticables; on se perdait dans la vase, on succombait de lassitude et d'inanition : dix mille chevaux gisaient sans vie sur un espace que nous avions parcouru en deux jours; jamais mortalité aussi effrayante n'avait signalé le début d'une campagne. Nos soldats, chancelants sur ces terres argileuses, s'épuisaient en vains efforts; la plupart ne pouvaient suivre, ils traînaient; les troupes alliées surtout en avaient un nombre prodigieux sur nos derrières. Il était facile de pressentir que l'issue de la guerre serait malheureuse : nous avions pour nous la force et le courage, mais la nature prenait parti pour eux; à la longue nous devions succomber. Quoi qu'il en soit, j'arrivai à Wilna; j'y trouvai le duc de Bassano, dont les pronostics étaient moins sombres; le général Hogendorp, aide-de-camp de Napoléon, que je ne connaissais pas encore; et ce général Jomini qui, depuis, déserta nos drapeaux. Les uns et les autres auguraient mieux que moi de la lutte qui s'était engagée. Elle se présentait en effet sous des auspices spécieux : la Pologne entière était en mouvement; hommes, femmes, paysans, bourgeois, gentilshommes, tous étaient animés du plus noble enthousiasme; les troupes s'organisaient, les administrations se formaient, on assemblait des ressources, et on se disposait à refouler l'oppression par-delà le Borysthène. La diète de Varsovie était ouverte; cette nation, si long-temps battue par l'orage, croyait enfin toucher au port : aucun sacrifice ne lui coûtait. Le discours du président avait excité des acclamations générales, partout il avait été reçu avec transport. Je fus curieux de le lire; M. de Bassano me le communiqua : « Il pourrait être » mieux, me dit-il, mais enfin il est passable. » L'empereur eût désiré qu'il fût plus fort de choses et renfermât des phrases moins savantes. C'était l'élan du patriote et non les mouvements compassés de l'orateur qu'il fallait dans une si grave circonstance; néanmoins il a produit son effet.

« Long-temps avait existé dans le centre de
» l'Europe une nation célèbre, maîtresse d'une
» contrée étendue et féconde, brillante du double
» éclat de la guerre et des arts, protégeant depuis
» des siècles, d'un bras infatigable, les barrières
» de l'Europe contre les barbares qui frémissaient
» autour de son enceinte. Un peuple nombreux
» prospérait sur cette terre. La nature répondait
» avec libéralité à ses travaux. Souvent ses rois
» avaient pris place dans l'histoire à côté de ceux
» qui ont le plus honoré le rang suprême.

» Mais cette terre c'est la Pologne, le peuple c'est
» vous : que sont-ils devenus ? comment s'est opéré
» le déchirement de notre patrie ? comment cette
» grande famille, qui même en se divisant ne se
» séparait pas, qui avait su rester unie à travers des
» siècles de divisions ; comment cette puissante fa-
» mille s'est-elle vue démembrée ? quels ont été ses
» crimes et ses juges ? de quel droit a-t-elle été at-
» taquée, envahie, effacée de la liste des états et
» des peuples ? d'où lui sont venus des oppresseurs,
» des fers ?... L'univers indigné nous répondrait...
» chaque état, chaque peuple nous dirait qu'il a
» cru voir son tombeau s'entr'ouvrir à côté de

» celui de la Pologne, que dans l'audacieuse pro-
» fanation des lois sur lesquelles reposent égale-
» ment toutes les sociétés, dans l'insultant mépris
» qu'on en a fait pour nous perdre, le monde a pu
» se croire livré au seul empire des convenances,
» et que bientôt, pour lui, il n'y aura plus d'autre
» maître. L'Europe effrayée, menacée, indiquerait
» surtout à notre juste ressentiment cet empire
» qui, en nous caressant, se préparait à peser sur
» elle d'un poids nouveau. C'est la Russie qui est
» l'auteur de tous nos maux. Depuis un siècle elle
» s'avance à pas de géant vers des peuples qui igno-
» raient jusqu'à son nom.

» La Pologne ressentit aussitôt les premiers ef-
» fets de cet accroissement de la puissance russe.
» Placée au premier rang de son voisinage, elle a
» reçu ses premiers comme ses derniers coups. Qui
» pourrait les compter depuis qu'en 1717 la Russie
» essaya son influence par le licenciement de l'ar-
» mée polonaise? Depuis cette époque quel instant
» a été exempt de son influence ou de ses outrages?

» Si cette puissance astucieuse s'unit à la Polo-
» gne, c'est pour lui imposer, comme en 1764, cette
» funeste garantie qui attachait l'intégrité de nos
» frontières à la perpétuité de l'anarchie; pour faire
» de cette anarchie le moyen de remplir ses des-
» seins ambitieux. Le monde sait ce qu'ils ont été

» depuis cette funeste époque. C'est depuis elle
» que, de partage en partage, on a vu la Pologne
» disparaître entièrement sans crime comme sans
» vengeance; c'est depuis elle que les Polonais ont
» entendu, en frémissant, le langage insultant des
» Repnin, des Sivers; c'est depuis elle que le sol-
» dat russe s'est baigné dans le sang de leurs con-
» citoyens, en préludant à ce jour à jamais exécra-
» ble, faut-il le rappeler, dans lequel, au milieu
» des hurlements d'un vainqueur farouche, Var-
» sovie entendit les cris de la population de
» Prague qui s'éteignait dans le meurtre et l'in-
» cendie. Polonais, car il est temps de faire re-
» tentir à vos oreilles ce nom que nous n'aurions
» jamais dû perdre, voilà les routes odieuses
» par lesquelles la Russie est parvenue à s'appro-
» prier nos plus belles provinces; voilà les titres,
» les seuls titres qu'elle exerce sur nous. La force
» seule a pu nous enchaîner, la force peut aussi
» briser les fers qu'elle seule a forgés. Ces fers se-
» ront brisés. La Pologne existera donc; que di-
» sons-nous? elle existe déjà, ou plutôt elle n'a pas
» cessé d'exister. Que font à ses droits la perfidie,
» les complots, les violences sous lesquelles elle a
» succombé? Oui, nous sommes encore la Pologne,
» nous le sommes aux titres que nous tenons de
» la nature, de la société, de nos ancêtres; à ces

» titres sacrés que reconnaît l'univers et dont le
» genre humain a fait sa sauvegarde. »

Je fus entraîné. J'avais tant vu les braves légions polonaises en Italie, en Égypte et ailleurs! Ils avaient véritablement raison; ils étaient encore la Pologne. « En fait de courage, dis-je au duc, rien
» ne me surprendrait de la part de cette vaillante
» nation; mais j'avoue que je ne la soupçonnais
» pas de ce talent. — Vous êtes bon, reprit M. de
» Bassano; ils ont bien autre chose à faire que des
» harangues! — Qui tient donc la plume? — L'abbé.
» — Quel abbé? Croyez-vous que l'empereur ait
» de la prédilection pour les rabats? — Non,
» mais enfin, au temps où nous sommes, ce n'est
» pas sans des considérations puissantes qu'on con-
» fie une ambassade à un prêtre. — C'est l'arche-
» vêque? — Lui-même; nous l'avons envoyé à Var-
» sovie pour enivrer les Polonais de son éloquence.
» Je ne le crois pas fort habile en affaires : mais il
» est tout dévoué à l'empereur; c'est le principal.
» Ses ennemis l'accusent d'être ambitieux, inquiet,
» sans consistance dans ses affections, dans ses
» idées, de chanter blanc, de chanter noir, d'être
» tout ce que les circonstances exigent. Je crois ce
» portrait chargé. Je suis même persuadé que si
» les événements compromettaient la gloire de nos
» armes, on ne le verrait pas dans les rangs de

» nos détracteurs. — Je le crois bien ; il a trop
» maltraité les Cosaques pour devenir jamais leur
» patriarche. »

La députation de la diète était encore à Wilna.
Je connaissais quelques uns de ceux qui la composaient. Je les vis, ils me parlèrent de leurs espérances, de leurs moyens et de leurs droits. Ces idées me frappèrent ; j'en rendis compte au duc.
« Vous êtes admirable ! me dit-il. Quoi ! vous ne
» reconnaissez pas l'archevêque ? vous ne voyez
» pas avec quel art il se trahit ? Et ces réminis-
» cences bibliques, à qui voulez-vous qu'elles vien-
» nent, si ce n'est un prêtre ? Au reste, je vais
» vous passer la pièce. »

« Sire, la diète du grand duché de Varsovie,
» réunie à l'approche des puissantes armées de
» votre majesté, a reconnu d'abord qu'elle avait
» des droits à réclamer et des devoirs à remplir ;
» d'une voix unanime, elle s'est constituée en con-
» fédération générale de la Pologne ; elle a déclaré
» le royaume de Pologne rétabli dans ses droits,
» et en même temps que les actes usurpateurs et
» arbitraires par lesquels on avait détruit son
» existence étaient nuls et de nulle valeur.

» Sire, votre majesté travaille pour la posté-
» rité et pour l'histoire. Si l'Europe ne peut mé-
» connaître nos droits, elle peut encore bien

» moins méconnaître nos devoirs. Nation libre et
» indépendante depuis les temps les plus reculés,
» nous n'avons perdu notre territoire et notre
» indépendance ni par des traités ni par des con-
» quêtes, mais par la perfidie et par la trahison.
» La trahison n'a jamais constitué des droits.
» Nous avons vu notre dernier roi traîné à Saint-
» Pétersbourg, où il a péri, et notre nation dé-
» chirée en lambeaux par des princes avec qui
» nous n'avions point de guerre et qui ne nous
» ont point conquis.

» Nos droits paraissent donc évidents aux yeux
» de Dieu et des hommes. Nous, Polonais, nous
» avons le droit de rétablir le trône des Jagellons
» et des Sobieski, de ressaisir notre indépendance
» nationale, de rassembler nos membres divisés,
» de nous armer nous-mêmes pour notre pays
» natal, et de prouver en nous battant pour lui
» que nous sommes de dignes descendants de nos
» ancêtres.

» Votre majesté peut-elle nous désavouer ou
» nous blâmer, pour avoir fait ce que notre de-
» voir, comme Polonais, exigeait de nous, et
» pour avoir repris nos droits? Oui, sire, la Po-
» logne est proclamée de ce jour; elle existe par
» les lois de l'équité, mais elle doit exister par le
» fait; le droit et la justice légitiment notre réso-

» lution, mais elle doit être soutenue de notre
» côté. Dieu n'a-t-il pas assez puni la Pologne de
» ses divisions? veut-il perpétuer nos malheurs?
» et les Polonais, après avoir nourri l'amour de
» leur patrie, devaient-ils descendre au tombeau
» malheureux et sans espoir? Non, sire. Vous
» avez été envoyé par la providence; le pouvoir
» est remis dans les mains de votre majesté, et
» l'existence du grand duché est due à la puis-
» sance de vos armes.

» Dites, sire: Que le royaume de Pologne existe;
» et ce décret sera pour le monde équivalent à la
» réalité. Nous sommes seize millions de Polo-
» nais, parmi lesquels il n'y en a pas un dont le
» sang, les bras, la fortune, ne soient dévoués à
» votre majesté. Chaque sacrifice nous paraîtra
» léger s'il a pour objet le rétablissement de notre
» pays natal. De la Dwina au Dniester, du Bo-
» rysthène à l'Oder, un seul mot de votre majesté
» lui dévouera tous les bras, tous les efforts, tous
» les cœurs. Cette guerre sans exemple que la
» Russie a osé déclarer, nonobstant les souvenirs
» d'Austerlitz, de Pultusk, d'Eylau, de Friedland,
» malgré les serments reçus à Tilsit et à Erfurth,
» est, nous n'en doutons pas, un effet de la provi-
» dence, qui, touchée des infortunes de notre na-
» tion, a résolu d'y mettre fin. La seconde guerre

» de Pologne vient seulement de commencer, et
» déjà nous apportons nos hommages à votre ma-
» jesté dans la capitale des Jagellons. Déjà les
» aigles de votre majesté sont sur la Dwina; et
» les armées de la Russie, séparées, divisées, cou-
» pées, errent incertaines, et cherchent en vain
» à se réunir et à se former, etc. »

« C'est bien. — Oui, sans doute; mais il est si
» charmé du chef-d'œuvre, qu'il croirait manquer
» à sa gloire s'il ne publiait partout que son génie
» protége la Pologne. Vingt fois par jour je suis
» obligé de modérer ces excès d'amour-propre. Ce
» matin encore je lui ai fait sentir l'inconvenance
» de ses mouvements de vanité. — Il ossianise :
» vous rappelez-vous le mot? — Il le peint à mer-
» veille. Au reste, si sa prose va bien, l'ambassade
» ne va guère. Sans Duroc, qui le couvre de son
» ombre, je l'aurais déjà renvoyé à ses ouailles. Que
» diable l'aumônerie a-t-elle de commun avec les
» ambassades? C'était bien la peine de se donner
» tant de mouvement pour ne rien faire qui
» vaille! »

CHAPITRE XXVII.

Je me remis en route : c'étaient des bois, des steps, tout ce que la nature a de plus sauvage; mais je rencontrais à chaque pas des officiers qui allaient en mission; ils me donnaient des nouvelles de mes amis, de l'armée : j'oubliais les lieux que je parcourais; je discourais sur les chances probables de la guerre; ils me parlaient de la valeur des troupes, de la prodigieuse activité de l'empereur. Elle était en effet inconcevable : les mouvements, l'administration, les mesures de sûreté et de prévoyance, il embrassait tout, il suffisait à tout. Les instructions données à M. d'Hautpoult en sont un exemple. Elles méritent d'être conservées.

« L'officier d'ordonnance d'Hautpoult se rendra
» à Ostrowno, et de là à Beszenkowiczi. Il verra à
» Ostrowno si le village est réhabité et s'il a un
» commandant de place pour le réorganiser; il
» verra à Beszenkowiczi si les ponts sont faits,
» et si on a substitué un pont de radeaux au pont
» de chevalet qui ne résisterait pas aux premières
» crues de la rivière; il verra si on travaille à la

» tête du pont ; il verra l'hôpital, la manuten-
» tion, les magasins ; et enfin, si le pays com-
» mence à se réorganiser. Il me rendra compte
» des troupes qu'il rencontrera, soit cavalerie, soit
» artillerie, soit infanterie, soit équipages mili-
» taires. Il verra à Beszenkowiczi le quatrième ré-
» giment des chasseurs de la garde et le bataillon
» de Hesse-Darmstadt, auxquels j'ai ordonné de
» rester là en position jusqu'à nouvel ordre : il
» doit y avoir aussi plusieurs pièces d'artillerie ;
» il faudra avoir soin que tout cela soit en posi-
» tion, et qu'on travaille à la tête du pont, afin
» de la terminer. Il s'informera si on a des nou-
» velles des Cosaques ; et, s'il est nécessaire, il
» restera un jour à Beszenkowiczi, afin de tout
» voir et de faire sa dépêche. Il m'écrira de cet
» endroit, en ayant soin de remettre sa lettre à la
» première estafette qui passera à Beszenkowiczi.
» Il continuera sa route sur Polozk, d'où il m'ex-
» pédiera sa seconde dépêche ; il verra les fonc-
» tionnaires de la ville, l'hôpital et la manuten-
» tion. Il me fera connaître combien de prisonniers
» a faits le duc de Reggio à ces différentes affaires
» qui viennent d'avoir lieu ; combien de blessés ;
» tout ce qu'il pourra apprendre sur cette affaire
» et sur la situation du corps du duc de Reggio.
» Le duc de Tarente ayant pris Dünabourg, l'of-

» ficier d'ordonnance d'Hautpoult s'informera si
» la communication entre les deux corps s'est
» opérée. Il prendra toutes les informations qui
» pourront me faire connaître la nature des forces
» opposées au duc de Reggio; il restera avec ce
» maréchal, auquel il remettra la lettre ci-jointe,
» jusqu'à ce que celui-ci ait attaqué l'ennemi,
» éclairci la rive droite et opéré sa communication
» avec Dünabourg.

» NAPOLÉON. »

Mais toute cette vigilance ne remédiait pas au mal. Les traînards se multipliaient à vue d'œil; ils encombraient nos derrières. Je rendis compte à l'empereur, que je rejoignis au bivouac à trois lieues en deçà de Smolensk, du triste tableau que je n'avais cessé d'avoir sous les yeux dans mon voyage. « C'est la suite des longues marches; » je frapperai un grand coup et tout le monde se » ralliera. Vous venez de Wilna : que fait Ho-» gendorp? il se berce dans son indolence? Il n'a » pas de femme avec lui? » Je n'en savais rien, je ne pus rien répondre. Napoléon reprit : « S'il a sa » femme, il faut qu'elle rentre en France, ou du » moins qu'il la renvoie en Allemagne, sur les » derrières. Berthier va lui écrire. » On apporta des papiers qu'on venait de traduire : les uns étaient les récits de ces victoires où quelques poi-

gnées de Cosaques nous avaient tous battus ; les autres des proclamations, des adresses où l'on nous signalait comme une troupe de missionnaires. « Voyez, me dit Napoléon ; vous ne vous
» doutiez pas que nous fussions des apôtres : voilà
» pourtant que nous venons damner les Russes.
» Ces pauvres Cosaques, ils vont devenir idolâ-
» tres. Mais en voici bien d'une autre ! tenez,
» lisez ; c'est du russe tout pur. Le pauvre Platon !
» Tout est de même force dans ces tristes climats. »
Je lus : c'était un long amphigouri dont le patriarche assaisonnait une relique du saint Serge qu'il offrait à l'empereur Alexandre. Il le terminait par ce paragraphe : « La ville de Moscou, la pre-
» mière capitale de l'empire, la nouvelle Jérusa-
» lem, reçoit son Christ, comme une mère, dans
» les bras de ses fils zélés ; et, à travers le brouil-
» lard qui s'élève, prévoyant la gloire brillante
» de sa puissance, elle chante dans ses transports :
» Hosanna, béni soit celui qui arrive ! Que l'arro-
» gant, l'effronté Goliath apporte des limites de
» la France l'effroi mortel aux confins de la Russie ;
» la pacifique religion, cette fronde du David
» russe abattra soudain la tête de son sanguinaire
» orgueil. Cette image de saint Serge, antique dé-
» fenseur du bonheur de notre patrie, est offerte
» à votre majesté impériale. »

CHAPITRE XXVIII.

L'affaire de Smolensk eut lieu. On se battit, on se canonna avec violence. Les Russes, pris d'écharpe et d'enfilade, furent défaits. Ils ne purent défendre ces murs tant de fois témoins de leurs victoires et les évacuèrent; mais les ponts, les édifices publics, étaient la proie des flammes. Les églises surtout exhalaient des torrents de feu et de fumée. Les dômes, les flèches et cette multitude de tourelles qui dominaient l'incendie, ajoutaient encore au tableau et produisaient ces émotions mal définies qu'on ne trouve que sur le champ de bataille. Nous entrâmes dans la place. Elle était à moitié consumée, d'un aspect sauvage, encombrée de cadavres et de blessés qu'atteignent déjà les flammes. Le spectacle était affreux. Quel cortége que celui de la gloire!

Nous avions besoin de détourner nos regards de ces scènes de carnage. Les Russes fuyaient, la cavalerie s'élança sur leurs traces; elle atteignit bientôt l'arrière-garde. Korff voulut tenir, il fut accablé. Barclay accourut avec ses masses, nous reçûmes des renforts; l'action devint terrible. Ney attaquait en tête, Junot par le flanc; l'armée ennemie était coupée, si le duc se fût porté en avant. Fatigué de ne pas le voir paraître, Murat courut à lui : « Que fais-tu? que n'avances-tu? — Mes » Westphaliens chancellent. — Je vais leur donner » l'élan. » Le roi de Naples se jette à la tête de quelques escadrons, charge, culbute tout ce qui s'oppose à son passage. « Voilà ton bâton de maréchal » à moitié gagné; achève, les Russes sont perdus. » Junot n'acheva pas; soit lassitude, soit défiance, le brave des braves sommeilla au bruit du canon; et l'ennemi, qui accourait pour maintenir ses derrières, se reporta sur la ligne. La mêlée devint affreuse; le brave Gudin perdit la vie, et l'armée russe nous échappa. Napoléon visita les lieux où l'on avait combattu. « Ce n'était pas » au pont, c'est là, c'est au village où devait dé-» boucher le huitième corps qu'était la bataille. » Que faisait Junot? » Le roi de Naples chercha à atténuer sa faute. Les troupes, les obstacles, tous les lieux communs d'usage furent employés. Berthier, qui avait toujours aimé le duc, s'intéressa pour lui; Caulincourt en fit autant. Chacun plaida de son mieux en faveur d'un brave à qui on ne pouvait reprocher qu'un instant d'oubli. Mais nous avions perdu de trop grands avantages.

Napoléon me fit appeler : « Junot vient de man-
» quer pour toujours son bâton de maréchal. Je
» vous donne le commandement du corps west-
» phalien : vous parlez leur langue, vous leur
» donnerez l'exemple, vous les ferez battre. » Je
fus flatté de cette marque de confiance et le lui
témoignai; mais Junot était couvert de blessures,
il s'était signalé en Syrie, en Égypte, partout; je
priai l'empereur d'oublier un moment d'absence
en faveur de vingt ans de courage et de dévouement. « Il est cause que l'armée russe n'a pas mis
» bas les armes : cette affaire m'empêchera peut-
» être d'aller à Moscou. Mettez-vous à la tête des
» Westphaliens. » Le ton dont il prononça ces dernières paroles était déjà bien radouci. Les services de l'ancien aide-de-camp atténuaient l'inaction du huitième corps. Je repris : « Votre majesté
» vient de me parler de Moscou. L'armée ne s'at-
» tend pas à cette expédition. — Le vin est versé, il
» faut le boire. Je viens de recevoir de bonnes nou-
» velles : Schwartzenberg est en Wolhinie; la Po-
» logne s'organise, j'aurai toute espèce de secours.»

Je quittai Napoléon pour faire part au prince
de Neuchâtel et au duc de Vicence de la disgrâce
dont Junot était menacé. « Je souffre, me dit le
» prince, de lui voir ôter ses troupes; mais je ne
» puis disconvenir qu'il n'ait fait manquer la plus

» belle opération de la campagne. Voilà à quoi
» tiennent les succès de la guerre, à un oubli,
» une absence d'un instant : vous ne saisissez
» pas l'occasion à la volée ; elle disparaît et ne re-
» vient plus. Personne n'a plus de courage, de
» capacité. Il joint aux qualités du militaire les
» connaissances les plus étendues; il est intrépide,
» spirituel, aimable et bon. Il s'est oublié pen-
» dant une heure; il s'est préparé bien des enne-
» mis. Au reste, je verrai avec Caulincourt. » Ils
agirent si bien l'un et l'autre que Junot conserva
son commandement; j'en fus fort aise, d'abord
parce que cela lui évitait un affront, et qu'ensuite
je ne me souciais guère de ses soldats. Malheureusement la fatigue avait succédé à l'impétuosité
du jeune âge. Il ne montra pas à la bataille de
Moskowa cet élan, cette énergie dont il avait
tant de fois donné l'exemple ; et l'affaire de Veréia
mit le comble au mécontentement de Napoléon.

Nous apprîmes, quelques jours après, l'irrup-
tion de Tormasoff. Nous étions inquiets, nous
discourions de ces longues pointes, des dangers
auxquels on s'expose en s'éloignant outre mesure
de sa ligne d'opérations. Sans doute Napoléon
nous entendit. Il vint à nous, parla beaucoup de
la manière dont il avait assuré ses derrières, des
corps qui formaient nos ailes, et de cette chaîne

de postes, qui se liaient depuis le Niémen jusqu'aux lieux où nous nous trouvions. « Tormasow, » nous dit-il, a mis tous les enfants de Varsovie » en l'air. Ils le voyaient déjà fonctionnant à Pra-» gue; mais le voilà renvoyé plus vite qu'il n'é-» tait venu. » Il rentra dans son cabinet, et se mit à dicter avec indifférence, mais assez haut pour que nous n'en perdissions pas un mot, des instructions pour le duc de Bellune.

Napoléon au major-général.

Dorogobuj, le 26 août 1812.

« Mon cousin, écrivez au duc de Bellune de se » rendre de sa personne à Wilna, afin d'y voir le » duc de Bassano et d'y prendre connaissance des » affaires et de l'état des choses; que je serai après-» demain à Wjaezma, c'est-à-dire à cinq marches » de Moscou; qu'il est possible que, dans cet état » de choses, les communications viennent à être » interceptées; qu'il faut donc que quelqu'un » prenne alors le commandement et agisse selon » les circonstances; que j'ai ordonné qu'on diri-» geât sur Minsk le cent-vingt-neuvième régiment, » le régiment illyrien, le régiment westphalien, » qui était à Kœnigsberg, et les deux régiments

» saxons ; que j'ai en outre placé entre Minsk et
» Mohilew la division Dombrowski, forte de
» douze bataillons et d'une brigade de cavalerie
» légère ; qu'il est important que son corps s'ap-
» proche de Wilna, et qu'il se dirige selon les
» circonstances, afin d'être à même de soutenir
» Smolensk, Witepsk, Mohilew et Minsk ; que
» la division Dombrowski doit être suffisante pour
» maintenir les communications de Minsk par
» Orsza jusqu'à Smolensk, puisqu'elle n'a à con-
» tenir que la division russe du général Heztel qui
» est à Mozyr, forte de six à huit mille hommes,
» la plupart recrues et contre laquelle, d'ailleurs,
» le général Schwartzenberg peut opérer ; que
» les nouveaux renforts que j'envoie à Minsk pour-
» ront aussi subvenir à tous les inconvénients ; et
» dans tous les cas, le mouvement du duc de
» Bellune sur Minsk et Orsza, et de là sur Smo-
» lensk, me paraît propre à maintenir tous les
» derrières ; que j'ai quatre mille hommes de gar-
» nison à Witepsk et autant à Smolensk ; que le
» duc de Bellune, prenant ainsi position entre
» le Dnieper et la Dwina, sera en communication
» facile avec moi, pourra promptement recevoir
» mes ordres et se trouvera en mesure de pro-
» téger les communications de Minsk et de Wi-
» tepsk, ainsi que celles de Smolensk sur Moscou ;

» que je suppose que le général Gouvion Saint-
» Cyr a suffisamment des deuxième et sixième
» corps pour tenir en échec Witgenstein, et n'en
» avoir rien à craindre; que le duc de Tarente peut
» se porter sur Riga pour investir la place; enfin,
» que j'ordonne aux quatre demi-brigades de
» marche, formant neuf mille hommes, qui fai-
» saient partie de la division Lagrange, de se di-
» riger sur Kowno : qu'ainsi ce ne serait que dans
» le cas où le général Gouvion Saint-Cyr serait
» battu par le général Witgenstein et obligé de
» repasser la Dwina que le duc de Bellune devrait
» marcher à son secours d'abord; que, ce cas
» excepté, il doit suivre sa direction sur Smo-
» lensk.

» Sur ce, etc.

» *Signé* Napoléon. »

CHAPITRE XXIX.

L'armée continuait son mouvement, poussant toujours devant elle les troupes qu'elle avait battues à Valontina. On chantait bien des *Te Deum* en Russie; on en chante pour tout dans cet heureux pays : mais les victoires à la façon de Tolly ne calmaient pas l'anxiété de la nation ; elle sentait que cette manière de vaincre la refoulerait bientôt en Sibérie : elle résolut de mettre ses destinées en d'autres mains. Kutusow puisait aux pieds des images ses inspirations militaires; il jeûnait, priait, flattait les prêtres et la noblesse ; le ciel ne pouvait lui refuser son assistance : il fut nommé. Admirables dans les cours, les pasquinades ne suffisent pas sur le champ de bataille; toutes les momeries religieuses ne tiennent pas devant une bonne disposition : il l'éprouva. Le roi de Naples, qui n'avait pour les amulettes que le mépris d'un soldat, fond sur lui et le taille en pièces. Il veut faire ferme à Chevarino; mais la cavalerie s'ébranle, la charge bat; on le culbute, on le jette dans ses retranchements : le courage l'emporte sur les saints de la Russie.

Ce début n'était pas de bon augure; le ciel répondait froidement au zèle des Cosaques. On redoubla de supplications : Kutusow déploya ses images; on défila devant la vierge de Smolensk, dont nous voulions déposséder la dévote nation : on fit des prières, des vœux, des offrandes; et les orateurs des Calmouks débitèrent l'homélie qui suit :

« Frères !

» Vous voyez devant vous, dans cette image,
» objet de votre piété, un appel adressé au ciel
» pour qu'il s'unisse aux hommes contre le tyran
» qui trouble l'univers. Non content de détruire
» des millions de créatures, images de Dieu, cet
» archi-rebelle à toutes les lois divines et humai-
» nes pénètre à main armée dans nos sanctuaires,
» les souille de sang, renverse vos autels, et expose
» l'arche même du Seigneur, consacrée dans cette
» sainte image de notre église, aux profanations
» des accidents, des éléments et des mains sacri-
» léges. Ne craignez donc pas que ce Dieu, dont
» les autels ont été ainsi insultés par ce vermis-
» seau que sa toute-puissance a tiré de la pous-
» sière, ne soit point avec vous; ne craignez pas

» qu'il refuse d'étendre son bouclier sur vos rangs,
» et de combattre son ennemi avec l'épée de saint
» Michel.

» C'est dans cette croyance que je veux com-
» battre, vaincre et mourir, certain que mes yeux
» mourants verront la victoire. Soldats, remplis-
» sez votre devoir; songez au sacrifice de vos
» cités en flammes et à vos enfants qui implorent
» votre protection; songez à votre empereur,
» votre seigneur, qui vous considère comme le
» nerf de sa force; et demain, avant que le soleil
» n'ait disparu, vous aurez tracé votre foi et votre
» fidélité sur le sol de votre patrie, avec le sang de
» l'agresseur et de ses guerriers. »

L'épée de saint Michel est sans doute une épée redoutable; mais des soldats dispos valent encore mieux: aussi Kutusow n'épargnait-il pas les libations; il accroissait d'autant la ferveur des Cosaques. Quant à nous, nous n'avions ni inspirés, ni prédicants, ni même de subsistances; mais nous portions l'héritage d'une longue gloire; nous allions décider qui des Tartares ou de nous devait donner la loi au monde; nous étions aux confins de l'Asie, plus loin que n'était jamais allée armée européenne. Le succès n'était pas douteux: aussi Napoléon aperçut-il avec la joie la plus vive les processions de Kutusow. « Bon,

» me dit-il, les voilà occupés de pasquinades ; ils » n'échapperont plus. » Il fit des reconnaissances, expédia des ordres de mouvement, et se prépara à la journée du lendemain. Le roi de Naples jugeait ces dispositions superflues : il s'était emparé de la principale redoute, la gauche de la position était débordée; il ne pensait pas que les Russes voulussent accepter la bataille; il croyait qu'ils se retireraient pendant la nuit : ce n'était pas leur projet; ils creusaient, ils remuaient la terre, ils assayaient leur position. Le lendemain nous les aperçûmes qui étaient tous à l'ouvrage : il était onze heures, Napoléon m'envoya faire une reconnaissance; j'étais chargé d'approcher le plus près possible de la ligne ennemie. Je me débarrassai de mes plumes blanches, je mis une capote de soldat et examinai tout avec le plus de soin qu'il me fut possible : je n'étais suivi que d'un chasseur de la garde. Dans plusieurs endroits je dépassai les vedettes russes : le village de Borodino n'était séparé de nos postes que par un ravin étroit et profond; je m'avançai trop, on me tira deux coups de canon à mitraille; je m'éloignai; je rentrai vers les deux heures, et vins rendre compte de tout ce que j'avais vu. Napoléon s'entretenait avec le roi de Naples et le prince de Neuchâtel ; Murat avait bien changé d'opinion : surpris de voir, à la pointe du jour, la ligne ennemie encore tendue, il avait jugé l'action imminente et s'y était préparé. D'autres généraux soutenaient cependant encore que les Russes n'oseraient en courir la chance : quant à moi, je prétendais le contraire ; j'observais qu'ils avaient beaucoup de monde, une assez bonne position ; j'étais convaincu qu'ils nous attaqueraient si nous ne les prévenions. Napoléon me fit l'honneur d'être de mon avis, qui était aussi celui de Berthier : il demanda ses chevaux, et fit en personne la même reconnaissance. Il fut reçu comme je l'avais été devant Borodino ; la mitraille l'obligea de s'éloigner : ce qu'il aperçut acheva de le convaincre qu'il ne s'était pas trompé ; il donna en rentrant des ordres en conséquence.

La nuit arriva. J'étais de service ; je couchai dans la tente de Napoléon. L'endroit où il reposait était ordinairement séparé par une cloison en toile de celui qui était réservé à l'aide-de-camp de service. Ce prince dormit fort peu. Je l'éveillai plusieurs fois pour lui remettre des rapports d'avant-postes, qui tous lui prouvaient que les Russes s'attendaient à être attaqués. A trois heures du matin il appela un valet de chambre et se fit apporter du punch ; j'eus l'honneur d'en prendre

avec lui. Il me demanda si j'avais bien dormi ; je lui répondis que les nuits étaient déjà fraîches, que j'avais souvent été réveillé. Il me dit : « Nous
» aurons affaire aujourd'hui à ce fameux Kutusow.
» Vous vous rappelez sans doute que c'est lui qui
» commandait à Braunau lors de la campagne
» d'Austerlitz. Il est resté trois semaines dans
» cette place sans sortir une seule fois de sa cham-
» bre ; il n'est pas seulement monté à cheval pour
» voir les fortifications. Le général Bennigsen,
» quoique aussi vieux, est un gaillard plus vigou-
» reux que lui. Je ne sais pas pourquoi Alexandre
» n'a pas envoyé cet Hanovrien pour remplacer
» Barclay. » Il prit un verre de punch, lut quelques rapports et ajouta :

« Eh bien ! Rapp, crois-tu que nous ferons de
» bonnes affaires aujourd'hui ? — Il n'y a pas de
» doute, sire ; nous avons épuisé toutes nos res-
» sources, nous sommes forcés de vaincre. »
Napoléon continua sa lecture et reprit : « La
» fortune est une franche courtisane ; je l'ai sou-
» vent dit, et je commence à l'éprouver. — Votre
» majesté se rappelle qu'elle m'a fait l'honneur de
» me dire à Smolensk que le vin était versé, qu'il
» fallait le boire. C'est maintenant le cas plus que
» jamais ; il n'est plus temps de reculer. L'armée
» connaît d'ailleurs sa position : elle sait qu'elle

» ne trouvera de subsistances qu'à Moscou et
» qu'elle n'a plus que trente lieues à faire. —
» Cette pauvre armée, elle est bien réduite : mais
» ce qui reste est bon; ma garde est d'ailleurs in-
» tacte. » Il manda le prince Berthier et travailla
jusqu'à cinq heures et demie. Nous montâmes à
cheval. Les trompettes sonnaient, les tambours
battaient; dès que les troupes l'aperçurent, ce ne
fut qu'acclamations. « C'est l'enthousiasme d'Aus-
» terlitz. Faites lire la proclamation. »

« Soldats!

» Voilà la bataille que vous avez tant désirée!
» Désormais la victoire dépend de vous; elle nous
» est nécessaire; elle nous donnera l'abondance,
» de bons quartiers d'hiver et un prompt retour
» dans la patrie. Conduisez-vous comme à Aus-
» terlitz, à Friedland, à Witepsk, à Smolensk, et
» que la postérité la plus reculée cite votre con-
» duite dans cette journée; que l'on dise de vous :
» Il était à cette grande bataille sous les murs de
» Moscou. » Les acclamations redoublèrent, les
troupes ne demandaient qu'à combattre, l'action
fut bientôt engagée.

CHAPITRE XXX.

Les Italiens et les Polonais tenaient les ailes. Napoléon opérait sur la gauche des masses ennemies. Du reste, nous n'avions aucun renseignement précis; femmes, enfants, vieillards, bestiaux, tout avait disparu; il ne restait personne qui pût nous donner la moindre indication. Ney marcha à l'ennemi et l'enfonça avec cette vigueur, cette impétuosité dont il a donné tant d'exemples. Nous emportâmes les trois redoutes qui l'appuyaient. Il accourut avec des troupes fraîches : le désordre se mit dans nos rangs, nous évacuâmes deux de ces ouvrages; le dernier même était compromis. Les Russes couronnaient déjà la crête des fossés. Le roi de Naples voit le danger, vole, met pied à terre, entre, monte sur le parapet; il appelle, anime les soldats. La redoute se garnit, le feu devient terrible, les assaillants n'osent tenter l'assaut. Quelques escadrons paraissent; Murat monte à cheval, charge, culbute les colonnes dispersées dans la plaine. Nous reprenons les retranchements, nous nous y établissons pour ne les plus quitter. Ce trait d'audace décida la journée.

Le général Compans venait d'être blessé ; j'allai prendre le commandement de sa division. Elle faisait partie du corps d'armée du maréchal Davoust. Elle avait enlevé une des positions retranchées de l'ennemi ; elle avait déjà beaucoup souffert. Je me concertai en arrivant avec le maréchal Ney, dont je tenais la droite. Nos troupes étaient pêle-mêle ; nous les ralliâmes, nous nous précipitâmes sur les Russes, nous leur fîmes expier leur succès. La canonnade, la fusillade, n'arrêtaient pas. Infanterie, cavalerie, se chargeaient avec fureur d'une extrémité de la ligne à l'autre. Je n'avais pas encore vu de semblable carnage.

Nous avions trop appuyé sur la droite ; le roi de Naples restait seul exposé aux ravages des batteries de Scminskoé. Il n'avait que des troupes à cheval ; un ravin profond le séparait du village, il n'était pas facile de l'emporter : il le fallait cependant sous peine d'être écrasé par la mitraille. Le général Belliard, qui n'aperçoit qu'un rideau de cavalerie légère, conçoit le dessein de la refouler au loin et de se porter par un à gauche sur la redoute. « Cours à Latour-Maubourg, lui ré-
» pond Murat, dis-lui de prendre une brigade
» de cuirassiers français et saxons, de passer le

» ravin, de tout sabrer, d'arriver au galop sur le
» revers de la redoute et d'enclouer les pièces. S'il
» ne réussit pas, qu'il revienne dans la même di-
» rection. Tu disposeras une batterie de quarante
» pièces et une partie de la réserve pour protéger
» la retraite. » Latour-Maubourg se mit en mouvement, culbuta, dispersa les Russes et s'empara
des ouvrages. Friant vint les occuper. Toute la
réserve passa et s'établit à la gauche du village.
Restait un dernier retranchement qui nous prenait en flanc et nous accablait. Elle venait d'en
enlever un, elle pensa qu'elle pouvait en emporter un autre. Caulincourt s'avança, sema au loin le
désordre et la mort. Il se rabattit tout à coup sur la
redoute et s'en rendit maître. Un soldat caché
dans une embrasure l'étendit roide mort. Il s'en-
dormit du sommeil des braves; il ne fut pas témoin de nos désastres.

Tout fuyait, le feu avait cessé, le carnage faisait
halte. Le général Belliard alla reconnaître un bois
placé à quelque distance. Il aperçut la route qui
convergeait sur nous; elle était couverte de troupes et de convois qui s'éloignaient. Si on l'inter-
ceptait, toute la droite de l'armée ennemie était
prise dans le segment où elle se trouvait. Il vint
en prévenir Murat. « Cours en rendre compte à
» l'empereur, lui dit ce prince. » Il y fut, mais

Napoléon ne crut pas le moment venu. « Je n'y » vois pas encore assez clair sur mon échiquier. » J'attends des nouvelles de Poniatowski. Retour- » nez, examinez et revenez. » Le général retourna en effet, mais il n'était plus temps. La garde russe s'avançait; infanterie, cavalerie, tout arrivait pour renouveler l'attaque. Le général n'eut que le temps de rassembler quelques pièces. De la mitraille, de la mitraille, et toujours de la mitraille, dit-il aux artilleurs. Le feu s'ouvrit, l'effet en fut terrible; en un instant la terre se couvrit de morts; la colonne écrasée se dissipa comme une ombre. Elle n'avait pas tiré un coup de fusil. Son artillerie arriva quelques instants après; nous nous en emparâmes.

La bataille était gagnée, mais le feu était toujours terrible. Les balles, les obus, pleuvaient à mes côtés. Dans l'intervalle d'une heure je fus touché quatre fois, d'abord de deux coups de feu assez légèrement, ensuite d'un boulet au bras gauche, qui m'enleva le drap de la manche de mon habit et la chemise jusqu'à la chair. J'étais alors à la tête du soixante-unième régiment, que j'avais connu dans la haute Égypte. Il comptait encore quelques officiers de cette époque: il était assez singulier de se retrouver ici. Je reçus bientôt une quatrième blessure; un biscaïen me frappa à la hanche gauche et me jeta à bas de mon cheval : c'était la vingt-deuxième. Je fus obligé de quitter le champ de bataille : j'en fis prévenir le maréchal Ney, dont les troupes étaient mêlées avec les miennes.

Le général Dessaix, le seul général de cette division qui ne fût pas blessé, me remplaça; un moment après il eut le bras cassé : Friant fut atteint plus tard.

Je fus pansé par le chirurgien de Napoléon, qui vint lui-même me faire visite. « C'est donc » toujours ton tour? Comment vont les affaires? » —Sire, je crois que vous serez obligé de faire » donner votre garde. —Je m'en garderai bien ; je » ne veux pas la faire démolir. Je suis sûr de ga- » gner la bataille sans qu'elle y prenne part. » Elle ne donna pas en effet, à l'exception d'une trentaine de pièces qui firent des merveilles.

La journée finit; cinquante mille hommes gisaient sur le champ de bataille. Une foule de généraux étaient tués ou blessés : nous en avions une quarantaine hors de combat.

Nous avions fait des prisonniers, enlevé quelques pièces de canon; ce résultat ne compensait pas les pertes qu'il nous coûtait.

CHAPITRE XXXI.

L'armée russe se retirait sur sa capitale : elle fit encore quelque résistance à Mojaïsk et gagna Moscou. Nous occupâmes cette ville sans coup férir. Murat y entra à la suite des Cosaques, s'entretint avec leurs chefs et donna même sa montre à l'un d'eux. Ils lui témoignaient l'admiration que leur causait son courage, l'abattement qu'entraînent les longues disgrâces, lorsque des coups de fusil se firent entendre : c'était quelques centaines de bourgeois qui avaient pris les armes. Ils firent eux-mêmes cesser ce feu inutile et continuèrent leur retraite.

Napoléon fit son entrée le lendemain. Il s'établit au Kremlin avec une partie de sa garde et les personnes de sa maison; mais nous étions si mal que je fus obligé de prendre un autre logement. Je m'installai à quelque distance dans une maison qui appartenait à un des membres de la famille Nareschkin. J'étais arrivé à quatre heures du soir. La ville était encore intacte : la douane seule était la proie des flammes, qui la dévoraient déjà avant qu'aucun Français parût; mais la nuit vint, ce fut le signal de l'incendie; à gauche, à droite, partout il éclatait.

Les édifices publics, les temples, les propriétés particulières, tout était en feu. La conflagration était générale, rien ne devait échapper. Le vent soufflait avec violence; l'embrasement fit des progrès rapides. A minuit le foyer était si effrayant, que mes aides-de-camp me réveillèrent; ils me soutinrent; je gagnai une fenêtre d'où je contemplai ce spectacle, qui devenait affreux. L'incendie s'avançait sur nous : à quatre heures on me prévint qu'il fallait déloger. Je sortis; quelques instants après la maison fut réduite en cendres. Je me fis conduire du côté du Kremlin; tout y était en alarmes. Je rétrogradai et me rendis au quartier des Allemands. On m'y avait arrêté l'hôtel d'un général russe; j'espérais m'y remettre de mes blessures; mais quand j'arrivai, des bouffées de feu et de fumée s'en échappaient déjà. Je n'entrai pas; je retournai encore au Kremlin. Chemin faisant j'aperçus des soldats, des artisans russes qui se répandaient dans les maisons et les incendiaient. Nos patrouilles en tuèrent quelques uns en ma présence et en arrêtèrent un assez grand nombre. Je rencontrai le maréchal Mortier. « Où allez-
» vous? me dit-il. — Le feu me chasse, quelque

» part que je me loge; je vais décidément au
» Kremlin. — Tout y est en désordre, l'incendie
» gagne partout : éloignez-vous plutôt. — Où se
» retirer? — A mon hôtel; mon aide-de-camp vous
» conduira. » Je le suivis. La maison était près de
l'hospice des enfants-trouvés. Nous y étions à
peine, qu'elle était déjà embrasée. Je me déterminai de nouveau à aller au Kremlin. Je passai la Moskowa pour m'établir vis-à-vis le palais, qui était encore intact. Je rencontrai en route le général Lariboissière, accompagné de son fils, malade; Talhouet se joignit à nous; nous nous logeâmes tous dans des maisons placées sur la rivière. Mon propriétaire était un brave chapelier qui apprécia ma position et me prodigua tous les soins possibles. J'étais à peine installé chez cet honnête artisan, que le feu se manifesta de toutes parts. Je quittai à la hâte : les quais sont étroits; si j'eusse tardé, je n'eusse pu échapper avec ma voiture. Nous repassâmes l'eau et nous vînmes nous établir en plein air, derrière les murs du Kremlin; c'était l'unique moyen de trouver quelque repos. Le vent soufflait avec une violence toujours croissante et alimentait l'incendie. Je me déplaçai encore une fois, mais ce fut la dernière. Je me retirai près d'une barrière : les maisons étaient isolées, éparses; le feu ne put les atteindre.

Celle que j'occupai était petite, commode, et appartenait à un prince Gallitzin. J'y ai nourri pendant quinze jours au moins cent cinquante habitants réfugiés.

Napoléon fut à son tour obligé de se retirer devant les flammes. Il quitta le Kremlin et porta son quartier-général hors de la ville, dans une maison impériale, où il s'établit. Il n'y resta pas long-temps; il rentra au palais des czars dès que l'incendie fut tout-à-fait éteint. Il envoyait presque tous les matins le général Narbonne savoir de mes nouvelles. Ce général, comme beaucoup de monde, était fort inquiet. Il me disait souvent que l'empereur avait tort de compter sur la paix, que nous n'étions pas à même de dicter des conditions, que les Russes ne s'étaient pas résignés au sacrifice de leur capitale pour accepter des traités désavantageux. « Ils » nous amusent pour prendre leur revanche et » avoir plus beau jeu. »

CHAPITRE XXXII.

Moscou était détruit; l'occupation de ses décombres n'était ni sûre ni profitable; nous étions trop éloignés de nos ailes, nous ne pouvions nous procurer de subsistances, et nous n'avions aucun intérêt à garder des ruines. Chacun était d'avis qu'il ne fallait pas séjourner; mais on n'était pas d'accord sur ce qu'il convenait de faire. Le roi de Naples proposait de marcher sur Kaluga, d'y détruire les seuls établissements que possède la Russie, et de revenir cantonner sur le Borysthène. On ne pouvait pas suivre les Cosaques au bout du monde; la plus longue fuite doit avoir son terme : nous étions prêts à combattre; mais nous ne voulions plus courir. Tel était le sens de la proclamation qu'il conseillait avant de se mettre en mouvement. Le vice-roi pensait au contraire qu'il fallait marcher aux Russes, les battre, pousser sur Pétersbourg, et se diriger ensuite sur Riga : on eût rallié Macdonald; après quoi on se fût établi sur la Dwina. D'autres présentaient d'autres plans : tous étaient bons, tous étaient praticables ; mais l'empereur avait des données particulières : il voyait juste si on n'eût reçu les inspirations de l'Angleterre. On s'est beaucoup appesanti sur ce séjour : c'est une faute puisque les événements l'ont condamné ; mais ceux qui se récrient n'avaient ni le secret des affaires ni celui des négociations ; ils peuvent, sans trop de modestie, croire que la sagacité de ce grand homme n'était pas au-dessous de celle que la nature leur a départie. Il s'est trompé ; nous en avons senti les conséquences : on saura peut-être un jour quelles combinaisons l'ont égaré. Quoi qu'il en soit, on resta, on négocia, on batailla, on ne décida rien. L'armée de Moldavie faisait son mouvement ; elle s'avançait, mais on ne savait encore sur quelle ligne elle allait agir : les uns prétendaient qu'elle se rallierait à Kutusow ; les autres craignaient qu'elle ne se portât sur nos derrières. On était dans l'attente de ce qui se préparait : l'empereur n'était pas lui-même sans inquiétude ; mais il savait, jusqu'au dernier homme, ce qu'il avait de troupes échelonnées depuis le Rhin jusqu'à Moscou ; il se croyait en mesure ; il se borna à expédier des instructions : celles qu'il adressa au duc de Bellune méritent d'être citées ; elles prouvent de quelle nature était ce sommeil qu'on lui reproche.

Napoléon au major-général.

« Mon cousin, faites connaître au duc de Bel-
» lune que je ne lui ai pas encore donné d'ordres
» pour son mouvement, parce que cela dépend
» du mouvement de l'ennemi; que l'armée russe
» de Moldavie, forte de trois divisions ou de vingt
» mille hommes, infanterie, cavalerie et artille-
» rie comprises, a passé le Dniéper dans les pre-
» miers jours de septembre; qu'elle peut se di-
» riger sur Moscou pour renforcer l'armée que
» commande le général Kutusow, ou sur la Vo-
» lhinie pour renforcer celle de Tormassow; que
» l'armée du général Kutusow, battue à la bataille
» de la Moskowa, est aujourd'hui sur Kaluga, ce
» qui pourrait faire penser qu'elle attend des ren-
» forts qui lui viendraient de la Moldavie par la
» route de Kiow; que dans cette hypothèse, le
» duc de Bellune recevrait ordre de se joindre à
» la grande armée, soit par la route de Jelnia et
» de Kaluga, soit par toute autre; que si au con-
» traire les vingt mille hommes de la Moldavie
» s'étaient portés au secours de Tormassow, ce
» renfort porterait Tormassow à quarante mille
» hommes; mais que notre droite, que com-
» mande le prince de Schwartzenberg, serait en-

» core d'égale force, puisque ce prince, avec les
» Autrichiens, les Polonais et les Saxons, a environ
» quarante mille hommes ; que d'ailleurs j'ai de-
» mandé à l'empereur d'Autriche que le corps que
» commande le général autrichien Reuss à Lem-
» berg fît un mouvement, et que le prince Schwart-
» zenberg reçût un renfort de dix mille hommes ;
» que, d'un autre côté, l'empereur Alexandre
» renforce tant qu'il peut la garnison de Riga et
» le corps de Wittgenstein, afin de pouvoir dé-
» poster le maréchal Saint-Cyr de Polozk, et le
» duc de Tarente de Riga et de Dünaburg ; que
» des lettres qui arrivent du prince de Schwart-
» zenberg, en date du 24, tendraient à prouver
» que l'armée de Moldavie, au lieu de venir sur
» Moscou, s'est rendue à l'armée de Tormassow et
» l'a renforcée ; qu'il est donc nécessaire de savoir
» ce qui se passera ; que dans cet état de choses,
» je désire que le duc de Bellune cantonne son
» corps de Smolensk à Orsza ; qu'il entretienne
» une correspondance exacte par toutes les esta-
» fettes avec le duc de Bassano, afin que ce mi-
» nistre lui écrive et lui donne toutes les nouvelles
» qu'il aurait des différents points ; qu'il envoie
» un officier sage, discret et intelligent, auprès
» du général Schwartzenberg et du général Re-
» gnier ; que cet officier apprendra du général

» Schwartzenberg ce qui se passe, et du général
» Regnier le véritable état des choses; qu'il se
» mette en correspondance réglée avec le gou-
» verneur de Minsk, et qu'enfin il envoie des
» agents dans différentes directions pour savoir ce
» qui se passe; que la division Gérard sera placée
» du côté d'Orsza, où elle se trouvera à quatre
» ou cinq marches de Minsk, à trois de Witepsk,
» à quatre ou cinq de Polozk; que l'autre division
» qui sera entre Orsza et Smolensk pourra l'ap-
» puyer rapidement, et qu'enfin la troisième di-
» vision sera auprès de Smolensk; que, par ce
» moyen, son corps d'armée se reposera et pourra
» se nourrir facilement; qu'il faut le placer au
» haut de la route, afin de laisser la grande com-
» munication pour les troupes qui arrivent; que
» dans cette position, il sera également à même
» de se porter sur Minsk et Wilna, si le centre de
» nos communications et de nos dépôts était me-
» nacé, et si le maréchal Saint-Cyr était repoussé
» de Polozk; ou d'exécuter l'ordre qu'il recevrait
» de revenir à Moscou par la route d'Ielnia et de
» Kaluga, si la prise de Moscou et le nouvel état
» de choses avaient décidé l'ennemi à se renforcer
» d'une portion des troupes de Moldavie; qu'ainsi
» le duc de Bellune formera la réserve générale
» pour se porter, soit au secours du prince de

» Schwartzenberg et couvrir Minsk, soit au se-
» cours du maréchal Saint-Cyr et couvrir Wilna,
» soit enfin à Moscou pour renforcer la grande
» armée; que le général Dombrowski, qui a une
» division de huit mille hommes d'infanterie et
» douze cents chevaux polonais, est sous ses or-
» dres, ce qui portera son corps d'armée à quatre
» divisions; que la brigade de réserve de Wilna,
» composée de quatre régiments westphaliens, de
» deux bataillons de Hesse-Darmstadt qui, vers
» la fin de ce mois, arrivent de la Poméranie sué-
» doise, et de huit pièces de canon, sera aussi
» sous ses ordres; qu'enfin, dans le courant de
» novembre, deux nouvelles divisions se réunis-
» sent, l'une à Varsovie, c'est la trente-deuxième
» division, qui sera augmentée de trois bataillons
» de Würtsbourg et restera commandée par le
» général Durutte; l'autre à Kœnigsberg, c'est la
» trente-quatrième division, qui était en Pomé-
» ranie sous les ordres du général Morand, et qui,
» augmentée également de quelques bataillons,
» sera sous les ordres du général Loison; ainsi,
» soit qu'il faille marcher au secours du prince
» de Schwartzenberg ou au secours du maréchal
» Saint-Cyr, le duc de Bellune pourra toujours
» réunir une masse de quarante mille hommes;
» que comme la correspondance de l'estafette est

» prompte, je serai toujours à même de donner
» mes ordres, et que ce ne serait que dans le cas
» où Minsk ou Wilna seraient menacés que le duc
» de Bellune devrait se mettre en marche de son
» autorité pour couvrir ces deux grands dépôts
» de l'armée; que le duc de Bellune, ayant le
» commandement général sur toute la Lithuanie
» et sur les gouvernements de Smolensk et de
» Witepsk, doit partout activer la marche de l'ad-
» ministration et surtout prendre des mesures
» efficaces pour que les réquisitions de blé et de
» fourrage aient lieu; qu'il y a des fours à Mo-
» hilew, à Orsza, à Rasasna, à Dubrowna; qu'il
» doit faire faire beaucoup de biscuit, et se mettre
» en situation d'avoir trente jours de vivres as-
» surés pour son corps, sans prendre rien ni sur
» les transports militaires, ni sur les convois qui
» viendraient de l'armée. Le duc de Bellune aura
» soin d'avoir aussi une correspondance à Wi-
» tepsk : il est maître d'y envoyer des troupes pour
» soutenir ce point et s'y maintenir; il pourra,
» de sa personne, se porter à Mohilew, à Wi-
» tepsk, à Smolensk, pour connaître le terrain et
» faire marcher l'administration. Si, par accident
» quelconque, la communication avec Moscou
» venait à être interceptée, il aurait soin d'envoyer
» de la cavalerie et de l'infanterie pour la rouvrir.»

Nous n'avions plus ni vivres ni fourrages; hommes et chevaux étaient également exténués : la retraite devenait indispensable. On s'occupa des moyens d'évacuer les blessés. Je commençais à marcher, j'allai le 13 au château; Napoléon me demanda avec bonté en quel état se trouvaient mes blessures, comment j'allais; il me fit voir le portrait du roi de Rome, qu'il avait reçu au moment d'engager la bataille de la Moskowa. Il l'avait montré à la plupart des généraux : j'étais à porter des ordres; l'affaire commença; nous eûmes autre chose à faire. Il voulut me dédommager; il chercha le médaillon, et me dit avec une satisfaction que ses yeux ne cachaient pas : « Mon fils est le plus bel enfant » de France. »

On apporta, un instant après, un mémoire de l'intendant-général, qui demandait quarante-cinq jours pour évacuer les blessés. « Quarante-» cinq jours! il se trompe. Si on ne faisait rien, » partie guérirait, partie mourrait; il n'y aurait » que le surplus à évacuer; et l'expérience prouve » que trois mois après une bataille, il ne reste que » le sixième des blessés : je veux les faire évacuer; » je ne veux pas qu'ils restent exposés aux bruta-» lités des Russes. »

Nous apercevions, du salon, les ouvriers qui

travaillaient à enlever la croix du grand Ivan. « Voyez quelle nuée de corbeaux voltigent au- » tour de cette ferraille! Veulent-ils aussi nous » empêcher de l'emmener? J'enverrai cette croix » à Paris; je la ferai placer sur le dôme des In- » valides. »

Nous étions au 18 octobre; le départ fut fixé au 19. Ma blessure n'était pas tout-à-fait fermée; je montai à cheval pour voir si j'en supporterais le mouvement.

CHAPITRE XXXIII.

Le lendemain, je me rendis de bonne heure au Kremlin; à peine arrivais-je au palais, que Napoléon en sortait pour quitter à jamais Moscou; il m'aperçut : « J'espère que vous ne me » suivrez pas à cheval; vous n'êtes pas en état » de le faire : vous pouvez vous mettre dans une » de mes voitures. »

Je le remerciai, et lui répondis que je croyais être à même de l'accompagner. Nous quittâmes cette capitale, et nous prîmes la route de Kaluga; lorsque nous fûmes à environ trois lieues, l'empereur s'arrêta pour attendre des nouvelles de Mortier, qui avait ordre de faire sauter le Kremlin, en évacuant la place. Il se promenait dans un champ avec M. Daru; celui-ci le quitta : je fus appelé. « Eh bien, Rapp, nous allons » nous retirer sur les frontières de la Pologne, » par la route de Kalouga; je prendrai de bons » quartiers d'hiver : j'espère qu'Alexandre fera » la paix. — Vous avez attendu bien long-temps, » sire; les habitants prédisent un hiver rigoureux.

» — Bah ! bah ! avec vos habitants ! Nous avons
» aujourd'hui le 19 octobre, voyez comme il fait
» beau ; est-ce que vous ne reconnaissez pas mon
» étoile ? Je ne pouvais, d'ailleurs, partir avant
» d'avoir mis en route tout ce qu'il y avait de
» malades et de blessés ; je ne devais pas les aban-
» donner à la fureur des Russes. — Je crois, sire,
» que vous eussiez mieux fait de les laisser à Mos-
» cou ; les Russes ne leur auraient pas fait de mal ;
» tandis qu'ils sont exposés, faute de secours, à
» mourir sur les grandes routes. » Napoléon n'en
convenait pas, mais tout ce qu'il me disait de
rassurant ne le séduisait pas lui-même ; sa figure portait l'empreinte de l'inquiétude.

Arriva enfin un officier qu'avait dépêché le
maréchal : c'était mon aide-de-camp Turkheim,
qui nous apprit que Moscou était tranquille ;
que quelques pulks de Cosaques avaient paru
dans les faubourgs, mais qu'ils n'avaient eu garde
d'approcher ni du Kremlin ni des quartiers
qu'occupaient encore les troupes françaises.

Nous nous remîmes en route. Le soir nous
arrivâmes à Krasno-Pachra. La physionomie du
pays ne souriait pas à Napoléon : l'aspect hideux,
l'air sauvage de ces esclaves révoltait des yeux
accoutumés à d'autres climats. « Je voudrais ne
» pas y laisser un homme ; je donnerais tous les

» trésors de la Russie pour ne pas lui abandon-
» ner un blessé. Il faut prendre les chevaux,
» les fourgons, les voitures, tout, pour les
» transporter. Fais-moi venir un secrétaire. » Le
secrétaire vint, c'était pour écrire à Mortier
ce qu'il venait de me dire. Il n'est pas inutile
de citer la dépêche : ces instructions ne sont
pas indignes d'être connues; ceux qui ont tant
déclamé contre son indifférence pourront les
méditer.

Au major-général.

« Faites connaître au duc de Trévise qu'aussi-
» tôt que son opération de Moscou sera finie,
» c'est-à-dire le 23, à trois heures du matin, il se
» mettra en marche, et arrivera le 24 à Kubins-
» koé; que, de ce point, au lieu de se rendre à
» Mojaïsk, il ait à se diriger sur Veréia, où il ar-
» rivera le 25 : il servira ainsi d'intermédiaire
» entre Mojaïsk, où est le duc d'Abrantès, et Bo-
» rowsk, où sera l'armée. Il sera convenable qu'il
» envoie des officiers sur Fominskoé, pour nous
» instruire de sa marche; il mènera avec lui l'ad-
» judant-commandant Bourmont, les Bavarois et
» les Espagnols qui sont à la maison Galitzin.
» Tous les Westphaliens de la première poste et

» de la deuxième, et tout ce qu'il trouvera de
» Westphaliens, il les réunira et les dirigera sur
» Mojaïsk; s'ils n'étaient pas en nombre suffisant,
» il ferait protéger leur passage par de la cava-
» lerie. Le duc de Trévise instruira le duc d'Abran-
» tès de tout ce qui sera relatif à l'évacuation de
» Moscou. Il est nécessaire qu'il nous écrive de-
» main 22, non plus par la route de Dessna,
» mais par celle de Karapowo et Fominskoé; le
» 23 il nous écrira par la route de Mojaïsk : son
» officier quittera la route à Kubinskoé, pour
» venir sur Fominskoé, le quartier-général de-
» vant être probablement le 23 à Borowsk ou à
» Fominskoé. Soit que le duc de Trévise fasse son
» opération demain 22 à trois heures du matin,
» soit qu'il la fasse le 23 à la même heure,
» comme je lui ai fait dire depuis, il doit prendre
» ces mêmes dispositions; par ce moyen, le duc
» de Trévise pourra être considéré comme l'ar-
» rière-garde de l'armée. Je ne saurais trop lui
» recommander de charger sur les voitures de
» la jeune garde, sur celles de la cavalerie à pied,
» et sur toutes celles qu'on trouvera, les hommes
» qui restent encore aux hôpitaux. Les Romains
» donnaient des couronnes civiques à ceux qui
» sauvaient des citoyens; le duc en méritera au-
» tant qu'il sauvera de soldats. Il faut qu'il les

» fasse monter sur ses chevaux et sur ceux de
» tout son monde. C'est ainsi que l'empereur a
» fait au siége de Saint-Jean-d'Acre. Il doit d'autant
» plus prendre cette mesure, qu'à peine ce convoi
» aura rejoint l'armée qu'on lui donnera les che-
» vaux et les voitures que la consommation aura
» rendus inutiles. L'empereur espère qu'il aura
» sa satisfaction à témoigner au duc de Trévise
» pour lui avoir sauvé cinq cents hommes. Il
» doit, comme de raison, commencer par les offi-
» ciers, ensuite les sous-officiers, et préférer les
» Français. Il faut qu'il assemble tous les géné-
» raux et officiers sous ses ordres, pour leur faire
» sentir l'importance de cette mesure, et com-
» bien ils mériteront de l'empereur en lui sau-
» vant cinq cents hommes. »

Nous nous dirigeâmes sur Borusk, nous arrivâmes dans cette ville le quatrième jour : elle était abandonnée. Cependant Kutusow s'occupait tranquillement à faire ses proclamations : il était paisible dans son camp de Tarentino; il n'éclairait ni son front ni ses ailes; il ne se doutait pas du mouvement que nous faisions. Il apprit enfin que nous marchions sur Kaluga; il leva aussitôt ses cantonnements et parut à Malojaroslawitz en même temps que nos colonnes. L'action s'engagea : nous entendions de Borusk une canonnade lointaine. Je souffrais beaucoup de ma blessure; mais je ne voulais pas quitter Napoléon : nous montâmes à cheval. Nous arrivâmes vers le soir à la vue du champ de bataille : on se battait encore; mais bientôt le feu cessa. Le prince Eugène avait enlevé une position qui eût dû être défendue à outrance : nos troupes s'étaient couvertes de gloire. C'est une journée que l'armée d'Italie doit inscrire dans ses fastes. Napoléon bivouaqua à une demi-lieue de là : le lendemain nous montâmes à cheval à sept heures et demie pour visiter le terrain où l'on avait combattu; l'empereur était placé entre le duc de Vicence, le prince de Neuchâtel et moi. Nous avions à peine quitté les chaumières où nous avions passé la nuit, que nous aperçumes une nuée de Cosaques; ils sortaient d'un bois en avant sur la droite; ils étaient assez bien pelotonnés; nous les prîmes pour de la cavalerie française.

Le duc de Vicence fut le premier qui les reconnut. « Sire, ce sont les Cosaques. — Cela » n'est pas possible, » répondit Napoléon. Ils fondaient sur nous en criant à tue-tête. Je saisis son cheval par la bride; je le tournai moi-même. « Mais ce sont les nôtres? — Ce sont les » Cosaques; hâtez-vous. — Ce sont bien eux, dit » Berthier. — Sans aucun doute, ajouta Mouton. »

Napoléon donna quelques ordres et s'éloigna : je m'avançai à la tête de l'escadron de service; nous fûmes culbutés : mon cheval reçut un coup de lance de six pouces de profondeur; il se renversa sur moi : nous fûmes foulés aux pieds par ces barbares. Ils aperçurent heureusement à quelque distance un parc d'artillerie; ils y coururent : le maréchal Bessières eut le temps d'arriver avec les grenadiers à cheval de la garde; il les chargea et leur reprit les fourgons et les pièces qu'ils emmenaient. Je me redressai sur mes jambes, on me replaça sur ma selle, et je m'acheminai jusqu'au bivouac. Quand Napoléon vit mon cheval couvert de sang, il craignit que je n'eusse été de nouveau atteint; il me demanda si j'étais blessé : je lui répondis que j'en avais été quitte pour quelques contusions : alors il se prit à rire de notre aventure, que je ne trouvais cependant pas amusante.

Je fus bien dédommagé par la relation qu'il publia sur cette affaire; il me combla d'éloges : je n'ai jamais goûté de satisfaction comparable à celle que j'éprouvai en lisant les choses flatteuses qu'il disait de moi. « Le général Rapp, por» tait le bulletin, a eu un cheval tué sous lui » dans cette charge. L'intrépidité dont cet officier-» général a donné tant de preuves, se montre

« dans toutes les occasions. » Je répète avec orgueil les éloges de ce grand homme : je ne les oublierai jamais.

Nous retournâmes sur le champ de bataille : Napoléon voulait visiter les lieux qui avaient été le théatre de la gloire du prince Eugène. Il trouva la position des Russes excellente; il s'étonna qu'ils se fussent laissé forcer ; il reconnut à l'aspect des cadavres que les milices étaient confondues avec les troupes de ligne, et que, si elles ne se battaient pas avec intelligence, elles y allaient du moins avec courage. L'armée ennemie se retira à quelques lieues sur la route de Kaluga, et prit position.

La retraite était interceptée : nous nous jetâmes à droite sur Veréia; nous y arrivâmes le lendemain de bonne heure, nous y couchâmes : c'est dans cette ville que Napoléon apprit que le Kremlin était sauté. Le général Winzengerode n'avait pas assez contenu son impatience; il s'était aventuré dans cette capitale avant que nos troupes l'eussent évacuée : elles le coupèrent; il essaya de leur faire croire qu'il venait parlementer; il était né sur le territoire de la confédération, il ne se souciait pas d'être fait prisonnier : il le fut cependant, en dépit du mouchoir blanc qu'il agitait. Napoléon le fit venir, et s'emporta avec violence; il le traita avec mépris, le flétrit du nom de traître, et le menaça de lui en faire infliger le supplice; il me dit même qu'il fallait faire nommer une commission pour instruire le procès de *monsieur* sur-le-champ : il le fit emmener par des gendarmes d'élite, et donna ordre de le mettre au secret. Winzengerode chercha plusieurs fois à se disculper; mais Napoléon ne voulut pas l'entendre. On a prétendu dans l'armée russe que ce général avait parlé avec courage, et dit des choses très fortes à l'empereur : cela n'est pas; l'anxiété était peinte sur sa figure; tout en lui exprimait le désordre d'esprit où l'avait jeté la colère de Napoléon. Chacun de nous s'efforça de calmer ce prince; le roi de Naples, le duc de Vicence surtout, lui firent sentir combien, dans la situation des choses, la violence envers un homme qui cachait son origine sous la qualité de général russe serait fâcheuse : il n'y eut pas de conseil de guerre, et l'affaire en resta là. Quant à nous, Winzengerode ne dut pas se plaindre du traitement que nous lui fîmes; sa position nous inspirait à tous de l'intérêt. Son aide-de-camp fut traité avec beaucoup de bienveillance. Napoléon lui demanda son nom : « Nareschkin, » répondit le jeune officier. — Nareschkin! Quant » on s'appelle ainsi, on n'est pas fait pour être

» l'aide-de-camp d'un transfuge. » Nous fûmes navrés de ce manque d'égards; nous cherchâmes tous les moyens imaginables de le faire oublier au général.

CHAPITRE XXXIV.

Nous partîmes le lendemain, et nous gagnâmes la grande route de Moskou par Mojaïsk.

Le froid, les privations étaient extrêmes; l'heure des désastres était sonnée. Nous retrouvâmes nos blessés morts sur la route, et les Russes qui nous attendaient à Viasma. A la vue de ces colonnes, le soldat recueillit un reste d'énergie, fondit sur elles, et les défit. Mais nous étions harcelés par des troupes qu'excitaient l'abondance et l'espoir du pillage; à chaque pas nous étions obligés de prendre position, de combattre; nous ralentissions notre marche sur un sol dévasté qu'il eût fallu franchir à tire-d'aile. La température, la faim, les Cosaques, tout ce qu'il y a de fléaux était déchaîné sur nous. L'armée s'affaissait sous le poids de ses maux; sa route était dessinée par les cadavres; ce qu'elle souffrait passe l'imagination. Combien j'ai rencontré, dans cette terrible retraite, de généraux malades ou blessés, que je croyais ne jamais revoir! De ce nombre était le général Friant, dont les blessures étaient encore ouvertes ; le général Durosnel, qui fit le trajet avec une fièvre nerveuse, presque constamment dans le délire ; et le brave général Belliard, atteint d'un coup de feu à la bataille de la Moskowa. Il avait autrefois pénétré jusqu'en Éthiopie ; il avait porté nos couleurs plus loin que n'avait jamais été l'aigle romaine : il devait trouver de la différence entre les deux climats.

Nous marchâmes sur Smolensk ; elle devait être le terme de nos misères ; nous devions y trouver des subsistances et des vêtements, de quoi nous garantir des fléaux qui nous dévoraient : nous n'en étions plus qu'à dix-huit lieues. Napoléon logea dans un de ces blockaus qu'on avait construits pour recevoir des postes de cinquante à soixante hommes, chargés de protéger la correspondance et les communications. J'étais de service : il y avait déjà quelque temps qu'il n'était pas venu d'estafettes ; il en arriva une, je la remis à l'empereur. Il ouvrit le paquet avec précipitation ; un moniteur lui tomba sous la main, il le parcourut : le premier article qui se présenta à ses yeux fut l'entreprise de Mallet ; il n'avait pas lu les dépêches, il ne savait ce que c'était. « Qu'est-ce que cela ! quoi ! des complots ! des » conspirations ! » Il ouvrit ses lettres ; elles contenaient le détail de la tentative : il fut stupéfait. Cette police qui sait tout, qui devine tout, s'était laissé prendre au dépourvu; il n'en pouvait pas revenir. « Savary à la Force! le ministre de la » police arrêté, conduit, enfermé dans une pri- » son! » J'allais transmettre quelques ordres. L'aventure avait déjà transpiré; la surprise, l'étonnement, étaient peints sur toutes les figures; on faisait des rapprochements qui jusque-là avaient échappé.

L'imprévoyance des suppôts de la police était manifeste; ils ne sont alertes que parce qu'on croit à leur vigilance. Napoléon ne s'étonnait pas que ces misérables qui peuplent les salons et les tavernes, qui obstruent tout, qui s'insinuent partout, n'eussent pas pénétré la trame; mais il ne concevait pas la faiblesse de Rovigo. « Comment » ne s'est-il pas fait tuer plutôt que de se laisser » arrêter! Doucet et Hullin ont montré bien plus » de courage. »

Nous nous remîmes en route; nous passâmes le Borysthène. L'empereur établit son quartier-général dans un château dévasté, à une douzaine de lieues en avant de Smolensk, et à une et demie derrière le fleuve. Les rives en sont fort escarpées dans cet endroit; elles étaient couvertes de verglas. Napoléon craignait que l'artillerie ne pût les franchir; il me chargea de joindre Ney, qui commandait l'arrière-garde, et de rester avec lui jusqu'à ce que tout fût en sûreté. Je trouvai le maréchal occupé à donner la chasse aux Cosaques; je lui communiquai les ordres que j'avais à lui transmettre, et nous nous retirâmes à un blockaus qui devait assurer le passage, et où le quartier-général fut établi.

Une partie de l'infanterie passa; l'autre bivouaqua dans un petit bois, sur la rive où nous étions. Nous fûmes occupés toute la nuit à faire passer les pièces; la dernière montait la rampe quand l'ennemi parut. Il attaqua sur-le-champ avec des masses considérables; nous reçûmes ses charges sans nous ébranler : mais notre but était atteint; le combat n'avait plus d'objet; nous nous éloignâmes. Nous abandonnions quelques centaines d'hommes que l'inanition et les blessures avaient mis hors d'état de suivre. Les malheureux! ils se plaignaient, gémissaient, demandaient la mort; c'était un spectacle déchirant : mais que pouvions-nous faire? Chacun pliait sous le faix de la vie; on se soutenait à peine; personne n'avait assez de forces pour les partager. Les Russes nous suivirent; ils voulaient passer de vive force. Ney les reçut avec cette vigueur, cette impétuosité qu'il mettait dans ses attaques; ils furent repoussés, et le pont devint la proie des flammes. Le feu cessa; nous nous retirâmes pendant la nuit. Je rejoignis le surlendemain soir Napoléon à Smolensk. Il savait qu'une balle m'avait effleuré la tête, qu'une autre avait abattu mon cheval; il me dit : « Tu peux être tranquille maintenant; » tu ne seras pas tué cette campagne. — Je désire » que votre majesté ne se trompe pas; mais vous » avez souvent donné la même assurance au pau- » vre Lannes, qui a pourtant fini par y passer. » — Non, non, tu ne seras pas tué. — Je le » crois, mais je pourrais bien être gelé. » L'empereur se répandit alors en éloges sur le maréchal Ney. « Quel homme!... quel soldat!... quel vi- » goureux gaillard!... » Il ne parlait que par exclamations; il ne trouvait pas de mot pour rendre l'admiration que lui inspirait cet intrépide maréchal. Le prince de Neuchâtel entra; il fut de nouveau question de Mallet et de Savary. Napoléon s'égayait aux dépens du duc; sa surprise, son arrestation, étaient le sujet de mille plaisanteries, dont le refrain était toujours qu'il aurait dû se faire tuer plutôt que de se laisser prendre.

CHAPITRE XXXV.

La retraite avait été cruelle. Tout ce que la nature a de fléaux nous l'avions éprouvé; mais chaque jour nous rapprochait de Smolensk : nous devions trouver dans cette ville le repos et l'abondance. Nous marchions : l'espérance nous soutenait; elle-même allait nous abandonner : nos malheurs devaient être inouïs comme nos victoires. Le quatrième corps perdit ses pièces; la brigade Augereau fut détruite, et Witepsk enlevé. Nous n'avions plus ni munitions, ni subsistances; nous étions dans une position affreuse : il fallut se résigner. Nous nous remîmes en marche. Nous arrivâmes le lendemain à Krasnoï. Kutusow, qui se portait sur nous avec toutes ses forces, y avait déjà une avant-garde; elle se replia à la vue de nos soldats, et s'établit à une lieue plus loin. Elle bivouaquait à gauche, sur la lisière d'une forêt qu'elle couvrait de feux. Napoléon me fit appeler, et me dit : « Nous avons tout près d'ici de » l'infanterie russe : c'est la première fois qu'elle » montre tant d'audace. Je vous charge de l'atta-

» quer à la baïonnette vers le milieu de la nuit.
» Surprenez-la ; faites-lui passer l'envie d'appro-
» cher si près de mon quartier-général. Je mets à
» votre disposition tout ce qui reste de la jeune
» garde. » J'avais fait mes apprêts ; j'attendais près
d'un feu de bivouac polonais que l'heure fût
venue, quand le général Narbonne arriva. « Re-
» mettez vos troupes au duc de Trévise, me dit-il :
» sa majesté ne veut pas vous faire tuer dans cette
» affaire ; elle vous réserve une autre destina-
» tion. » Je reçus ce contre-ordre avec plaisir, je
ne le cache pas. J'étais exténué de fatigues, de
souffrances et de froid. Je ne tenais pas à marcher à l'ennemi ; du reste, ses Cosaques lui avaient
déjà donné l'éveil, il était en mesure, il nous reçut
de son mieux. Il fut néanmoins rompu et rejeté
sur ses masses. Celles-ci étaient en position pa-
rallellement à la route ; elles s'étendaient pour
ainsi dire de Smolensk à Krasnoï ; elles nous prenaient en flanc, elles eussent pu nous accabler.
Heureusement le prestige durait encore : nous
étions protégés par le souvenir de nos victoires.
Kutusow voyait de loin nos colonnes qui défilaient
sur la route, et n'osait les aborder. Il se décidait
enfin à courir la fortune ; mais un paysan lui
rapporta que Napoléon était à Krasnoï, que la
garde en occupait tous les alentours. Cette nou-

velle glaça son courage : il révoqua les ordres qu'il avait expédiés.

Nous avions depuis long-temps la mesure de sa capacité, nous la portions en ligne de compte; c'était un de nos moyens; il pouvait néanmoins se raviser, courir aux armes et nous anéantir : nous le sentions tous; mais nous n'avions pas de nouvelles d'Eugène; Davoust et Ney étaient en arrière; nous ne pouvions les abandonner. La température devenait d'ailleurs chaque jour plus âpre; les Russes souffraient; ils avaient sommeillé jusque-là, ils pouvaient sommeiller encore. Napoléon résolut d'en courir la chance; il attendit. Tout réussit comme il l'avait prévu. Milloradowitz voulut intercepter le quatrième corps; mais il ne put y parvenir : cinq mille hommes d'infanterie, qui n'avaient ni chevaux pour s'éclairer, ni pièces pour se défendre, repoussèrent constamment les flots de soldats qui se précipitaient sur eux, firent tête à toute cette avant-garde, et se dégagèrent. Davoust suivait; l'ennemi se flattait de prendre sa revanche sur ce maréchal; mais l'empereur y pourvut. Il se déploya à la gauche de Krasnoï, engagea quelques troupes, et fit ouvrir un feu d'artillerie assez bien nourri. Kutusow, effrayé à la vue de quatorze à quinze mille hommes qui couraient aux armes, rappela ses corps détachés : le maréchal passa et vint prendre part à l'action. Le but était atteint ; le feu se ralentit, et la retraite commença. L'ennemi voulut la troubler ; mais le premier de voltigeurs de la garde repoussa toutes ses attaques : la cavalerie, l'infanterie, ni la mitraille, ne purent l'ébranler ; il périt sur place. Cette héroïque résistance atterra les Russes ; ils cessèrent la poursuite.

Dès que nous étions hors d'un embarras, nous tombions dans un autre : nous avions osé, quatorze à quinze mille que nous étions, nous mettre en ligne devant les cent vingt mille hommes de Kutusow ; nous étions sortis sans échec d'une position où nous eussions dû tous être enlevés ; mais nos subsistances, nos derrières n'étaient plus à nous : Minsk avait été surpris, l'armée de Moldavie couvrait la Bérésina ; Ney était encore en arrière : jamais notre situation n'avait été plus terrible. Napoléon, que cette complication de circonstances malheureuses étonnait, expédia l'ordre de reprendre l'offensive et d'enlever Polosk : le succès lui paraissait facile. « Pour peu » que le duc de Bellune y mette de l'élan, l'entre- » prise est immanquable ; la qualité des troupes » qu'il commande la garantit. C'est Ney qui m'in- » quiète ; que va-t-il devenir ? » Ce maréchal était en effet dans une position sans exemple ; il fallait

toute la valeur, le sang-froid et la persévérance de cet intrépide guerrier pour en sortir; il avait reçu dans la nuit du 16 au 17 la nouvelle du combat d'Eugène et du départ de Davoust : ce double événement ne put l'ébranler. « Tous les Cosa-
» ques de la Russie, dit-il en l'apprenant, ne m'em-
» pêcheraient pas d'exécuter mes instructions; je
» ne romprai pas d'une semelle qu'elles ne soient
» remplies. » Il acheva ses dispositions et se mit en marche : six mille hommes d'infanterie, trois cents chevaux et douze pièces de canon composaient toutes ses forces; il était harcelé par les troupes légères de l'ennemi qui voltigeaient sur ses flancs; il marchait serré, prêt à recevoir tout ce qui se présenterait. A trois heures, son avant-garde atteignit Katowa, et fit halte à la vue du corps de Milloradowitz. Le temps était brumeux; on n'apercevait de part ni d'autre quelles forces on avait en tête : Ney franchit un ravin qui le séparait des troupes ennemies, enfonce la première ligne, culbute la seconde, et eût renversé l'armée entière si les ravages de l'artillerie ne l'eussent arrêté. Il fut contraint de sonner la retraite; mais son attaque avait été si impétueuse qu'on n'osa le suivre. Il alluma des feux de bivouac, comme s'il eût eu dessein de s'arrêter la nuit : les Russes l'imitèrent. Dès qu'il eut pris quel-

que repos, il s'éloigna, résolu de mettre le Borysthène entre lui et des troupes trop nombreuses pour qu'il pût les forcer; il s'élança dans l'eau, sur la glace, et gagna la rive opposée : mais de nouveaux périls l'y attendaient.

Les Cosaques couvraient la plaine, ils nous chargeaient, nous mitraillaient avec fureur. Ney, qui ne pouvait répondre à cette canonnade meurtrière, précipitait sa marche, dispersant, culbutant tout ce qui osait l'attendre. Il gagnait un bois qui n'était pas éloigné; il allait l'atteindre, lorsqu'une batterie se démasque et désorganise sa colonne. Le soldat chancelle, jette ses armes; mais le maréchal lui rend bientôt son énergie; ses paroles, sa voix, son exemple, enflamment les plus timides : on s'élance; les pièces fuient; nous sommes maîtres du bois. Mais ce taillis n'avait ni routes ni frayés; il était coupé de tant de ravins, semé de tant d'obstacles, qu'on n'en sortit qu'avec des peines infinies : presque tout le matériel y resta. Les Cosaques en devinrent plus pressants; pendant deux jours ils ne cessèrent de renouveler leurs attaques : mais eux-mêmes avaient été obligés de faire un détour, leurs pièces étaient en arrière, ils n'avaient pas d'artillerie; quelques voltigeurs en faisaient justice.

Ney touchait à Orsza : la nuit était avancée;

il marchait en silence, il se flattait d'être enfin dégagé : tout à coup il aperçoit des feux de bivouac, il découvre le camp d'une armée nombreuse. Il ne savait s'il devait se réjouir ou craindre, s'il voyait des Français ou des Russes, lorsque la fusillade le tire de son anxiété : les reconnaissances sont accueillies à coups de fusil; les détonations, les cris, les tambours, se mêlent, se confondent; on eût dit que nous allions avoir affaire à toute la Russie. Furieux de voir le danger renaître au moment où il croit en sortir, le maréchal veut s'ouvrir un passage; il se précipite sur ces feux... mais le camp est désert; c'est une ruse, un stratagème. Platow nous avait apparemment pris pour les siens; il avait cru nous effrayer avec des ombres. Le duc dédaigna de suivre quelques Cosaques qui avaient servi à cette fantasmagorie; il poursuivit sa route, et atteignit le quatrième corps trois lieues plus loin.

CHAPITRE XXXVI.

Pendant que tout ceci se passait, nous avions quitté Krasnoï. Napoléon marchait à pied à la tête de sa garde, et parlait souvent de Ney; il rappelait ce coup d'œil si juste et si sûr, ce courage à toute épreuve, enfin tout ce qui le rendait si brillant sur le champ de bataille. « Il est perdu. » Eh bien! j'ai 300 millions aux Tuileries, je les » donnerais pour qu'il me fût rendu. » Il établit son quartier-général à Dombrowna. Nous logeâmes chez une dame russe qui avait eu le courage de ne pas abandonner sa maison. J'étais de service ce jour-là : l'empereur me fit appeler vers une heure du matin; il était très abattu : il était difficile qu'il ne le fût pas, tant le tableau était affreux. Il me dit : « Mes affaires vont bien » mal, ces pauvres soldats me déchirent le cœur; je » ne puis cependant y porter remède. » On cria aux armes, des coups de feu se firent entendre, tout était en rumeur. « Allez voir ce que c'est, me dit » Napoléon avec le plus grand sang-froid; je suis » sûr que ce sont quelques mauvais Cosaques qui

» veulent nous empêcher de dormir. » C'était effectivement une fausse alerte. Il n'était pas content de certains personnages que je m'abstiens de nommer. « Quels rois de théâtre! sans énergie, » sans courage, sans force morale! Ai-je pu me » méprendre à ce point? A quels hommes je me » suis confié! Pauvre Ney, avec qui t'avais-je appareillé! »

Nous partîmes pour Orsza, nous logeâmes chez des jésuites. Napoléon désespérait de revoir l'arrière-garde. Nous n'apercevions plus d'infanterie russe; il était probable qu'elle avait pris position : elle ne devait rien laisser échapper. Le lendemain nous poussâmes à deux lieues plus loin; nous fîmes halte dans un mauvais hameau. C'est là que l'empereur apprit vers le soir l'arrivée de Ney, et sa jonction avec le quatrième corps. On peut facilement se faire une idée de la joie qu'il éprouva, et de l'accueil qu'il fit le lendemain au maréchal. Nous arrivâmes à Borisow : Oudinot avait battu Lambert; les fuyards s'étaient ralliés à Tchitschacof, et couvraient la rive droite de la Bérésina. Napoléon devait être inquiet : nous n'avions ni équipages de pont ni subsistances. La grande armée avançait, Witgenstein approchait, et les troupes de Moldavie nous fermaient le passage; nous étions cernés sur tous les points : la position était affreuse, et n'avait peut-être pas d'exemple. Il ne fallait rien moins que la tête et le grand caractère de l'empereur pour nous tirer d'un si mauvais pas : aucun Français, pas même Napoléon, n'eût dû échapper.

Ce prince s'arrêta un instant à Borisow, donna des ordres pour la fausse attaque qui nous sauva, et s'achemina vers le quartier-général d'Oudinot, qui était à quelques lieues plus loin. Nous couchâmes un peu en-deçà, dans une campagne qui appartenait à un prince Radziwill ; nous passâmes la nuit, le général Mouton et moi, sur une poignée de paille ; nous pensions à la journée du lendemain, nos réflexions n'étaient pas gaies. Nous nous remîmes en route à quatre heures ; nous étions dans une des calèches de l'empereur. Nous apercevions les feux des Russes, ils couvraient la rive opposée ; les bois, les marais en étaient remplis ; il y en avait à perte de vue. La rivière était profonde, vaseuse, toute couverte de glaçons ; c'était là qu'il fallait la franchir, c'était là qu'il fallait passer ou se rendre : nous augurions mal du succès. Le général s'expliquait avec franchise ; il l'avait souvent fait devant Napoléon, qui le traitait de frondeur, et qui néanmoins l'aimait beaucoup.

Nous arrivâmes au quartier-général d'Oudinot; le jour commençait à poindre; l'empereur s'entretint un moment avec ce maréchal, mangea un morceau et donna des ordres. Ney me prit en particulier, nous sortîmes; il me dit en allemand: « Notre position est inouïe; si Napoléon se tire » d'affaire aujourd'hui, il faut qu'il ait le diable au » corps. » Nous étions fort inquiets, et il y avait de quoi. Le roi de Naples vint à nous, et n'était pas moins soucieux. «J'ai proposé à Napoléon, nous » dit-il, de sauver sa personne, de passer la rivière » à quelques lieues d'ici; j'ai des Polonais qui me » répondraient de lui, et le conduiraient à Wilna: » mais il repousse cette idée, et ne veut pas en en- » tendre parler. Quant à moi, je ne pense pas que » nous puissions échapper. » Nous étions tous les trois du même avis; Murat reprit : « Nous y pas- » serons tous; il n'est pas question de se rendre. »

Tout en causant, nous aperçûmes l'ennemi qui filait; ses masses avaient disparu, les feux étaient éteints; on ne voyait plus que la queue des colonnes qui se perdait dans les bois, et cinq à six cents Cosaques épars dans la plaine. Nous examinâmes avec la lorgnette, nous nous convainquîmes que le camp était levé. J'entrai chez Napoléon, qui s'entretenait avec le maréchal Oudinot. « Sire, l'ennemi a quitté sa position. » —Cela n'est pas possible. » Le roi de Naples, le maréchal Ney, arrivèrent, et confirmèrent ce que j'annonçais. L'empereur sortit de sa baraque, jeta un coup d'œil sur l'autre côté de la rivière. « J'ai » mis dedans l'amiral (il ne pouvait prononcer le » nom Tchitschacof); il me croit sur le point où j'ai » ordonné la fausse attaque, il court à Borisow. » Ses yeux étincellent de joie et d'impatience; il fit presser l'établissement des ponts, mettre une vingtaine de pièces en batterie. Celles-ci étaient commandées par un brave officier à jambe de bois, nommé Brechtel; un boulet la lui emporta pendant l'action, et le renversa. « Cherche-moi, dit-il » à un de ses canonniers, une autre jambe dans le » fourgon n° 5. » Il se l'ajusta, et continua son feu.

L'empereur fit passer à la nage une soixantaine d'hommes, sous la conduite du colonel Jacqueminot. Ils s'aventurèrent mal à propos à la suite des Cosaques; un d'entre eux fut pris, questionné, et fit connaître aux Russes sur quel point se trouvait Napoléon. Tchitschacof rebroussa chemin; mais il n'était plus temps : Napoléon, sa garde, Ney, Oudinot, et tout ce que ces deux maréchaux conservaient de troupes, avaient passé. L'amiral, confus d'avoir pris le change, oublia les marais de Lemblin. Le pont qui court pendant cinq quarts de lieue sur ce terrain fangeux était notre seule issue; s'il l'eût détruit, il tenait encore nos destinées dans ses mains : mais Witgenstein ouvrait le feu sur la rive gauche ; il occupait la droite, ses soldats nageaient dans l'abondance ; une poignée d'hommes, qui succombaient sous le faix de la vie devaient être foulés aux pieds. Il négligea le défilé, Eugène courut s'en emparer ; nous étions sûrs de nos derrières, nous attendîmes Tchitschacof.

Nous n'étions pas huit mille, haletant de fatigue et de faim ; il avait toute l'armée de Moldavie : l'issue du combat ne lui paraissait pas douteuse. Il s'avance avec l'élan de la victoire ; on se mêle, on se confond, la terre est jonchée de morts. Ney dirige, anime les charges : partout les Russes sont enfoncés. Ils se rallient, ils appellent de nouvelles forces : mais Berkeim arrive ; les cuirassiers se précipitent sur ces colonnes, tout est taillé en pièces.

Napoléon était entouré de sa garde, qu'il avait mise en bataille à l'entrée de la forêt ; elle était encore belle et imposante, deux mille prisonniers défilaient devant elle ; nous étions enivrés d'un si beau résultat : notre joie fut courte, le récit de quelques Russes la calma. Partouneau avait été pris, toute sa division avait mis bas les armes ; un aide-de-camp du maréchal Victor vint

confirmer cette triste nouvelle. Napoléon fut vivement affecté d'un malheur si inattendu. « Faut-il
» après avoir échappé comme par miracle, après
» avoir complétement battu les Russes, que cette
» défection vienne tout gâter ! »

Le combat était toujours très vif, sur la rive gauche; quatre à cinq mille hommes opposaient à l'armée ennemie une résistance opiniâtre. « Allez voir quel est l'état des affaires; gravissez
» la rive droite, examinez ce qui se passe sur la
» gauche, et vous viendrez m'en rendre compte. »
J'allai, je vis des charges d'infanterie et de cavalerie très brillantes; celles que conduisait le général Fournier surtout étaient remarquables par leur ensemble et leur impétuosité. Mais la disproportion était immense, il fallut céder; les horreurs du pont commencèrent : il est inutile de reproduire cette scène de désolation.

Nous quittâmes les tristes rivages de la Bérésina, où nous avions acquis tant de gloire, et essuyé tant de malheurs; nous nous dirigeâmes sur Wilna. On ne s'entretenait, on ne s'occupait alors que de l'arrivée des Autrichiens; le moindre soldat ne rêvait que de Schwartzenberg. Où est-il? que fait-il? pourquoi ne paraît-il pas? Je ne me permettrai aucune réflexion sur les mouvements de ce prince, alors notre allié.

Depuis long-temps nous n'avions pas de nouvelles de France, nous ne savions pas même ce qui se passait dans le grand duché; nous l'apprîmes à Malotechno. Napoléon reçut dix-neuf estafettes à la fois. C'est là, je crois, qu'il arrêta le projet de quitter l'armée, mais il ne l'exécuta qu'à Smorgoni, à dix-huit lieues en avant de Wilna. Nous y arrivâmes. L'empereur me fit demander vers les deux heures; il ferma soigneusement les portes de la pièce qu'il occupait, et me dit : « Eh bien, Rapp, je pars cette nuit » pour Paris; ma présence y est nécessaire pour » le bien de la France, et même pour celui de » cette malheureuse armée. J'en donne le com- » mandement au roi de Naples. » Je n'étais pas préparé à cette confidence; car j'avoue franchement que je n'étais pas dans le secret du voyage. « Sire, lui répondis-je, votre départ fera une » fâcheuse sensation parmi les troupes, elles ne » s'y attendent pas. — Mon retour est indispen- » sable; il faut que je surveille l'Autriche, et que » je contienne la Prusse. — J'ignore ce que fe- » ront les Autrichiens; leur souverain est votre » beau-père : mais pour les Prussiens, vous ne les » retiendrez pas, nos désastres sont trop grands ; » ils en profiteront. » Napoléon se promenait les mains derrière le dos; il garda un instant le si-

lence, et reprit : « Quand ils me sauront à Paris,
» qu'ils me verront à la tête de la nation, et de
» douze cent mille hommes que j'organiserai,
» ils y regarderont à deux fois avant de me faire
» la guerre. Duroc, Caulincourt et Mouton parti-
» ront avec moi, Lauriston ira à Varsovie, et toi
» tu retourneras à Dantzick; tu verras Ney à
» Wilna, tu t'arrêteras avec lui pendant au moins
» quatre jours; Murat vous joindra, vous tâche-
» rez de rallier l'armée le mieux qu'il vous sera
» possible. Les magasins sont pleins, vous trou-
» verez tout en abondance. Vous arrêterez les
» Russes; tu feras le coup de sabre avec Ney, s'il
» est nécessaire. Il doit avoir actuellement la di-
» vision Loyson, qui compte au moins dix-huit
» mille hommes de troupes fraîches; Wrède lui
» amène aussi dix mille Bavarois; d'autres ren-
» forts sont en marche. Vous prendrez des can-
» tonnements. » Napoléon partit. Je reçus des
ordres du major-général, qui me dit dans une
lettre ce que l'empereur m'avait déjà dit de vive
voix, il me remit en même temps une lettre particulière de ce prince, où il me répétait : « Fais
» tout avec Ney pour rallier l'armée à Wilna,
» restez-y quatre jours au moins; tu te rendras
» ensuite à Dantzick. »

Je partis le lendemain : le froid était si vif

que, quand j'arrivai à Wilna, j'avais le nez, une oreille et deux doigts gelés. Je descendis chez le général Hogendorp et me rendis de suite au logement du maréchal Ney; je lui fis part des ordres de Napoléon et de la conversation que j'avais eue avec ce prince au moment de son départ. Le maréchal fut bien étonné des forces qu'il lui supposait, il me dit: « J'ai fait tout à l'heure battre la géné-
» rale, je n'ai pu réunir cinq cents hommes : tout
» le monde est gelé, fatigué, découragé; personne
» n'en veut plus. Vous avez l'air souffrant; allez
» vous reposer, demain nous verrons. » Le lendemain je me rendis chez lui : le roi de Naples venait d'arriver avec la garde; nous causâmes beaucoup de notre situation. Ney opinait pour la retraite; il la jugeait indispensable. « Elle est
» forcée; il n'y a pas moyen de tenir un jour de
» plus. » Il n'avait pas achevé, que le canon se fit entendre : les Russes arrivaient en forces; on se battait à une demi-lieue de là. Tout à coup; nous vîmes les Bavarois qui rentraient en désordre; ils étaient pêle-mêle avec nos traînards : la confusion était au comble; ainsi que le disait Ney, il était impossible de rien faire avec nos troupes. Le roi de Naples vint à nous : il se flattait encore d'opposer quelque résistance; mais les rapports qu'il reçut des hauteurs de Wilna le

détrompèrent. Il ordonna sur-le-champ le mouvement rétrograde, et se porta sur le Niémen. « Je vous conseille, me dit ce prince, de partir » sans délai pour Dantzick, où votre présence va » devenir nécessaire. Le plus léger retard peut » vous faire tomber dans les mains des Cosaques: » ce serait un accident fâcheux qui ne serait pro- » fitable ni à l'armée ni à l'empereur. »

Je suivis ce conseil; je louai deux juifs, qui me conduisirent jusqu'au Niémen. Mes équipages, qui avaient heureusement échappé aux désastres, étaient déjà partis.

Nous arrivâmes bientôt à cette funeste hauteur où fut abandonné ce qui nous restait de matériel. Il nous fut impossible de la monter : nos chevaux s'épuisaient en vains efforts, nous les aidions, nous les excitions; mais le terrain était si glissant, si rapide, que nous fûmes obligés de renoncer à l'entreprise. Je délibérais avec mon aide-de-camp sur le parti qu'il convenait de prendre. Mes Israélites me proposèrent de suivre un chemin de traverse, qui avait d'ailleurs l'avantage d'être plus court; ils me dirent que je devais m'en rapporter à eux, qu'ils répondaient de moi. Je les crus; nous partîmes, et le lendemain au soir nous étions au delà du Niémen. Je souffrais horriblement; mes doigts, mon nez, mon oreille, commençaient à me donner de l'inquiétude, lorsqu'un barbier polonais m'indiqua un remède un peu désagréable, mais qui me réussit. J'arrivai enfin à Dantzick : le roi de Naples me suivit à quelques jours de distance; Macdonald, que les Prussiens avaient si indignement trahi, venait après. « Ce n'est que par miracle, » me manda-t-il, que moi, mon état-major et la » septième division, n'avons pas été détruits : nous » étions livrés, nos jambes nous ont sauvés. » Il me remit ses troupes, qui furent incorporées avec celles que j'avais sous mes ordres. Les Russes parurent presque immédiatement. Le général Bachelet eut avec eux un engagement des plus vifs. Ils se répandirent au tour de la place, et le blocus commença.

CHAPITRE XXXVII.

Dantzick semble destinée à être une place forte : baignée au nord par la Vistule, protégée au sud-ouest par une chaîne de hauteurs escarpées, elle est défendue dans le reste de son pourtour par une inondation qui s'étend au moyen de deux rivières qui la traversent, la Radaune et la Mottlau. Frappé des avantages d'une position si belle, Napoléon avait résolu de la rendre inexpugnable ; il avait fait ouvrir des travaux immenses. Des têtes de pont, des forts, des camps retranchés, devaient la mettre à l'abri d'insultes et dominer le cours du fleuve ; mais le temps avait manqué, et la plupart des ouvrages étaient ou imparfaits ou à peine ébauchés : aucun magasin n'était à l'épreuve de la bombe ; aucun abri assez solide pour que la garnison pût y être avec sécurité ; les casemates étaient inhabitables, les logements en ruines et les parapets dégradés. Le froid, toujours plus sévère, avait solidifié les eaux ; et Dantzick, dont l'assiette est naturellement si heureuse et si forte, n'était plus qu'une place ouverte sur tous les points.

La garnison n'était pas dans un meilleur état ; elle se composait d'un ramas confus de soldats de toutes armes et de toutes nations : il y avait des Français, des Allemands, des Polonais, des Africains, des Espagnols, des Hollandais, des Italiens. La plupart, épuisés, malades, s'étaient jetés à Dantzick faute de pouvoir continuer leur route : ils s'étaient flattés d'y trouver quelque soulagement; mais, dépourvu de médicaments, de viande, de légumes, sans spiritueux, sans fourrages, j'étais obligé de renvoyer ceux qui n'étaient pas absolument incapables d'évacuer la place. Néanmoins il m'en resta encore plus de trente-cinq mille, qui ne fournissaient pas au delà de huit à dix mille combattants; encore étaient-ce presque tous des recrues qui n'avaient ni expérience ni discipline. Cette circonstance à la vérité m'inquiétait peu; je connaissais nos soldats; je savais que, pour bien faire, ils n'ont besoin que de l'exemple; j'étais résolu de ne pas m'épargner.

Tel était l'état déplorable où se trouvaient la place et les troupes chargées de la défendre. Il fallait d'abord pourvoir au plus pressé, et nous mettre à l'abri d'insultes; la chose n'était pas aisée : la neige encombrait les fortifications;

elle obstruait tous les chemins couverts, toutes les avenues; le froid était extrême; le thermomètre marquait au-delà de vingt degrés, et la glace avait déjà plusieurs pieds d'épaisseur. Néanmoins il n'y avait pas à balancer; il fallait se résoudre à être enlevé de vive force, ou se soumettre à de nouvelles fatigues presque aussi excessives que celles que nous avions essuyées. Je me concertai avec deux hommes dont le dévouement égalait les lumières : c'étaient le colonel Richemont et le général Campredon, tous deux attachés au génie, dont le dernier avait le commandement. Je donnai l'ordre d'élever de nouveaux ouvrages et de dégager les eaux de la Vistule. Cette entreprise semblait inexécutable par une saison aussi rigoureuse; néanmoins les troupes s'y portèrent avec leur zèle accoutumé; malgré le froid qui les accablait, elles ne laissaient échapper ni plaintes ni murmures. Elles exécutaient les travaux qui leur étaient prescrits avec un dévouement, une constance au-dessus de tout éloge. Enfin, après des peines inouïes, elles triomphèrent de tous les obstacles; la glace, détachée à coups de hache, et poussée avec des leviers vers la mer, dont le courant augmentait encore l'impulsion, laissa voir au milieu du fleuve un canal de seize à dix-sept mètres de large, dans une étendue de deux lieues et demie. Mais nous étions destinés à voir les difficultés renaître à mesure qu'elles étaient vaincues : à peine un succès inespéré avait-il couronné nos efforts, que le froid se fit sentir avec plus de violence; en une seule nuit, la Vistule, les fossés, furent couverts d'une couche de glace presque aussi épaisse que celle que nous avions rompue. En vain des bateaux circulaient sans relâche pour entretenir la fluidité des eaux; ni ces soins, ni la rapidité du fleuve, ne purent les préserver : il fallut reprendre ces travaux qui nous avaient tant coûté, et qu'un instant avait détruits. Appliqués jour et nuit à rompre la glace, nous ne pûmes cependant l'empêcher de se tendre une troisième fois; mais, plus opiniâtres encore que les éléments déchaînés contre nous, nos soldats se roidissaient contre les obstacles, et parvinrent enfin à en triompher.

Sur tout le reste du front de la place, c'étaient même zèle et mêmes difficultés; la terre, gelée à plusieurs pieds de profondeur, repoussait la bêche et bravait les efforts du pionnier; rien ne pouvait désunir cette masse compacte : la hache même rebondissait. Il fallut recourir au feu pour l'amollir; de grands amas de bois, disposés de distance en distance, et alimentés long-temps, furent les seuls moyens qui permirent de faire les terrassements, d'élever les palissades nécessaires. A force de travail et de persévérance, nous eûmes encore la satisfaction de voir en état de défense des ouvrages à peine ébauchés. Le Holm, Weichselmunde, le camp retranché de Neufahrwasser, et cette multitude de forts qui protégent les avenues de Dantzick, furent mis à même d'opposer une noble résistance; et si cette ville ne reçut pas le degré de force dont elle est susceptible, elle fut du moins capable de soutenir un siége dont la durée et les épisodes ne sont pas ce qui honore le plus les armes étrangères.

Ces fatigues étaient au-dessus des forces humaines : le bivouac, les privations, un service continuel, les aggravaient encore; aussi les maladies ne tardèrent pas à paraître. Dès les premiers jours de janvier, chaque soleil nous emportait cinquante hommes : à la fin du mois suivant, nous en perdions jusqu'à cent trente, et nous comptions plus de quinze mille malades. Des troupes, l'épidémie était passée aux habitants ; elle faisait parmi eux les plus affreux ravages; ni l'âge ni le sexe n'étaient épargnés : ceux qu'assiége la misère, ceux que l'aisance, que le luxe environnent, sont également sa proie. Tout succombe, tout périt, et le jeune homme qui essaie la vie, et le vieillard qui achève sa carrière : le deuil règne dans toutes les familles, la consternation est dans tous les cœurs. Dantzick, autrefois si animé, plongé maintenant dans un morne silence, n'offre partout à l'œil attristé que des pompes, que des chars funèbres. Le son des cloches, ces catafalques, ces images de la mort, reproduites sous toutes les formes, aggravaient encore une situation déjà si déplorable. L'imagination des troupes commençait à s'ébranler ; je me hâtai de couper le mal à sa racine : j'interdis ces funérailles solennelles que la piété de ceux qui vivent consacre à ceux qui ne sont plus.

Je n'avais pas attendu que l'épidémie fût dans toute sa force pour la combattre. Dès qu'on en eut remarqué les premiers symptômes, j'avais fait ouvrir des hôpitaux, acheter des médicaments, des lits et tout ce qui est nécessaire pour cette partie du service : une nourriture saine et abondante eût été bien plus efficace ; mais nous étions si mal approvisionnés, qu'à peine pouvions-nous fournir à une distribution journalière de deux onces de viande fraîche. Un peu de viande salée, quelques légumes secs, composaient tout ce qu'il m'était permis d'offrir à des hommes épuisés par de longues privations. Cet état de choses était cruel; je n'y pouvais cependant apporter aucun remède. J'avais inutilement expédié un bâtiment pour Stralsund, afin de tirer de la Poméranie suédoise, que nous possédions encore, des vivres et des médicaments : l'aviso chargé de mes dépêches, assailli par une violente tempête, fut rejeté sur la côte. Nous touchions à l'équinoxe, la Baltique était déjà soulevée par les orages; il ne fut pas possible de faire une seconde tentative.

Il ne nous restait de ressources que celles du courage : ce n'était plus qu'à la pointe de l'épée que nous pouvions obtenir des subsistances; mais quel que fût le dévouement des troupes, la prudence ne permettait pas de les conduire à l'ennemi, consumées comme elles étaient par les maladies et la misère. Il fallut se résigner à son étoile, et attendre patiemment que la douce influence de la belle saison vînt réparer leurs forces : ce terme ne paraissait pas éloigné; tous les signes qui l'annoncent se manifestaient déjà. La température s'était adoucie, les glaces commençaient à fondre, la débâcle était prochaine, et l'on se flattait que l'inondation apporterait enfin quelque relâche aux fatigues qu'on essuyait; mais ce qui devait soulager nos maux était toujours ce qui les portait au comble.

La Vistule se dégagea avec violence : depuis

1775, on n'avait pas eu d'exemple d'une telle impétuosité; la plus belle partie de Dantzick, ses magasins, ses chantiers, devinrent la proie des eaux : la campagne en était couverte; elle ne présentait, dans une étendue de plusieurs lieues, que l'affligeant spectacle d'arbres déracinés, de maisons détruites, d'hommes, d'animaux sans vie, flottant pêle-mêle au milieu des glaçons. Notre perte semblait inévitable : tous nos ouvrages étaient détruits; nos palissades emportées, nos écluses rompues, nos forts entr'ouverts et minés par les flots, nous laissaient sans défense devant un ennemi nombreux. Nous ne communiquions plus avec le Holm, position si importante et dont les fortifications étaient presque anéanties. L'île d'Heubude était dans un état déplorable : nos postes du Werder, ceux du Nerhung avaient été submergés. Pour comble de maux, nous étions menacés, quand la Vistule reprendrait son cours, de voir tarir l'inondation qui couvre habituellement la place.

CHAPITRE XXXVIII.

Mais les alliés secondèrent mal les éléments qui combattaient pour eux. Au lieu de venir à nous, ils se consumaient en intrigues misérables : c'était proclamations sur proclamations ; il y en avait pour la magistrature, pour les habitants, pour les soldats. Les uns étaient excités à la révolte, les autres à la désertion ; les braves Polonais, les Westphaliens, les Bavarois, étaient tour à tour sollicités, pressés, menacés. Cette guerre de plume m'inquiéta peu ; je connaissais la loyauté de mes troupes, j'avais en elles la plus entière confiance. Je leur en donnai la preuve : dès que les proclamations nous arrivaient, je les faisais lire à la tête des régiments. Cette manière franche leur plut, ils m'en surent gré ; ils n'en conçurent que plus de mépris pour un ennemi qui se promettait d'avoir meilleur marché de leur honneur que de leur courage, et souvent ils m'apportaient eux-mêmes, sans les avoir lues, ces belles productions du génie russe.

Les assiégeants persistaient à se tenir les bras

croisés dans la place; je les tirais de temps à autre de la léthargie où ils étaient plongés. Ces messieurs nous menaçaient hautement d'un assaut; ils avaient même, sur la fin de janvier, commandé un grand nombre d'échelles dans les villages du Wherder. Je résolus de leur faire sentir que nous n'en étions pas encore là : le 29, je mis quelques forces en mouvement dans la direction de Brantau; le général Granjean déboucha de Stries avec quatre bataillons, un peloton de cavalerie, et deux pièces de campagne : il dispersa dans sa tournée des partis de Baskirs et de Cosaques. Il préludait à une action plus sérieuse.

Je savais que des troupes fraîches étaient arrivées devant la place, qu'elles s'étaient répandues dans le Nerhung, et occupaient en forces Bohnsack et Stries; je les fis reconnaître. Le général Detrées fut chargé de cette expédition. Il culbuta d'abord tout ce qui se présenta sur son passage; mais ses tirailleurs s'abandonnèrent trop à la poursuite, et faillirent être victimes de leur témérité : une nuée de Cosaques fondit sur eux, et les eût taillés en pièces si le colonel Farine ne les eût dégagés. Nous fûmes moins heureux sur un autre point; nos avant-postes avaient ordre de se tenir sous les armes, d'observer les mouvements de l'ennemi, mais de ne pas engager d'action. Le colonel de Heering, qui commandait à Stolzenberg, ne put se contenir; il descendit mal à propos dans la plaine, poussa les Cosaques avec une impétuosité irréfléchie : ses troupes, surprises dans un défilé, ne purent résister au choc de la cavalerie, et furent enfoncées. Cette imprudence nous coûta deux cent cinquante hommes. L'ennemi s'échauffa : ce petit succès lui avait donné de la confiance. Vers les trois heures de l'après-midi, ses colonnes se présentèrent devant Langfuhr, et parvinrent à s'y établir. Trente hommes postés en avant de ce village furent faits prisonniers; ils s'étaient jetés dans une maison, et avaient opposé une longue résistance; la terre était jonchée de morts, mais, ne se voyant point secourus, ils furent contraints de mettre bas les armes, faute de munitions. Je donnai aussitôt l'ordre de reprendre cette position; le général Granjean se mit en marche avec huit bataillons, quatre pièces d'artillerie, et quelques troupes à cheval : l'attaque eut un plein succès, les Russes furent culbutés et mis en fuite. Ils tentèrent de revenir à la charge; mais, toujours rompus, toujours écrasés par notre cavalerie, ils parurent enfin se décider à la retraite. Nous ne tardâmes pas à suivre leur exemple : le champ de bataille était presque évacué, lorsque les Napolitains, laissés à Langfuhr, furent tout à coup assaillis par des nuées de Cosaques que soutenait une infanterie nombreuse. Le général Husson, le commandant Szembeck, accourent en toute hâte avec un bataillon polonais, chargent l'ennemi à la baïonnette, et en font une boucherie affreuse.

Cet échec calma la pétulance des alliés : il ne fut plus question d'échelles ni d'assaut. De mon côté, je les laissai tranquilles : je n'étais pas à même de leur donner des alertes bien fréquentes; mes troupes étaient exténuées : sur pied nuit et jour, consumées par les maladies, transies de froid, mal vêtues, plus mal nourries encore, elles se soutenaient à peine; rien n'égalait leur misère que la résignation avec laquelle elles la supportaient. Des soldats dont le nez, les oreilles étaient gelés, ou les blessures encore ouvertes, faisaient gaiement le service des avant-postes. Quand je les voyais défiler à la parade affublés de peaux, la tête enveloppée dans des linges, ou marchant à l'aide d'un bâton, j'étais touché jusqu'aux larmes. J'eusse voulu donner quelque relâche à des hommes si malheureux, et pourtant si dévoués; les Russes ne le souffrirent pas. Ils s'étaient imaginé que leurs proclamations avaient produit tout l'effet qu'ils en attendaient, que nous nous battions entre nous, que le peuple était en révolte. Ils résolurent de profiter d'aussi belles circonstances, et de nous enlever.

Nous étions au mois de mars. Le 5, dès la pointe du jour, ils fondent comme des essaims sur mes avant-postes; ils couvrent, ils inondent toute ma ligne, et se répandent par torrents dans les villages qu'elle renferme. Au bruit d'une aussi brusque attaque, je donne les ordres nécessaires et je m'achemine vers Langfuhr avec le général de division Granjean. Nous avions à peine fait quelques pas que nous entendîmes battre vivement la charge; c'étaient les chefs de bataillon Claumont et Blaer qui se précipitaient à la baïonnette sur une colonne de trois à quatre mille Russes, et la dispersaient. Nous doublâmes de vitesse pour les soutenir; mais le choc avait été si impétueux que nous ne pûmes arriver à temps : nous touchions au village, lorsque les acclamations des soldats nous annoncèrent la victoire. J'accourus pour les féliciter de ce beau fait d'armes; car c'en était un, puisque moins de huit cents hommes avaient fait mordre la poussière à des masses quadruples d'infanterie et de cavalerie. Ils avaient même failli s'emparer des pièces : trois voltigeurs napolitains coupaient déjà les traits des chevaux morts, lorsqu'ils furent chargés à leur tour et obligés de lâcher prise.

La fortune nous était moins favorable sur d'autres points; le général Franceschi se maintenait avec peine en avant de Alt-Schottland; il cédait le terrain, mais en le défendant pied à pied : il suivait ses instructions, il gagnait du temps. Le brave colonel Buthler accourait en toute hâte à son secours. A peine parvenus aux premières maisons du village, les Bavarois se jettent avec impétuosité sur l'ennemi, le poussent, le chargent à la baïonnette, et parviennent à le contenir; mais pendant qu'ils font face d'un côté, les Russes les menacent de l'autre. Après trois attaques infructueuses, ils avaient enfin triomphé de la belle résistance du chef de bataillon Clément, et s'étaient emparés de Stolzenberg; ils débouchaient déjà de ce village, et allaient nous prendre en flanc. Ce mouvement eût été décisif : je me hâtai de le prévenir; je donnai ordre au sixième régiment napolitain d'occuper sur la droite un monticule qui assurait notre position. Le général Detrées conduisit l'attaque et enleva le plateau au pas de charge; l'ennemi accourut pour le reprendre, mais il ne put y parvenir. Tout couvert de contusions, ses habits criblés de balles, le colonel Degennero lui opposa une résistance invincible, et le força à la retraite. Cependant le général Bachelu, avec quatre bataillons sous ses ordres, gravissait les hauteurs à droite de Schidlitz; tout à coup il fond sur les alliés, les attaque à revers et les culbute. En vain ils se jettent dans les maisons et s'y retranchent; nos voltigeurs, conduits par le lieutenant Bouvenot et le sous-officier Tarride, enfoncent les croisées, brisent les portes, tuent, prennent ou dispersent tout ce qu'ils rencontrent, et s'emparent d'une pièce d'artillerie : un général russe animait les siens à la défendre; mais l'impulsion était donnée; trois braves, le sous-lieutenant Vanus, le maréchal-des-logis Autresol, et le fourrier Hatuite, s'élancent à la course et s'en emparent.

Il était trois heures après midi, et les alliés occupaient encore Schottland et Ohra; malgré tout son courage le chef de bataillon Boulan n'avait pu les déloger. Je résolus d'essayer une seconde fois d'une manœuvre qui m'avait si bien réussi, je les tournai. Pendant que je menais une fausse attaque par la tête de Schottland, le général Bachelu masquait sa marche et se portait sur Ohra; il était suivi de trois bataillons d'infanterie, de cent cinquante chevaux, et d'une batterie légère. Nos troupes bouillaient d'impatience : dès qu'elles entendirent battre la charge, ce furent des cris de joie; elles s'élancent sur l'ennemi, le rompent et le culbutent.

Il se rallie et revient à la charge. Mais la mitraille redouble, la baïonnette porte le désordre dans ses rangs. Il fuit, il s'échappe par toutes les issues, et n'en trouve aucune qui ne soit interceptée. La nécessité réveille son courage, il se recueille, débouche, fond sur nous. La mêlée devient terrible : il veut se dérober à la honte, nos soldats veulent consommer la victoire : de part et d'autre on se presse, on se pousse avec fureur. Un adjudant-major du 29ᵉ de ligne, Delondres, s'élance au milieu des Russes; quelques braves le suivent : la mort et la confusion volent sur ses pas; accablé bientôt par le nombre, épuisé par de larges blessures, il est obligé de rendre les armes : mais ses esprits reviennent, il se remet; l'indignation lui donne des forces : il attaque, amène son escorte, et vient prendre part à la victoire : elle n'était plus disputée. Nos troupes, accourues au bruit de la fusillade, s'étaient formées en avant d'Ohra, et avaient ouvert un feu meurtrier : l'ennemi en est accablé; il plie, se débande, et n'échappe à la mort qu'en invoquant la clémence du vainqueur.

Dans un instant les rues sont jonchées de morts. Cinq cents hommes mirent bas les armes : la plupart étaient de cette armée de Moldavie que nous avions presque détruite au passage de la Bérésina.

L'ennemi fuyait sur tous les points. Dans le Nerhung, à Neufahrwasser, partout il avait expié par la défaite les succès que la surprise lui avait donnés. Le major Nougarède n'avait eu qu'à paraître pour disperser des nuées de Cosaques qui s'escrimaient sans succès contre de faibles postes napolitains que nous avions sur les derrières. Des postes de dragons donnèrent la chasse aux Russes qui s'étaient portés en avant de Saspe, et enlevèrent Brasen.

Nous occupions de nouveau les positions que nous tenions avant l'attaque : malheureusement elles nous coûtaient assez cher. Nous avions six cents hommes hors de combat; il est vrai que la plupart se rétablirent bientôt de leurs blessures. De ce nombre étaient le major Horadam, le colonel d'Egloffstein et le général Devilliers, qu'on verra si souvent figurer dans ce récit.

L'ennemi avait été bien plus maltraité : deux mille des siens étaient couchés dans la poussière; nous avions onze à douze cents prisonniers dans nos mains, et une pièce d'artillerie.

Cette journée fut une des plus belles du siége; elle était un nouvel exemple de ce que peuvent le courage et la discipline. Sous les murs de Dantzick comme au passage de la Bérésina, consumés par la misère ou les maladies, nous étions toujours les mêmes; nous paraissions sur le champ de bataille avec le même ascendant, la même supériorité.

CHAPITRE XXXIX.

Les Russes devaient être satisfaits. Il n'était pas probable qu'ils revinssent de sitôt à la charge. Cependant la journée du 5 m'avait convaincu de la nécessité de diverses mesures que je répugnais à prendre. Ils n'avaient pénétré jusqu'aux pieds de Bichofsberg, où le colonel Figuier exerçait une surveillance sévère, qu'à la faveur d'un ancien couvent de capucins : ce voisinage était trop dangereux ; je fis abattre le vieil édifice. On retrancha aussi quelques maisons dans différents villages, et surtout à Schottland. Nous ne l'avions repris qu'avec beaucoup de peine ; la résistance avait même été si opiniâtre qu'il fut un instant question de l'incendier. Je rejetai ce moyen cruel ; je ne pus pas me résoudre à ruiner des habitants qui avaient déjà tant souffert pendant le premier siége. Je trouvai plus honorable de chasser les Russes à coup de baïonnettes, et j'y réussis ; mais je ne voulais pas courir de nouveau cette chance périlleuse.

Cependant l'épidémie était loin de se calmer.

Elle semblait au contraire prendre chaque jour de nouvelles forces. Six mille hommes avaient déjà péri, dix-huit mille gisaient sans vie dans les hôpitaux. Le général Franceschi, que la mort avait épargné sur tant de champs de bataille, venait de succomber. Chaque heure, chaque minute augmentait nos pertes, nous emportait nos plus vaillants soldats. Une nourriture substantielle les eût sauvés; mais nos provisions touchaient à leur terme. Nous n'avions plus, pour ainsi dire, ni viande ni bestiaux; la paille même nous manquait pour coucher nos malades. Je résolus de chercher quelque remède aux maux qu'enduraient tant de braves. La tentative était périlleuse, mais ils méritaient bien qu'on s'exposât à quelques dangers pour les secourir.

Depuis long-temps je projetais une expédition sur Quadendorf, où l'on supposait d'abondantes ressources. Je l'avais différée jusque-là, parce que les troupes dont je disposais me paraissaient insuffisantes; mais la nécessité parlait plus haut que toutes ces considérations : je n'hésitai plus. Le général Devilliers couronna les hauteurs de Wonneberg et de Pitzkendorf, la droite appuyée à Zigangenberg, et la gauche soutenue par la brigade du général Husson. Il ouvrit sans délai un feu roulant d'artillerie et de mousqueterie. Pendant que l'ennemi ripostait de son mieux à cette vaine fusillade, le général Heudelet débouchait par la vallée de Malzklau et enlevait le poste chargé de la défendre. Le général Bachelu marchait en tête. Douze cents hommes, six pièces de canon conduites par le général Gault, s'avançaient en seconde ligne et formaient la réserve. Cinq cents Russes voulurent nous interdire l'entrée de Borgfeld. Ils furent foulés aux pieds. Ce qui échappa à la baïonnette alla périr sous le tranchant du sabre : tous reçurent la mort. L'ennemi accourut avec les masses et ne fut pas plus heureux. Accablé, rompu avant d'être en défense, il ne trouva de salut que dans la fuite. Ses pièces ne purent se mettre en batterie; poursuivies sans relâche, elles furent contraintes de vider le champ de bataille sans avoir tiré un seul coup. Les Polonais étaient irrésistibles : chefs et soldats, tous fondaient sur les Russes avec un abandon, une audace dont on n'a pas d'exemple. Un tambour, le brave Mattuzalik, en terrassa un avec ses baguettes, et le força à se rendre.

Pendant que nous les chassons devant nous, le général Heudelet menace leurs derrières. Dès qu'ils s'aperçoivent de ce mouvement, ce n'est plus une fuite, c'est un désordre, une confusion dont il est difficile de se faire une image. Ils abandonnent leurs blessés, leurs hôpitaux; ils évacuent en toute hâte Schweiskopff, Saint-Albrecht, et ne s'arrêtent qu'au-delà de Praust, où nos voltigeurs entrent pêle-mêle avec eux.

En arrivant à Saint-Albrecht, j'appris que les Russes tenaient encore sur les digues de la Mottlau. Je fis des dispositions pour empêcher qu'ils ne fussent secourus pendant que nous irions les chercher. Le major Scifferlitz, avec un bataillon du 13ᵉ bavarois, soutenu par une compagnie de Westphaliens et la flottille, fut chargé de cette attaque. Elle eut lieu avec beaucoup d'ensemble et d'impétuosité : trois cents Russes furent couchés dans la poussière avec leur chef, tombé sous les coups du brave Zarlinwski; le reste fut noyé ou pris. Une centaine s'échappait à travers l'inondation, lorsqu'ils furent atteints par le lieutenant Faber, qui les chargea à la tête de quelques braves, ayant de l'eau jusqu'au cou, et les ramena. Un enfant, le jeune Kern, enflammait nos soldats; il les devance, il les excite, il se jette au plus épais de la mêlée. Ses camarades balancent, hésitent à le suivre. Il se retourne avec l'assurance que donne le courage : En avant, Bavarois, s'écrie-t-il, et il les enlève.

Le jour tombait. Les Russes montrèrent des troupes si nombreuses en avant de Quadendorf, que je ne jugeai pas à propos de continuer l'attaque. Nous rentrâmes après avoir causé à l'ennemi une perte immense, et lui avoir pris trois cent cinquante hommes. Ce fut presque l'unique résultat d'une sortie si brillante. A peine si elle nous valut une centaine de bestiaux. Nous avions été prévenus : tout ce que renfermaient les villages avait été évacué sur les derrières.

Indépendamment des subsistances, j'avais un autre objet qui ne me réussit pas mieux. Depuis le commencement du blocus j'étais sans communication avec l'armée française; je ne savais ni quelle était sa force, ni avec quelle fortune elle combattait. J'avais tout mis en œuvre pour obtenir quelques lumières à cet égard; mais la haine était si générale et si profonde qu'aucune séduction n'avait pu la vaincre. J'espérais que les bourgmestres seraient plus dociles, mais ils ne connaissaient que les bruits propagés par les Russes. Je restai plongé dans l'ignorance la plus complète sur ce qui se passait autour de moi.

Après tout, quels que fussent les événements, il fallait défendre la place, et la défendre le plus long-temps possible, c'est-à-dire qu'il fallait vivre le plus long-temps possible avec les ressources que nous possédions encore. Je redoublai d'économie, et, comme on gagne presque toujours à mettre ses idées en commun, je créai une commission qui fut exclusivement chargée des subsistances. Elle était sous la présidence du comte Heudelet, et rendit les plus grands services. Elle s'appliqua d'une manière spéciale à améliorer la situation des hôpitaux. Elle fit des achats de linge, de médicaments, et remplaça le beurre, qu'on ne trouvait plus, par de la gélatine. Le vin, la viande fraîche, furent réservés aux malades; et, afin qu'ils n'en manquassent pas, elle saisit, après une estimation contradictoire, les caves et les bestiaux qui se trouvaient dans la place. Les troupes ne reçurent plus que du cheval obtenu par la même voie. Mais toute la sollicitude de la commission ne put maîtriser l'épidémie : on eût dit que ce fléau cruel s'irritait des obstacles. Toujours plus violent, plus irrémédiable, il éclatait avec une nouvelle force dans les lieux qu'il avait déjà frappés, et envahissait ceux qui ne le connaissaient pas encore. Weichselmunde, Newfahrwasser, jusque-là à l'abri de ses atteintes, sont maintenant en proie à ses ravages. Les troupes, la population, d'une extrémité de nos lignes à l'autre, se débat dans les angoisses d'une maladie cruelle. Ceux qui échappent, ceux qui succombent, sont également dignes de pitié. Livrés à toutes les convulsions de la démence, ils pleurent, ils gémissent, ils rappellent des combats, des plaisirs qui ne sont déjà plus que des songes. Tantôt calmes, tantôt furieux, ils redemandent leur patrie, leur père, les amis de leur enfance; ils invoquent, ils repoussent la destinée des braves qui ne sont plus, et, tour à tour déchirés par des passions contraires, ils exhalent un reste de vie dans les horreurs du désespoir.

Plus on prodigue les remèdes, plus les souffrances sont aiguës. Le mal s'étend par les efforts mêmes qu'on fait pour le détruire. Chaque jour de la dernière quinzaine de mars nous emporta au delà de deux cents hommes. L'épidémie cessa peu à peu d'être aussi meurtrière. Ce ne fut cependant qu'à la fin de mai qu'on en triompha tout-à-fait. Elle nous avait à cette époque enlevé cinq mille cinq cents habitants, et douze mille braves. De ce nombre était le général Gault : excellent officier, soldat plein de courage, il méritait un meilleur sort.

Les maladies nous faisaient la guerre au profit des Russes; mais eux-mêmes nous inquiétaient peu. L'expédition de Borgfeld avait amorti leur courage; ils se retranchaient, ils se fortifiaient, ils n'étaient plus occupés que de mesures défensives. Cependant comme il fallait bien donner quelque signe de vie, ils cherchaient de temps à autre à surprendre mes avant-postes. Fatigué de ces attaques insignifiantes, je voulus leur rendre les insomnies qu'ils nous causaient. Ils avaient au-dessus de Brentau un signal qui m'en fournissait les moyens. Il ne s'agissait que de l'incendier; j'en confiai le soin à deux officiers dont l'intelligence et la résolution m'étaient connues. C'étaient les chefs de bataillon Zsembek et Potocki. Ils sortent de Langfuhr par une nuit obscure, et marchent long-temps sans être aperçus. Des coups de fusil leur apprennent enfin qu'ils sont découverts; alors ils fondent sur l'ennemi et le renversent. Potocki s'avance sur Brentau, et disperse une infanterie nombreuse qui s'oppose à son passage. Une quarantaine d'hommes se jettent dans une espèce de blockaus. Un voltigeur les suit et les somme de mettre bas les armes; il reçoit la mort. Les Polonais furieux inondent aussitôt la redoute et exterminent tous les Russes qu'elle renferme.

Pendant que ces choses se passaient au village, Zsembeck s'emparait du signal d'alarmes. Il le livre aux flammes, et descend aussitôt dans la plaine; il culbute, il taille en pièces les postes qui se trouvent sur son passage, et pousse jusque sous les murs d'Oliwa, où il lance quelques obus.

En même temps le brave Devillain, maréchal-des-logis au huitième, balaie, avec une douzaine de hussards, toute cette partie de nos avant-postes. Il charge avec tant de résolution, qu'il étonne les Cosaques et les enfonce. Le succès l'enhardit; il se répand sur la droite, reconnaît, fouille le bois, et ne joint nos troupes qu'au moment où elles se retirent.

Cependant tous les signaux étaient en feu. L'armée russe courait aux armes et s'attendait d'un instant à l'autre à se voir attaquée; elle passa dans cette attitude le reste de la nuit et la journée du lendemain. Nous lui rendîmes en masse les alarmes qu'elle nous avait données en détail.

L'horizon politique devenait chaque jour plus sombre. La Prusse avait jeté le masque; elle nous faisait la guerre par insurrection. Cet événement ne pouvait être caché aux soldats; les Russes avaient trop intérêt de les en instruire. Aussi ne mis-je aucun obstacle à ce qu'il fût divulgué. Aussitôt les séductions recommencèrent. On croyait le moral de nos troupes ébranlé. La disproportion des moyens d'attaque et de défense, l'argent, les promesses, tout était mis en œuvre pour les engager à la désertion. On offrait une prime à la honte; je pouvais bien en proposer une à la fidélité. J'annonçai deux cents francs de gratification pour quiconque livrerait un homme convaincu d'embauchage. Cette mesure eut son effet. La plupart des émissaires que les assiégeants avaient dans la place me furent signalés. D'après nos lois ils avaient encouru la peine de mort, mais les hommes sont en général moins méchants que malheureux. Presque tous étaient des pères de famille qui avaient cédé à la nécessité. Je les livrai à la risée de nos soldats, je leur fis raser la tête, et les renvoyai. Cette mesure les retint chez eux; j'en fus délivré sans recourir aux exécutions.

La garnison paraissait peu inquiète du surcroît d'ennemis qu'on lui annonçait. Cependant j'étais bien aise qu'elle jugeât par elle-même de quoi elle était encore capable. Nous touchions aux fêtes de Pâques. La température était douce, le ciel sans nuages. J'indiquai une revue; elle eut lieu à la face de l'armée de siége. Dès la pointe du jour les habitants, les malades même couvraient les hauteurs de Langfuhr; ils se répandent sur les glacis, les avenues, et couronnent tous les revers de la plaine qui sépare Stries d'Oliwa. Les troupes ne tardent pas à paraître. Sept mille hommes suivis d'une artillerie nombreuse, tous en tenue magnifique, viennent successivement se ranger en bataille. Ils manœuvrent, ils défilent avec une précision dont rien n'approche. Les Russes, étonnés de tant d'assurance, n'osent nous troubler : formés eux-mêmes en bataille, ils contemplent nos mouvements sans y mettre aucun obstacle. Cependant l'occasion était belle, aucune arme n'était chargée; j'avais spécialement défendu qu'on fît usage de cartouches. La baïonnette seule devait les punir s'ils étaient assez téméraires pour se permettre la moindre insulte. Cette mesure était peut-être un peu audacieuse, mais il fallait exalter le courage du soldat et le convaincre du mépris que méritait la jactance étrangère.

CHAPITRE XL.

Après avoir paradé, il s'agissait de vivre ; la chose était moins aisée. L'ennemi avait fouillé tous les villages et n'y avait laissé ni fourrages ni bestiaux ; plus de ressources, à moins de les chercher à une distance de plusieurs lieues. J'en avais fait l'expérience à Borgfeld, aussi je pris mes mesures en conséquence. Je m'étais procuré des renseignements exacts sur les facilités et les obstacles que présentait une expédition dans le Nerhung ; je connaissais le nombre, la position des troupes et leur parfaite sécurité. Je fis mes dispositions. Douze cents hommes d'élite, trois cent cinquante chevaux, une compagnie d'artillerie légère avec huit bouches à feu, conduits par le général Bachelu, s'avancèrent sur Heubude. L'ennemi culbuté cherche vainement à défendre Bonhsack. Bachelu ne lui donne pas le temps de se reconnaître ; il le pousse, l'enfonce et le rejette en désordre jusqu'à Woldern. Ses principales forces occupaient ce village. Près de cinq mille hommes l'accueillent et le soutiennent ; mais, toujours emportées par le même élan, nos troupes arrivent à la course et ne souffrent pas qu'il se déploie. Elles commencent aussitôt l'attaque : une partie se répand en tirailleurs sur les dunes et dans la plaine, l'autre reste en ligne et ouvre un feu meurtrier. Nos pièces, notre cavalerie accourent et consomment la déroute. Elle fut si prompte et si entière que l'artillerie n'essaya pas de tirer un seul coup; elle s'échappa en toute hâte du champ de bataille. Une colonne de Lithuaniens osa faire tête à l'orage. Le colonel Farine s'élança sur elle avec ses dragons et la contraignit de mettre bas les armes. La réserve était encore intacte. Le brave Redon marche à elle, il l'épie, il saisit l'instant où elle se retire, la charge et la fait prisonnière; en même temps le capitaine Neumann se met à la piste des fuyards; il vole de la gauche à la droite, sème partout le désordre et ramasse, avec une poignée de soldats, quelques centaines d'alliés qu'il oblige à se rendre. Cet avantage lui coûta deux blessures. Le sous-lieutenant Schneider fut encore plus maltraité et reçut à lui seul douze coups de lance.

J'avais suivi de ma personne le mouvement du général Bachelu; je m'avançai jusqu'à Woldern. Mais les Russes fuyaient dans un tel désordre qu'il me parut inutile d'aller plus loin.

Les troupes qui les avaient battus suffisaient pour les poursuivre. Dès que j'appris qu'elles les avaient poussés à plus de douze lieues de distance, j'arrêtai leur marche. Elles prirent position, et se mirent à enlever les fourrages et les bestiaux qui se trouvaient dans les lieux dont elles s'étaient emparées.

La réserve que j'avais avec moi était devenue inutile, par la promptitude et l'habileté avec laquelle le général Bachelu avait conduit cette expédition; je lui fis passer la Vistule. Elle débarqua en avant du fort Lacoste, et se porta sur la digue que l'ennemi occupait encore. En même temps les chaloupes canonnières remontaient le fleuve et commençaient l'attaque. Les Russes plient aussitôt et se débandent. Nous nous répandîmes sans obstacle dans toute l'étendue du Werder.

Nous restâmes quatre jours dans ces diverses positions. Le général Bachelu fouillait sur la rive droite la partie du Nehrung qu'il avait envahie, tandis qu'à l'aide de nos canots nous tirions de la rive gauche toutes les ressources qu'elle nous offrait. Cinq cents bêtes à cornes, quatre cents têtes de menu bétail, douze cents quintaux de foin, huit cents de paille et deux mille trois cents décalitres d'avoine, furent le résultat de cette expédition. L'ennemi essaya d'en intercepter les convois; mais le sang-froid, l'habileté du lieutenant Iloékinski et du commissaire des guerres Belisal triomphèrent de tous les obstacles. Les agressions des Russes tournèrent même à notre avantage et nous valurent encore une centaine de bœufs que l'intrépide Brélinski leur enleva après les avoir défaits. L'armée de siége ne chercha pas à nous troubler. Immobile dans ses lignes, elle ne paraissait occupée que des démonstrations que faisaient nos troupes du côté de Langfuhr et du Newschottland. Son inquiétude était si vive, que le bruit d'une grosse pluie lui donna le change; elle se crut attaquée, mit le feu à ses signaux de gauche, et jeta l'alarme jusqu'à Pitzkendorf.

Nous avions ravitaillé nos hôpitaux; car pour nous-mêmes, notre situation n'était pas changée. Deux onces de cheval, une once de bœuf salé, voilà quelle était toujours la ration journalière. A mesure que je sortais d'un embarras, je tombais dans un autre. Je m'étais procuré quelques subsistances, mais la caisse était épuisée; elle n'avait pu faire face au montant des comestibles que nous avions enlevés. J'avais été obligé d'émettre des bons payables au déblocus. Cependant il fallait assurer la solde, couvrir les dépenses de l'artillerie, du génie, sans quoi la place tombait d'elle-même. A quel expédient, quel moyen avoir recours dans cette extrémité? Il n'y en avait qu'un. Je répugnais à le prendre; mais tout plie devant la nécessité : je demandai un emprunt de trois millions aux habitants.

Les Dantzickois étaient révoltés. Ils se plaignaient, ils murmuraient, ils menaçaient de se porter à quelque émeute. L'ennemi devenait plus pressant. La flotte, les troupes de terre, tout prenait une attitude plus hostile. Ce fut dans ces circonstances qu'un baron Servien, condamné à mort pour embauchage, accusa le sénateur Piegeleau d'être à la tête d'une conspiration tramée dans l'intérêt de la Russie. La réputation de ce magistrat était intacte, mais les charges étaient si détaillées, si précises, et les conséquences d'une imprudente sécurité si graves, que j'ordonnai son arrestation. Son innocence fut bientôt reconnue : j'avais un instant compromis la loyauté de cet homme respectable; c'était à moi à lui rendre hommage. Je le fis de la manière qui me parut la plus propre à calmer l'impression de cette cruelle aventure. Les bourgeois étaient restés paisibles, et les fréquentes escarmouches qui m'avaient paru si suspectes étaient dues au surcroît des troupes qui se succédaient devant la place. Le duc de Wurtemberg venait d'en prendre le commandement. Plus entreprenant, plus inquiet que le général Lévis, il ne laissait pas respirer mes avant-postes; échouait-il sur un point, il en assaillait un autre. Repoussé à Langfuhr, mis en fuite à Zigangenberg, il se jette sur Ohra. Aussi mal reçu dans cette position que dans les premières, il n'en revient pas moins à la charge; il attaque à la fois Stolzenberg, Schidlitz et le poste de la barrière : culbuté sur tous ces points, il reparaît de nouveau; de nouveau, il est défait. Aucun échec ne le rebute, il tente un dernier effort; il fond avec la nuit sur mes troupes, qui se remettaient de leurs fatigues, et surprend quelques maisons qu'il livre aux flammes. Mais à la vue des deux bataillons qui courent aux armes, il se trouble et se disperse.

Les patrouilles, les vedettes, étaient continuellement aux prises. Ces combats, où le courage individuel est plus sensible, étaient tout à notre avantage. Les Cosaques n'y brillaient pas. Trois d'entre eux se réunissent pour accabler un dragon du 12°, nommé Drumès; ce brave les attend de pied ferme. Renversé d'un coup de lance, il se relève, se cramponne au fer, tire à lui son adversaire et l'étend mort sur la place. Héquet, autre dragon du même régiment, fait tête à quatre de ces barbares. Quoique blessé, il en renverse un, en abat un autre, et met le reste en fuite. Je pourrais citer mille traits de ce genre.

Ces agressions continuelles fatiguaient mes soldats; je ne devais pas souffrir qu'ils fussent insultés par des Cosaques. Nous prîmes les armes : le général Granjean commandait la droite, le général Devilliers était au centre, et la gauche obéissait au comte Heudelet. L'apparition inopinée de nos colonnes glaça l'ennemi d'effroi. Ses chevaux paissaient librement dans la plaine; son infanterie était paisible dans ses camps. Il ne s'attendait pas à cette attaque. Au moment où nous commencions à nous ébranler je reçois la nouvelle authentique des immortelles victoires de Lutzen et de Bautzen; je la communique, je l'annonce, je la répands. La joie, l'ivresse, l'enthousiasme, sont au comble; tous les sentiments s'échappent à la fois; il tarde de combattre; on brûle de vaincre. De la gauche à la droite le cri d'*en avant* retentit partout. Le signal est donné. Aussitôt l'artillerie se démasque; on se mêle, on se confond; la terre est jonchée de morts. Le capitaine Preutin foudroie l'ennemi et l'oblige d'évacuer Schœnfeld. L'artillerie à cheval polonaise accourt au galop, se place à demi-portée et renverse tout ce qui se trouve devant elle. Le major Bellancourt, le chef de bataillon

Duprat, poussent, accablent les fuyards; ils les dispersent à mesure qu'ils se rallient. Culbuté au centre, l'ennemi se jette sur la gauche et menace Ohra. Le major Schneider lui oppose une résistance opiniâtre. Cet excellent officier se défend sur un point, attaque sur un autre, et compense par son courage la faiblesse des moyens dont il dispose. Le général Bressan, le général Husson, volent à son secours. Les Russes écrasés ne peuvent faire tête à l'orage; ils fuient et ne s'arrêtent que sur les hauteurs en arrière de Wonneberg. Bientôt ils se ravisent et fondent sur notre aile droite; elle les reçoit avec une admirable résolution. Le colonel d'Engloffstein, le major Horadam, le lieutenant-colonel Hope, combattent à l'envi l'un de l'autre. Le sergent Vigneux, le sergent Auger, donnent aussi l'exemple du courage. J'accours au milieu de cette lutte sanglante; je fais avancer le 10e polonais avec cinq pièces d'artillerie qui étaient en réserve. La mêlée s'échauffe et devient de plus en plus terrible. Les Russes cèdent enfin et s'échappent en désordre du camp de Pitzkendorf. Je ne jugeai pas à propos de les suivre: à chaque jour suffit sa peine. Ils avaient environ dix huit cents hommes hors de combat. Je fis cesser le feu. De notre côté nous comptions quatre cents morts ou blessés.

Les alliés, vaincus dans deux batailles consécutives, avaient sollicité un armistice. La guerre avait été reportée sur l'Oder. Nous étions de nouveau les arbitres de la fortune. Notre gloire était d'autant plus pure qu'elle était due tout entière à ce courage impétueux qui supplée à l'expérience et ne recule devant aucun obstacle. Des recrues avaient triomphé des forces combinées de la Prusse et de la Russie. Le capitaine Planat nous en apportait la nouvelle au moment où les assiégeants culbutés cherchaient leur salut dans la fuite. Napoléon avait joint à ses dépêches des preuves de sa munificence. Il daignait m'accorder le grand cordon de l'ordre de la Réunion. Il m'autorisait à faire des promotions, à conférer des grades, et à désigner les officiers supérieurs que je jugeais susceptibles d'avancement. Ses victoires avaient exalté tous les courages, on jurait de nouveau par son génie, on le voyait déjà triomphant sur les bords de la Vistule. Sa dépêche était ainsi conçue :

« Monsieur le comte Rapp,

» Le major-général vous fait connaître la situa-
» tion des affaires. J'espère que la paix sera con-
» clue dans le courant de l'année ; mais si mes
» vœux étaient déçus, je viendrais vous déblo-
» quer. Nos armées n'ont jamais été plus nom-

» breuses ni plus belles. Vous verrez par les jour-
» naux toutes les mesures que j'ai prises et qui ont
» réalisé douze cent mille hommes sous les armes
» et cent mille chevaux. Mes relations sont fort
» amicales avec le Danemarck, où le baron Al-
» quier est toujours mon ministre. Je n'ai pas
» besoin de vous recommander d'être sourd à
» toutes les insinuations, et dans tout événement
» de tenir la place importante que je vous ai
» confiée. Faites-moi connaître par le retour de
» l'officier ceux des militaires qui se sont le plus
» distingués. L'avancement et les décorations que
» vous jugerez qu'ils auront mérités, et que vous
» demanderez pour eux, vous pouvez les considé-
» rer comme accordés et en faire porter les mar-
» ques jusqu'à la concurrence de dix croix d'offi-
» ciers et de cent croix de chevaliers. Choisissez des
» hommes qui aient rendu des services importants,
» et envoyez-en la liste par le retour de l'officier,
» afin que le chancelier de la légion d'honneur soit
» instruit de ces nominations. Vous pouvez éga-
» lement remplacer dans vos cadres toutes les
» places vacantes, jusqu'au grade de capitaine in-
» clusivement. Envoyez aussi l'état de toutes ces
» promotions. Sur ce je prie Dieu, etc.

» NAPOLÉON.

» Neumarck, le 5 juin 1813. »

CHAPITRE XLI.

Les souverains avaient réglé les conditions de l'armistice. Chaque place devait être ravitaillée tous les cinq jours, et jouir d'une lieue de territoire au-delà de son enceinte; mais le duc de Wurtemberg se chargea d'éluder cet engagement. Il refusait mes états de situation, il contestait sur les limites. Après bien des conférences nous convînmes d'un arrangement provisoire et nous renvoyâmes la question à ceux qui devaient la juger. Ce fut alors de nouvelles difficultés : tantôt ils alléguaient le défaut de subsistances, tantôt le manque de transports. Les fournitures toujours incomplètes étaient constamment arriérées, enfin elles furent tout-à-fait suspendues. Le duc avait besoin d'un prétexte, il le trouva. Il prétendit que nous avions rompu la trêve, parce que nous avions fait justice de je ne sais quelle bande de pillards qui infestaient nos derrières. Sa lettre, qui eût pu m'être transmise en deux heures, fut deux jours à me parvenir. Tant de subterfuges me révoltèrent. J'allai droit

au fait. Je lui répondis que je ne voulais plus de tergiversation, qu'il fallait se battre ou remplir les conditions stipulées. Il répliqua, parla de la cause des peuples et des rois. Ce langage était curieux. Je lui témoignai combien il m'étonnait dans la bouche d'un prince dont le souverain avait été cinq ans notre allié, et dont le frère combattait encore avec nous. Ce dernier exemple le toucha peu. Il me répondit avec humeur « qu'un
» général en chef russe ne se croyait inférieur
» en aucune manière à un roi de la confédéra-
» tion, puisqu'il ne dépendait que de l'empereur
» Alexandre de l'élever à cette dignité, qu'alors
» il serait roi tout comme un autre; qu'il y met-
» trait cependant une petite condition, c'est que
» ce ne serait aux dépens d'aucune puissance,
» ni de personne. »

On courut aux armes. Mais le duc ne voulut pas se charger des conséquences de cette rupture. Il offrit de continuer les livraisons. Elles devaient avoir lieu dès le 24; elles ne recommencèrent cependant que le 26 et ne furent jamais complètes. Des viandes corrompues, des farines si mauvaises qu'on n'osait en faire usage qu'après les avoir éprouvées, voilà les subsistances que nous fournissaient les Russes. Ils n'étaient pas plus fidèles sur la quantité. Nous ne reçûmes pas au-delà des deux tiers de ce qui nous était garanti par la suspension d'armes.

Le prince de Neuchâtel me mandait qu'il fallait tenir jusqu'au mois de mai suivant. La chose était impossible. Je n'avais ni assez de subsistances ni assez de troupes pour une défense aussi prolongée. Je le lui marquai, ma dépêche était précise. Tout ce qui était possible nous étions prêts à l'entreprendre ; mais la bonne volonté ne supplée pas aux moyens.

Dantzick, le 16 juin 1813.

« Mon prince,

» J'ai reçu la lettre que votre altesse m'a fait
» l'honneur de m'écrire de Neumarck le 5 juin.
» M. Planat m'a également remis la collection
» des moniteurs renfermant le détail des batailles
» décisives gagnées par Napoléon sur l'armée
» combinée. J'avais, depuis la veille de l'arrivée
» de M. Planat, eu connaissance des brillants suc-
» cès obtenus par les armées de Napoléon. Ces
» heureuses nouvelles ont produit sur la garni-
» son le meilleur effet, elle a vu que je ne l'avais
» pas flattée d'un vain espoir; et la patience et
» le courage dont elle a fait preuve ont trouvé
» la récompense qu'elles devaient attendre.

» L'armistice m'a été également remis, et j'écris

» particulièrement sur cet objet à votre altesse.

» Je ne dois pas lui dissimuler cependant que
» cette suspension d'armes, dans l'état où étaient
» les choses, ne soit plus défavorable qu'avanta-
» geuse à la garnison; car les maladies occasio-
» nent encore une perte de onze cents hommes
» par mois, d'où il résulte qu'au 1er août nous
» serons encore affaiblis d'environ dix sept cents
» hommes.

» Nos vivres en outre se consommeront, et, si le
» duc de Wurtemberg ne montre pas une meil-
» leure volonté qu'il n'a fait jusqu'ici, nous ne
» ferons guère d'économie sur ce que nous au-
» rions pu mettre à part des subsistances qu'il doit
» nous fournir. Mon état ne m'inquiéterait pas jus-
» qu'au mois d'octobre, mais passé cette époque
» ma position deviendra pénible; car nous man-
» querons de bras pour défendre l'immense déve-
» loppement donné à nos fortifications, de vivres
» pour les défenseurs, et nous n'aurons pas plus à
» espérer de ressources du dedans que du dehors.

» L'état de composition de la ration depuis le
» blocus fera connaître à votre altesse que j'ai
» apporté dans la distribution des vivres toute
» l'économie que commandait notre position, et
» que j'ai employé à cette fin toutes les ressources
» dont on pouvait tirer parti; mais ces ressources

» s'épuisent, et ce serait vainement qu'on compte-
» rait sur celles qui pourraient être la suite de l'ex-
» pulsion des habitants; en effet, il ne faut, pour
» se convaincre de cette triste vérité, que se rap-
» peler qu'il y a deux ans Napoléon fit requérir à
» Dantzick six cent mille quintaux de grains, opé-
» ration qui fut exécutée très rigoureusement. On
» ne laissa à cette époque que vingt trois mille
» quintaux pour la subsistance des habitants. De-
» puis ce moment, ceux-ci ont vécu avec cette por-
» tion et quelques minces quantités qu'ils avaient
» soustraites aux recherches les plus sévères.

» J'ai exposé plus haut à votre altesse la perte
» mensuelle que nous occasionent encore les
» maladies. L'état de situation des troupes pré-
» sente un effectif de vingt mille cinq cent cin-
» quante huit hommes, ce qui suppose, d'après
» les données trop certaines que nous avons déjà,
» que la garnison sera réduite à la fin de l'armis-
» tice à vingt mille hommes, dont il faut déduire
» au moins deux mille aux hôpitaux, en sup-
» posant même que les privations n'augmentent
» pas les maladies. Que serait-ce donc au mois
» de mai, lorsque la progression de mortalité que
» l'état actuel des choses suppose aura encore
» moissonné beaucoup d'hommes?... Il résulte du
» calcul qu'on peut faire, qu'en admettant que les

» maladies d'hiver n'augmentent pas beaucoup le
» nombre des morts et qu'il n'y en ait que mille
» par mois, que la perte serait au 1ᵉʳ mai de huit
» mille, sans compter tous ceux qui périront dans
» les affaires ou par suite de blessures. Il ne res-
» terait donc au 1ᵉʳ mai qu'un effectif de onze
» mille hommes, sur lesquels il y en aura cer-
» tainement trois mille aux hôpitaux : or comment
» défendre avec une si faible garnison des forti-
» fications aussi étendues.

» J'ai déjà donné des ordres pour la construc-
» tion d'ouvrages destinés à défendre la trouée
» de Mottlau, point extrêmement faible lorsque
» les rivières seront gelées. Je fais travailler d'ail-
» leurs à tout ce qui peut assurer mes commu-
» nications; mais, je le répète, il faut des défen-
» seurs. Votre altesse ne doit pas douter que, si
» cela devenait nécessaire, je ne fasse pour me
» maintenir dans un point quelconque de Dant-
» zick tout ce que l'honneur et mon dévouement
» à l'empereur pourront me suggérer.

» L'état des magasins prouvera à votre altesse
» que nos ressources sont bien bornées; elle doit
» penser que je les ménagerai avec tout le soin
» que m'inspire le désir de faire une défense
» honorable : c'est pour parvenir à ce but que
» j'ai fait entrer dans la commission des approvi-

» sionnements que la loi a instituée dans les pla-
» ces en état de siége un nombre bien plus consi-
» dérable de membres que ceux qu'elle détermine.

» Je les ai réunis sous la présidence du général
» de division comte Heudelet. Cette commission
» est chargée de me proposer toutes les mesures
» qui peuvent tendre à l'économie et au bien-être
» du soldat; elle a rendu de grands services, et je
» suis fâché de ne pas lui avoir donné plus tôt les
» attributions qu'elle a aujourd'hui.

» L'article des finances mérite une attention
» bien particulière de la part de l'empereur et
» de votre altesse. Tous les fonds qui avaient été
» laissés à ma disposition ont été consommés,
» et j'ai été obligé d'avoir recours à un emprunt
» forcé, que j'ai imposé à ceux qui étaient suscep-
» tibles de donner encore quelque chose. Cet
» emprunt s'est exécuté avec les formes les plus
» rigoureuses envers ceux qui prétendaient ne
» pouvoir contribuer à la défense commune;
» mais, quelques soins qu'on se soit donnés à cet
» égard, et quoiqu'on ait allié toutes les mesures
» qui pouvaient conduire à des résultats pro-
» chains, on n'a pu obtenir jusqu'ici qu'un million
» sept cent mille francs, et on aura bien de la
» peine à faire rentrer le reste.

» Les dépenses de la solde, des masses qu'il

» est nécessaire de payer; celles des construc-
» tions du génie, quant à ce qui concerne la main-
» d'œuvre (car on prendra par réquisition payable
» au déblocus, ainsi qu'on l'a fait depuis deux
» mois, tous les matériaux qui sont dans la
» place); celles de l'artillerie, celles des hôpi-
» taux, des différentes branches de services, des
» subsistances, c'est-à-dire encore tout ce qui est
» journées et main-d'œuvre; les constructions de
» la marine, l'habillement; toutes ces dépenses,
» dis-je, dont j'ai fait faire l'évaluation, se mon-
» tent à plus de neuf cent mille francs par mois.

» Une maison de commerce étrangère a offert
» de faire ici des fonds moyennant que le payeur-
» général lui assure son remboursement à Paris.
» Ce serait un grand point de tranquillité si je
» voyais cette affaire réglée; mais je préférerais
» que les fonds me fussent envoyés, car il peut
» arriver telle circonstance qui arrêterait dès
» le second mois le paiement convenu. Votre
» altesse pense bien qu'il n'y a pas moyen de
» songer à ne pas payer exactement les dépenses
» ci-dessus indiquées, surtout avec une garnison
» composée comme celle que je commande; je
» la supplie donc de solliciter de sa majesté des
» mesures qui puissent assurer le paiement des
» sommes qui me sont nécessaires.

» Je ne dois pas terminer sans faire observer à
» votre altesse que la quantité de poudres qui
» existe encore dans nos magasins n'est pas à
» beaucoup près en proportion avec celle qui se-
» rait nécessaire pour un siége.

» Enfin, monseigneur, j'ai dû vous faire à
» l'avance toutes ces observations, qui roulent
» sur l'insuffisance des défenseurs, sur celle des
» moyens de subsistance, sur les fonds nécessaires
» à nos dépenses obligées, enfin sur nos appro-
» visionnements en tous genres, qui ne sont pas
» à beaucoup près en raison des besoins à venir.
» Je supplie donc votre altesse de mettre sous
» les yeux de l'empereur la position fâcheuse
» dans laquelle nous nous trouverons, si sa ma-
» jesté ne vient pas à notre aide. Ce qui reste de
» la garnison est d'ailleurs excellent, et l'on peut
» compter de sa part, au moyen de quelques ré-
» compenses bien appliquées, sur un dévoue-
» ment sans bornes. Elle fera tout ce que l'em-
» pereur peut attendre de ses meilleurs soldats,
» et justifiera la confiance que sa majesté lui a
» accordée et la faveur qu'elle lui a faite en la re-
» plaçant au nombre des corps de sa grande ar-
» mée.

» Je suis, etc.

» *Signé*, Comte Rapp. »

Cependant l'armistice touchait à sa fin. Les troupes, les munitions, l'artillerie de siége, affluaient devant la place. Bientôt nous eûmes en présence trois cents pièces de gros calibre et soixante mille combattants. Cette disproportion était immense; mais nous avions vaincu malades, nous pouvions espérer de vaincre encore. Il ne nous fallait que des subsistances. Les Russes en étaient si convaincus qu'ils donnaient la chasse aux moindres embarcations qui allaient à la pêche. Leurs canonnières en avaient même capturé quelques unes, qui pourtant n'avaient pas dépassé nos limites. J'expédiai de suite un parlementaire à l'amiral. Je lui représentai que la mer devait être libre jusqu'à une lieue de la côte, et que je saurais faire respecter les conditions de l'armistice si on essayait encore d'y porter atteinte. Il promit de s'y conformer et de ne plus inquiéter nos canots. Il ne les inquiéta plus en effet; mais dès le soir même il fit enlever nos malheureux pêcheurs, retirés sans défiance dans leurs cabanes. Il craignait l'abondance que quelques livres de poisson allaient apporter dans la place. Les paysans, les cours d'eaux, n'étaient pas mieux traités. On traquait les uns, on détournait les autres. Il semblait que tout était occupé à nous faire parvenir des subsistances, qu'elles nous arrivaient par toutes les issues; j'avais beau réclamer, on ne manquait jamais de défaites ni d'excuses. J'étais outré de ce système de déception. Enfin le prince de Wolkonski me dénonça la reprise des hostilités; je reçus cette nouvelle avec une véritable satisfaction. Nos rapports étaient trop désagréables pour que je ne désirasse pas les voir finir.

CHAPITRE XLII.

L'ennemi était plein de confiance; il combattait, il intriguait, il se flattait d'emporter la place ou de la réduire en cendres; mais toutes ses tentatives échouèrent devant la vigilance et l'intrépidité de mes soldats. Ses fusées incendiaires vinrent se perdre sur les remparts; ses attaques furent repoussées, et ses émissaires découverts. Plusieurs de ces misérables s'étaient déjà introduits dans nos magasins, et se disposaient à les incendier. J'eusse peut-être dû en faire un exemple; mais je craignis que cet exemple ne fût dangereux, je craignis qu'il ne donnât l'idée du crime à ceux qui ne l'avaient pas, et qu'il ne répandît l'alarme parmi les troupes. Je feignis de croire qu'ils avaient voulu détourner quelques comestibles, et les renvoyai; mais je publiai contre le vol des ordonnances si sévères que je tins la malveillance à l'écart.

Après trois jours d'humiliations et de fatigues les assiégeants réussirent enfin à s'emparer du bois d'Ohra. Chassés presque aussitôt, ils reparaissent avec de nouvelles forces, et replient le poste. Le bataillon de service prend une seconde fois les armes, et vole à son secours. Le major Legros attaque le bois, deux compagnies de grenadiers se portent au village; les troupes se joignent, elles se pressent, se poussent, se culbutent; la mêlée devient affreuse. Le capitaine Capgran saisit aux cheveux un officier prussien; tandis qu'il le terrasse, lui-même est sur le point de perdre la vie; un soldat l'atteint déjà de sa baïonnette : le lieutenant Sabatier détourne le coup, serre le Cosaque, et lui passe son sabre au travers du corps; mais au moment où il sauve son chef, il reçoit à la gorge une blessure qui le force de quitter le champ de bataille. Dans le bois, dans le village, partout les Russes sont accablés; le capitaine Duchez en abat quatre; le commandant Charton, les lieutenants Devrine et Blanchard, les moissonnent à pleines mains; une foule de braves se répandent au milieu d'eux, et accroissent le désordre. Francou, dont la valeur fut quelque temps après si fameuse, Martin, Couture, Rochette, Schiltz, Lepont, Bennot, Soudè, Paris, Belochio, tous sous-officiers de troupes légères, le carabinier Richida, le tambour Breignier, percent jusqu'au centre de leurs colonnes et les livrent au fer de nos soldats.

Des troupes fraîches prennent la place de celles qui sont défaites, et s'établissent dans le bois; nos braves s'élancent sur les pas du lieutenant Joly Delatour, les abordent et les culbutent. L'ennemi néanmoins ne perd pas courage; il se reforme, et se présente une troisième fois : mais, toujours vaincu, toujours taillé en pièces, il cesse enfin ses attaques.

Dès le lendemain il se jette sur Stries, Heiligenbrunn, et s'empare de Langfuhr. Nos avant-postes se replient sur deux blokhaus, situés à droite et à gauche du village. Les Russes les suivent et se disposent à donner l'assaut; mais les Polonais tirent si bien et si juste qu'ils les forcent à la retraite. Ils reviennent en forces, ils couvrent, ils inondent les gorges du Jesch Kenthal; ils menacent Heiligenbrunn, ils débouchent par Stries; toute ma ligne est en feu. Ces manoeuvres ne laissaient aucun doute sur leurs intentions : il était palpable qu'ils avaient des vues sérieuses sur Langfuhr; je résolus de les prévenir et de marcher à leur rencontre. Je rassemblai mes troupes, la gauche au village, le centre dans les ravins de Zigangenberg, et la droite s'étendant jusqu'à Ohra. Vingt-quatre pièces de canon, conduites par le général Lepin, se placent à égales distances des deux ailes; elles ouvrent aussitôt le feu : les redoutes de l'ennemi, ses masses, son camp de Pitzkendorf, tout est sillonné par nos boulets; nous démontons deux de ses pièces. Les Polonais, les Bavarois, les Westphaliens, et deux cent cinquante chevaux commandés par le général Farine, débouchent en même temps. Le brave Szembeck, déjà aux prises avec les Russes, les chassait de Diwelkau; dès que nos soldats aperçoivent cette déroute, ils s'échauffent, ils s'animent, ils fondent sur les redoutes de Pitzkendorf. Les alliés, refoulés dans leurs ouvrages, essaient en vain de se défendre; le jeune Centurione à la tête de ses hussards franchit tous les obstacles, et tombe percé de coups. A la vue de cet excellent officier moissonné dans un âge aussi tendre, la soif de la vengeance allume tous les courages : infanterie, cavalerie, se jettent pêle-mêle sur les redoutes. Le trompette Bernardin, le chasseur Olire, le maréchal-des-logis Boucher, s'élancent au milieu des Russes; le lieutenant Tirion, accueilli par un coup de feu, va droit à l'officier qui les commande, et le fait prisonnier. Dès lors ce n'est plus un combat, c'est une boucherie, c'est un carnage; tout périt sous la baïonnette, ou ne doit la vie qu'à la clémence du vainqueur. Tandis que nos soldats s'abandonnent au feu de leur courage, une nuée de Cosaques fond sur eux et menace de les tailler en pièces; mais le général Cavaignac s'ébranle si à propos avec la réserve de cavalerie, les troupes chargent avec tant d'abandon, l'adjudant-commandant de Erens, les chefs d'escadron Bel et Zeluski, les capitaines Gibert, Fayaux, Vallier, Pateski et Bagatho, déploient tant d'intelligence et de conduite, que l'ennemi culbuté se disperse dans le plus affreux désordre.

La canonnade s'échauffait de plus en plus. Les Russes occupaient toujours le Johanisberg, le plateau en avant de Pitzkendorf, et assaillaient Langfuhr avec violence. Je détachai contre eux un bataillon de la Vistule, soutenu par les Napolitains que commandait le général Détrées, ayant sous ses ordres le général Pépé, que les événements survenus dans sa patrie ont depuis rendu si fameux. Le brave Szembeck commença l'attaque; elle eut lieu avec beaucoup d'ensemble et d'impétuosité. Les Russes culbutés à coups de baïonnettes, renversés par des charges meurtrières, cherchent leur salut dans la fuite. Les Polonais les pressent avec plus d'audace: le tambour Hhade en saisit un par sa giberne, l'arrache des rangs et le désarme. Le capitaine Fatezinsky oublie qu'il est blessé; il s'élance dans une maison qu'ils occupent, tue leur chef et en fait trente prisonniers.

Les Napolitains ne sont pas moins impétueux; ils se pressent à la suite des fuyards, les poussent et les fusillent. Le général Pépé, le colonel Lebon, les commandants Balathier, Sourdet, les capitaines Chivandier et Cianculli, dirigent, excitent leur courage, donnent à la fois le précepte et l'exemple.

Sur le flanc opposé de la montagne, la mêlée n'était ni moins opiniâtre ni moins sanglante. Au signal convenu, le colonel Kaminsky avait marché sur les Russes et les avait débusqués; il les chassait devant lui, la poursuite était ardente. Des renforts surviennent, l'ennemi veut faire tête à l'orage; mais les Polonais le pressent avec impétuosité : Roseizensky, Drabizclwsky, Doks, Zaremba, Zygnowiez, que suivent des hommes dévoués, fondent sur lui, et le taillent en pièces.

Nous étions maîtres du Johanisberg. Le temps était affreux, et l'ennemi fuyait au loin. Je fis sonner la retraite; elle s'exécuta dans l'ordre le plus parfait. A six heures tout était tranquille. Mais les Russes ne tardent pas à reparaître. Ils attaquent à la fois le belvéder, les hauteurs d'Heiligenbrunn, et engagent une fusillade des plus vives; néanmoins ils ne peuvent obtenir le plus léger avantage. Le colonel Kaminsky et le commandant Szembeck déploient un courage, une habileté qui les déconcertent. Ils se retirent, mais en même temps deux bataillons soutenus par une cavalerie nombreuse se portent sur le village de Stries. Kaminsky accourt pour le défendre. Aussitôt les Russes reviennent à la charge; ils escaladent les hauteurs, ils assaillent le belvéder, poussent, pressent leurs attaques. Toutes leurs tentatives échouent contre les excellentes dispositions du major Deskur, et la bravoure des chefs de bataillon Johman et Robiesky.

Ce n'était pas la première diversion qu'ils tentaient. Déjà ils avaient replié nos avant-postes depuis Schidliz jusqu'à Ohra : attaqué de front et en flanc, le major Schneider ne se soutenait dans ce faubourg qu'à force de courage. Tout à coup il aperçoit une colonne nombreuse qui s'engage imprudemment dans la grande rue : il la charge, il la mitraille, il l'anéantit. Le général Husson survient avec la réserve. Nous reprenons l'offensive; en un instant le bois, le village, sont enlevés, et les Russes mis dans le plus affreux désordre. Le chef de bataillon Boulanger en désarme huit; un sergent blessé d'un coup de feu, le brave Vestel, trois; le sous-officier Cornu délivre un des nôtres, et fait mettre bas les armes à l'escorte qui le conduisait.

J'étais de nouveau maître du Johanisberg et

de Langfuhr, mais ce succès ne pouvait être durable ; les Russes, revenant continuellement à la charge avec des troupes fraîches, devaient finir par l'emporter. D'ailleurs ces deux positions étaient si éloignées qu'elles ne pouvaient ni me nuire, ni m'être bien utiles. Je donnai en conséquence l'ordre de les évacuer, si les alliés se présentaient en force. Mais l'audace avait fait place à la réserve. Ils craignent de s'éloigner des hauteurs ; ils n'osent prendre possession d'un village abandonné. Impatients néanmoins de s'en rendre maîtres, ils engagent une action générale pour s'emparer d'un poste que j'avais résolu de ne pas défendre. Les troupes prennent les armes ; la flotte les soutient. Toute ma ligne est attaquée : quatre-vingts canonnières tonnent de concert, foudroient Newfahrwasser. Schelmulle, New-Schottland, Ohra, Zigangendorf, deviennent la proie des flammes. L'ennemi se répand comme un torrent dans la plaine ; il renverse, incendie tout ce qui s'oppose à son passage. J'accours au milieu de cet affreux désordre. Mais déjà les Russes deviennent moins impétueux ; ils échouent devant une poignée de braves que commande le major Poyeck, et laissent les avenues de Kabrun jonchées de morts. Je les fais suivre : le bouillant Gibert accourt avec ses chasseurs ; le capitaine Maisonneuve se joint à lui ; ils poussent, ils ébranlent cette multitude en désordre et la jettent dans Schelmulle. Elle se rallie aux troupes qui occupent le village et soutient, sans se rompre, les décharges meurtrières du capitaine Ostrowsky; mais tournée presque aussitôt par le capitaine Marnier, un des plus braves officiers de l'armée française, elle fuit, elle se débande, elle cherche un refuge jusque sous les décombres des bâtiments qu'elle a livrés aux flammes.

La mêlée n'était pas moins vive à Langfuhr : assaillis par douze mille Russes, nos postes luttent, se débattent au milieu de ces épaisses colonnes. Le sergent Szhatkowsky eut besoin de toute sa bravoure pour échapper aux Cosaques. Occupé à une construction en avant du village, il avait été, lui treizième, enveloppé par ces troupes irrégulières; il rallie aussitôt ses travailleurs, fait face d'un côté, attaque de l'autre; il marche, il combat toujours, et se dégage enfin sans perdre un homme.

Les Russes humiliés se portent au village. Deux maisons que j'avais mises à même de résister à un coup de main en défendaient l'entrée : ils les tournent, ils les pressent, ils les escaladent; mais une fusillade meurtrière les renverse et les force à s'éloigner. Pour surcroît de maux, les Napolitains paraissent et les attaquent. Le colonel Lebon, le colonel Dégennero, pressent, rompent la cavalerie, et pénètrent dans Langfuhr. Elle revient à la charge plus nombreuse et plus fière ; elle profite des obstacles, saisit l'à-propos, et s'élance sur nos bataillons épars dans les rues. Une mêlée sanglante a lieu : le brave Paliazzi tombe percé de dix coups de lance ; les capitaines Nicolaü, Angeli, Dégennero, sont couverts de blessures et forcés d'évacuer le champ de bataille. En vain l'intrépide Grimaldi, en vain les lieutenants Amato, Legendre, Hubert, Pouza, Gomez et Zanetti, veulent faire tête à l'orage; le nombre l'emporte : nous sommes forcés à la retraite... Quelques braves, engagés trop avant, ne peuvent suivre et sont coupés : loin de se laisser abattre, ils s'exaltent à la vue du danger et se rallient autour de l'adjudant-major Odiardi. Ils avancent, ils tournent, ils rétrogradent et gagnent enfin les maisons crénelées. Déjà elles étaient assaillies pour la deuxième fois : les alliés, furieux, se jettent sur les palissades; ils les arrachent, et semblent devoir triompher de tous ces obstacles; mais couchés dans la poussière à mesure qu'ils se découvrent, ils désespèrent bientôt du succès : ne pouvant les emporter, ils les livrent aux flammes. Nos braves ne sont point ébranlés : les uns continuent la fusillade, les autres éteignent le feu ; et l'ennemi n'est pas plus avancé.

Une fumée épaisse nous dérobait les deux maisons ; j'ignorais si nos troupes les occupaient encore, ou si les alliés s'en étaient rendus maîtres. Des rapports l'annonçaient : je résolus néanmoins de faire une tentative ; mais les balles parties des maisons tombaient à flots sur nous ; je conclus qu'elles étaient perdues. Une circonstance rendait la chose vraisemblable : la fusillade avait cessé et l'incendie était flagrant. Je répugnais cependant à croire qu'elles eussent été rendues. Je les fis de nouveau reconnaître : les alentours de ces deux postes étaient jonchés de cadavres vêtus de capotes blanches ; abusés par la couleur du costume, les officiers que j'avais expédiés se persuadèrent que les Bavarois avaient péri : tous l'assuraient, tous en étaient convaincus. La perte d'aussi braves gens était pénible, et méritait bien de ne pas être admise sur des apparences. Je chargeai un de mes aides-de-camp, le capitaine Marnier, de savoir au juste ce qu'il en était : cette mission ne pouvait pas lui déplaire ; il avait, à la bataille d'Uclès, sommé une division espagnole de mettre bas les armes, et l'avait amenée : les lances des Cosaques ne devaient pas l'arrêter. A la pointe du jour, il sort de Kabrun avec huit hommes qui demandent à le suivre; il se porte à la course vers la maison de droite. Aussitôt les barrières s'ouvrent, le poste se joint à lui, et fait sa retraite malgré les Russes qui accourent pour l'enlever.

Restait celui de gauche; mais le plus difficile était fait. J'avais la certitude qu'il existait encore; je donnai des ordres pour qu'il fût secouru. Un bataillon s'avance : à peine l'eurent-ils aperçu que ces admirables soldats placent leurs blessés au milieu d'eux, et fondent sur les alliés. Plusieurs sont atteints : le brave Dalwick reçoit une balle qui lui fracasse l'épaule gauche; mais il n'en continue pas moins de combattre avec courage. La mêlée devient de plus en plus sanglante. Les Bavarois, qu'échauffe le noble dessein de sauver leurs compatriotes et qu'enflamme encore l'exemple de deux officiers intrépides, l'adjudant-major Seiferlitz et le lieutenant Muck, se précipitent sur l'ennemi, le rompent et dégagent enfin cette poignée d'hommes dévoués. Ils firent une espèce d'entrée triomphale : chacun voulait les voir, voulait les féliciter; on s'entretenait de leur constance, on vantait leur résignation. Seuls, abandonnés à eux-mêmes, sans vivres, sans munitions, consumés par la soif, suffoqués par l'incendie, ils avaient bravé les menaces, repoussé les sommations et rejeté avec dedain les insinuations de l'ennemi. C'était surtout le capitaine Fahrebeck qu'on accablait d'éloges; on admirait son sang-froid, on exaltait son courage; sa fermeté, sa prudence, étaient le sujet de toutes les conversations, le texte de tous les entretiens. Il était naturel que je témoignasse à ces braves combien j'étais satisfait : je mis à l'ordre du jour les périls qu'ils avaient affrontés, les dangers qu'ils avaient courus, et j'établis les blessés dans mon hôtel. Chaque jour je les visitais; chaque jour je m'informais de leur situation et m'assurais que leurs besoins étaient satisfaits. Un officier qui avait toute ma confiance, M. Romeru, était en outre chargé de leur prodiguer les soins, les consolations que je ne pouvais leur donner moi-même.

Dès que l'ennemi fut maître de Langfuhr, il mit la main à l'œuvre : c'étaient ouvrages sur ouvrages; il ne discontinuait pas. Son dessein était de me resserrer de plus en plus et de me contraindre à m'enfermer dans la place : ce projet était admirable; il ne s'agissait que de l'exécuter; la chose était moins facile. J'avais couvert le front d'Oliwa et celui du Hagelsberg par un camp retranché formidable; neuf ouvrages le composaient : la lunette d'Istrie occupait le point culminant des hauteurs qui dominent le fort et la gorge d'Hagelsberg ; elle était flanquée par les batteries Kirgener et Caulincourt. On choisit ensuite, parmi les mamelons qui se trouvaient entre ces ouvrages et l'allée de Langfuhr, ceux qui étaient le plus avantageusement situés, et on les fortifia. Voici quelle était la disposition de ces redoutes : en partant de la droite de Caulincourt, la redoute Romeuf, la batterie Grabowsky, la redoute Deroy, la batterie Montbrun. Enfin, pour compléter cette ligne de fortifications et la prolonger jusqu'à la Vistule, on établit encore deux batteries ; l'une, dite de Fitzer, au travers de l'allée de Langfuhr : l'autre, connue sous le nom de Gudin, était un peu plus éloignée ; elle s'appuyait à une inondation artificielle qui s'étendait jusqu'à la digue de gauche de la Vistule, et formait la droite de toute la ligne, qui renfermait encore deux batteries placées de l'autre côté du fleuve. Tous ces ouvrages étaient palissadés, munis de logements et de magasins à poudre. Je fis en outre construire deux camps de baraques : l'un de quatre cents hommes, vers l'extrême gauche, derrière Kirgener ; et l'autre, pour cent cinquante, derrière Montbrun. La partie de cette ligne qui s'étend de Montbrun jusqu'à Gudin fut liée par une espèce de chemin couvert; celle qui se prolonge sur la gauche était suffisamment garantie par les difficultés du terrain; je pensai d'ailleurs qu'il fallait se ménager la faculté de prendre l'offensive dans une portion de ces ouvrages.

Ohra fut également mis en état de défense. Une masse de maisons qui communiquaient entre elles et dont les portes, les croisées, avaient été fermées avec soin; des parapets, des palissades, qui n'avaient d'issue qu'une langue de terre comprise entre deux flaques d'eau assez profondes, formaient un retranchement avancé connu sous le nom de *première coupure d'Ohra;* la deuxième, située à deux cents toises en arrière, était composée des mêmes éléments, et s'appuyait à un grand couvent de jésuites qui avait été crénelé. Les hauteurs et les gorges qui pendent vers le faubourg furent fortifiées; les redoutes dont elles furent revêtues mirent l'ennemi hors d'état de nous tourner, et devinrent bientôt fameuses sous le nom de batteries et d'avancées Frioul.

Pendant que nous exécutions ces travaux, l'ennemi venait fréquemment s'exercer contre nos avant-postes : Schidlitz, Ohra, Stolzenberg, étaient tour à tour l'objet de ses attaques. Repoussé sur tous les points, il tente une surprise sur Heubude ; mais il se jouait à plus fin que lui : le commandant Carré, vieux militaire plein de vigilance et de ruses, aperçoit ses colonnes, réussit à les mettre aux prises, et se retire sans perte d'une position critique.

Tout honteux de cette mystification cruelle, les Russes se flattent de prendre leur revanche à Kabrun. Ils l'entourent, ils l'escaladent; mais, accueillis par une fusillade meurtrière que dirige le capitaine Nazzewski, ils s'éloignent et laissent les fossés remplis de morts. Ils se portent de nouveau sur Schidlitz : mis en fuite une première fois, ils reviennent à la charge avec une vigueur, une impétuosité nouvelle ; mais l'adjudant-major Boutin, les capitaines Kléber et Feuillade exaltent si bien nos soldats, qu'ils se jettent sur les alliés et les enfoncent.

La flotte n'était pas non plus oisive : le 4, dès la pointe du jour, elle reparaît en ligne; elle avait échoué la surveille dans deux attaques consécutives, et dépensé en pure perte plus de sept mille coups de canon. La honte, la soif de la vengeance, tout l'excitait à combattre : ce fut l'explosion d'un volcan. Les frégates et les canonnières tonnent à la fois, et nous couvrent d'un déluge de projectiles ; mais, loin de s'effrayer, nos batteries redoublent de calme et de justesse.

Officiers et soldats, tous s'élèvent au-dessus du danger et ne songent qu'à la victoire. Un canonnier chargé de l'écouvillon a le bras emporté ; le capitaine Pomerenski s'en empare et fait le service. Le sergent Viard sert une pièce qui tire à boulets rouges, et pointe comme au polygone ; le lieutenant Milewski ajuste, surveille les siennes, coule une canonnière, en endommage d'autres, et les force d'évacuer le champ de bataille. Le capitaine Leppigé, le sergent-major Zackowski, le sergent Radzmiski, le caporal Multarowski, donnent les exemples les plus admirables de sang-froid et d'intelligence. Le capitaine Henrion, le lieutenant Hagueny, le capitaine de frégate Rousseau, les marins Despeistre, Coste, les caporaux Davis, Dubois, s'attachent aux pièces, et ne cessent de combattre que lorsque l'ennemi a pris la fuite. La flotte, convaincue de l'inutilité de ses efforts, gagne le large avec la satisfaction d'avoir tiré neuf mille coups de canon pour nous tuer deux hommes : elle nous avait aussi démonté deux pièces ; mais elle avait perdu deux canonnières ; neuf autres étaient fortement endommagées, et ses frégates criblées d'obus et de boulets.

Nous eûmes bientôt un ennemi plus redoutable à combattre. Tout à coup la Vistule s'enfle ;

elle franchit, elle rompt les digues et s'échappe avec impétuosité. La place, les fortifications, deviennent la proie des flots. Les ponts sont emportés, les écluses anéanties, et les chaussées entr'ouvertes; les eaux, désormais sans obstacles, s'engouffrent dans les fossés et sapent les bastions. Celui de Bœren, celui de Braunn-Ross, étaient en ruines, et il était à craindre qu'on ne pût maintenir l'inondation lorsque la Vistule rentrerait dans son lit : mais le génie ne s'oublia pas dans cette circonstance désastreuse; à force d'habileté et de constance, il parvint à rétablir les brèches; et, quand le fleuve s'abaissa, l'inondation, alimentée par les branches qui sillonnent le Werder, n'éprouva qu'une variation de niveau presque insensible.

C'était maintenant le tour des Russes : ils avaient profité des embarras que nous causait la crue des eaux; ils avaient élevé batteries sur batteries, et le 15 novembre ils en démasquèrent une vingtaine, armées de pièces du plus gros calibre. La flotte vint aussi s'essayer devant nos forts. Des masses d'infanterie étaient prêtes à donner l'assaut dès que les palissades seraient détruites. L'action s'engage : trois bombardes, quarante canonnières, vomissent le fer et la flamme sur Newfahrwasser. Loin de les abattre, le danger enflamme nos soldats; ils jurent de vaincre, ils jurent de punir les agresseurs. Les troupes de ligne s'attachent aux pièces; l'artillerie les pointe comme à la manœuvre; elle endommage, elle démâte une foule de canonnières. Tout à coup une explosion terrible se fait entendre : un boulet a pénétré dans la sainte-barbe, et le sloop a disparu. La même détonation se répète. On se félicite, on s'encourage; on brûle d'imiter les braves qui tirent avec cette admirable justesse. Trois embarcations deviennent presque en même temps la proie des flots, et la première ligne se retire toute couverte de débris. La deuxième prend sa place sans être plus heureuse; et les divisions se succèdent ainsi de trois heures en trois heures, sans que le feu se ralentisse. Enfin, rebutée des obstacles que lui opposaient le courage de nos soldats, les excellentes dispositions du colonel Rousselot, et la vigilance du major François, elle se retire et va réparer ses avaries. Douze heures de combat, vingt mille coups de canon, avaient abouti à nous tuer ou blesser une demi-douzaine d'hommes, et à nous endommager trois affûts. Ce fut la dernière tentative. Quelques mois plus tôt elle eût été infaillible; mais à la guerre il faut saisir l'à-propos.

Les troupes obtinrent plus de succès. Elles attaquèrent nos postes en avant d'Ohra, et s'emparèrent de celui de l'Étoile sur les hauteurs à droite du village. Le major Legros ne leur laisse pas le temps de s'y établir; quatre compagnies d'élite, sous la conduite des capitaines Valard et Aubry, s'y portent sans délai. Elles surprennent, elles taillent les Russes en pièces. En vain ils reparaissent avec des troupes fraîches; culbutés, mis en fuite, ils se dispersent, sans néanmoins perdre courage. Ils tentent un nouvel effort; mais, accueillis par une fusillade meurtrière, ils se débandent et tombent sous le feu de deux compagnies placées dans le village de Stadgebieth, qui les anéantissent.

CHAPITRE XLIII.

La saison devenait chaque jour plus âpre. Les pluies ne discontinuaient pas et entretenaient un brouillard fétide, qu'un soleil sans chaleur pouvait à peine dissiper. Mais, ce qui était bien plus grave, la disette allait toujours croissant. Les chevaux, les chiens, les chats, étaient mangés; nous avions épuisé toutes nos ressources, le sel même nous manquait. Il est vrai que l'industrie y suppléa. Quelques soldats imaginèrent de faire bouillir des débris de vieilles planches, qui avaient autrefois servi dans un magasin; l'expérience réussit. Nous exploitâmes cette mine de nouvelle espèce, et les hôpitaux furent approvisionnés. La population était réduite aux abois; elle ne vivait plus que de *son* et de *drèche*, encore n'en avait-elle pas de quoi se satisfaire. Dans cet état de détresse, je pensai que les philanthropes alliés ne repousseraient pas des compatriotes, et j'expulsai les détenus et les mendiants, tous ceux, en un mot, qui n'avaient pas de subsistances. Mais les Prussiens furent inexorables;

et sans les habitants de Saint-Albretch, ils les eussent fait périr d'inanition. D'autres se dirigèrent du côté qu'occupaient les Russes, et ne furent pas mieux accueillis. Sans abri, sans aliments d'aucune espèce, ils eussent expiré sous les yeux de ces libérateurs de l'humanité, si je n'eusse pris pitié de leur misère. Je leur distribuai quelques secours et les renvoyai chez eux. Plusieurs demandèrent à être employés aux fortifications, et recevaient la moitié ou le quart d'un pain de munition pour salaire.

Cependant l'ennemi avait perfectionné ses ouvrages. De temps à autre il essayait ses batteries, et semblait préluder à une action plus sérieuse. Le 10, en effet, toutes sont en feu dès la chute du jour. La ville, le Holme, le camp retranché de Newfahrwasser, sont inondés de bombes, d'obus, de boulets rouges. L'incendie éclate et dévore le couvent des Dominicains. Les prisonniers russes soignés dans cet édifice allaient périr; nos soldats accourent et les arrachent à la mort. Toujours plus ardentes, les flammes tourbillonnaient sur les maisons voisines et menaçaient de les réduire en cendres. En même temps, les alliés se présentaient en force devant nos postes d'Ohra et les repliaient jusqu'à Stadtgebieth. J'accours avec le comte Heudelet. L'ennemi culbuté à la baïonnette essaie vainement de revenir à la charge; le général Husson, le major Legros, repoussent toutes ses attaques. Une méprise augmenta ses pertes. Deux de ses colonnes se prennent pour ennemies, et en viennent aux mains. Elles se reconnaissent aux cris des blessés; mais plus de trois cents hommes étaient déjà couchés dans la poussière. De notre côté, nous en avions une centaine hors de combat.

Dès le lendemain il reparut devant les maisons situées au-delà de Stadtgebieth. Repoussé deux fois, il y mit le feu. Quoique chargé de deux blessures, le capitaine Basset hésitait encore à les évacuer; mais le progrès des flammes ne tarda pas à l'y contraindre: il se retira en combattant toujours. Maîtres du village, les alliés se précipitent tout d'une haleine sur le plateau de l'Étoile, et s'en emparent. Les postes qui restaient sur le rampant de la montagne étant désormais trop faibles, je les rappelai. L'ennemi occupait enfin la position; mais il la payait assez cher pour une simple levée de terre.

Plus il cheminait du côté de Langfuhr, plus sa position devenait fâcheuse; pris en flanc et à revers, foudroyé par les batteries du Holme, il ne put bientôt plus déboucher des redoutes qu'il avait élevées à Kabrun. Confus de s'être mépris sur le véritable point d'attaque, il porte, il concentre ses forces sur les hauteurs d'Ohra. Il tente tous les moyens de s'en rendre maître ; je n'en néglige aucun de les défendre. J'améliore, je multiplie mes ouvrages. Je mets à contribution toutes les lumières. Des officiers supérieurs de chaque arme, présidés par le général Grandjean, avisent aux mesures qu'exige la sûreté de la place. Ils mettent nos vivres, nos munitions à l'abri des ravages de l'incendie. Ils divisent les approvisionnements, organisent le service des pompes, et font construire des moulins, afin que si les bombes venaient à détruire ceux qu'on possédait encore, on fût à même de les suppléer. Cependant le feu des alliés allait toujours croissant. Les incendies succédaient aux incendies et menaçaient de tout réduire en cendres. Tout à coup les batteries se taisent, la fusillade est suspendue. A ce silence inopiné, les habitants reprennent courage ; ils courent, ils volent au secours des quartiers embrasés. Malheureux ! ils disputent aux flammes quelques pans d'édifices, et la place touche à sa ruine !...

L'ennemi n'avait cessé le feu que pour le rendre plus terrible. Dès que ses dispositions sont faites, il l'ouvre avec violence. Les batteries de l'Étoile, celles du Johannisberg, de Kabrun, de Schellmulle, de Langfuhr, tirent à coups redoublés et nous accablent de bombes, de fusées et de boulets rouges. Les incendies éclatent; les édifices tombent, s'écroulent. Dantzick ne présente plus que l'image d'un volcan dont les éruptions s'échappent, s'éteignent, se reproduisent sur tous les points. Les deux rives de la Moltlau, le Butter-Marck, le Poggenfull, le Speicher-Insell, tout est consumé. En vain les troupes accourent au secours; une grêle continue de projectiles triomphe de leurs efforts, et une perte de plusieurs millions vient aggraver encore les malheurs d'une population désolée.

Nos forts, nos villages n'étaient pas dans un meilleur état; Ohra surtout n'était plus qu'un amas de cendres. Cinq batteries le foudroyaient sans relâche; des nuées de tirailleurs, abrités par les accidents du terrain, nous accablaient de balles, et entravaient le jeu de nos pièces. La première coupure, presque anéantie par le feu et les boulets, résistait toujours. Le major Schneider la défendait avec une valeur, une sagacité qui promettaient encore une longue résistance; mais elle était sur le point d'être prise par la tranchée; je la fis évacuer. Je cédai également la tête de Schidlitz. L'ennemi avait essayé quelques jours auparavant de s'en rendre maître. Trois compagnies s'étaient présentées devant nos postes;

chargées avec vigueur par le capitaine Leclerc et le lieutenant Kowalzky, elles furent mises en déroute, et cherchèrent leur salut dans la fuite. Cette leçon ne fut pas perdue ; les alliés revinrent avec des forces plus considérables, et s'y établirent. Un accident plus grave nous survint bientôt après. Une bombe éclata dans un magasin de bois et l'incendia. La poudre n'est pas plus prompte : en un instant tout est embrasé. Les flammes, développées par un vent impétueux, se communiquent de proche en proche, et présentent une masse de feu qu'aucun effort ne peut dompter. Triste spectateur d'un désastre aussi cruel, j'espérais au moins préserver les bâtiments éloignés. Mon attente fut encore déçue, et nous eûmes la douleur de voir consumer sous nos yeux la plus grande partie de nos subsistances. Officiers et soldats, tous étaient plongés dans un morne silence, tous contemplaient avec stupeur cette scène de désolation, quand tout à coup une fusillade terrible se fait entendre. L'ennemi attaquait l'avancée Frioul et s'en emparait. Le capitaine Chambure vole au secours. Ce brave commandait une troupe d'élite appelée la *compagnie franche* ou *les enfants perdus ;* il s'élance dans la redoute et taille les Russes en pièces. Aucun n'échappe ; ceux qui évitent la baïonnette tombent sous le feu des chefs de bataillon Clamon et Dybowski. Le lieutenant Conrad fit preuve, dans cette occasion, d'une rare constance. L'épaule fracassée par une balle, il se jette au plus épais de la mêlée. Chambure le dégage : « Vous êtes blessé, lui dit-il, votre place » n'est plus ici; allez annoncer au général que » nous sommes dans la redoute.—Capitaine, ré- » pond l'intrépide lieutenant, j'ai encore mon » bras droit, vous n'avez que le gauche! » et il continue de combattre.

Battu à la gauche, l'ennemi se jette sur la droite et nous replie jusque sur nos forts. Je ne jugeai pas à propos de reprendre l'attaque par une nuit obscure, j'attendis au lendemain. Deux colonnes commandées par les généraux Breissan et Devilliers se portent à la fois sur Stolzenberg et Schidlitz : les Russes les occupaient en force; mais nos troupes combattent avec tant d'abandon, le major Deskur, les chefs de bataillon Poniatowski, Crikicowski et Carré, les capitaines Fahrebeck, Perrin, Kalisa et Ronsin, les guident avec tant d'habileté et de bravoure, que les alliés, rompus, laissent le champ de bataille jonché de morts. Malheureusement le succès nous coûtait cher : le général Breissan, si recommandable par ses talents et son courage, était dangereusement blessé. On lui prodigua vainement tous les secours imaginables, il expira après un mois de souffrances aiguës.

Nos troupes étaient victorieuses ; mais quel spectacle les attendait dans la place! des ruines, des décombres, voilà ce qui restait de nos magasins. Un seul avait échappé. Sa conservation, due au colonel Cottin et au sous-chef d'état-major Marquessac, n'avait été assurée qu'à force de zèle et de constance. Le chef d'escadron Turckheim, qui avait déjà donné tant de preuves de dévouement, et le lieutenant Fleury, étaient aussi parvenus à sauver quatre mille quintaux de grains ; tout le reste était flagrant, tout le reste avait péri. Nous ne conservions pas pour deux mois de subsistances, que les flammes toujours plus actives et un bombardement continuel menaçaient encore.

Les Russes cheminaient lentement, mais ils cheminaient toujours. Ils s'étaient emparés de divers postes et s'étaient portés en masse sur Stolzenberg. Trop faibles pour opposer une résistance efficace, nos soldats l'avaient évacué. Le général Husson rassemble quelques troupes et fait battre la charge. Elle eut lieu avec une rare impétuosité. Le capitaine Milsent, l'adjudant-major Rivel, s'élancent à la tête des plus braves, joignent l'ennemi et le culbutent.

Le capitaine Chambure lui préparait une leçon plus sévère. Il s'embarque par une nuit obscure, trompe la vigilance de la flotte et descend vis-à-vis Bohnsack. Il surprend le village, incendie les habitations, les magasins, tue, égorge les hommes, les chevaux, et regagne ses chaloupes. Elles n'étaient plus sur le rivage. Les trompettes sonnaient, la générale se faisait entendre : la mort paraissait inévitable. Néanmoins il ne perd pas courage ; il calme ses soldats, se jette à travers les retranchements ennemis, et arrive sain et sauf au moment où on le croyait perdu. Il se remet bientôt en route et marche sur Broesen ; il tombe à l'improviste sur les troupes qui l'occupent, les renverse, et ne se retire qu'après avoir brûlé leur camp. A peine rentré, il court à une expédition plus périlleuse. Il pénètre dans la tranchée de l'ennemi, culbute, chasse ses postes, et vient s'abriter derrière nos batteries. Le lieutenant Jaimebon, grièvement blessé en commençant l'attaque, combattit comme s'il n'eût pas été brisé par la douleur ; elle était si aiguë que la crainte de décourager les soldats fut seule capable d'étouffer ses plaintes. Il mourut cinq jours après : honneur à sa mémoire !...

La compagnie franche devenait chaque jour plus audacieuse. Les tranchées, les palissades étaient des obstacles illusoires; elle pénétrait partout. Au milieu d'une nuit épaisse, elle se glisse d'arbre en arbre le long de l'allée de Langfuhr, et s'approche sans que les Russes l'aperçoivent. Elle saute aussitôt dans leurs ouvrages, tue les uns, chasse les autres et les suit jusque dans Kabrun. Le brave Surimont, l'intrépide Rozay, Payen, Dezeau, Gonipet et Francou, se précipitent dans la redoute et l'emportent. Une centaine d'hommes furent passés au fil de l'épée, les autres ne durent leur salut qu'à la fuite.

Nous faisions à l'ennemi une guerre de surprise et d'audace; il nous en faisait une de ruses et de proclamations. Ses batteries n'arrêtaient pas, et nos magasins étaient détruits. Nos troupes, exténuées, harassées de corvées et d'insomnies, n'avaient pour réparer leurs forces qu'un peu de pain et une once de viande de cheval, si toutefois on peut appeler ainsi les débris d'animaux qui, rebutés par la cavalerie, rebutés par les charrois, tournaient la meule jusqu'à ce que, devenus incapables de se soutenir, ils étaient traînés à la boucherie. C'est à des hommes si las de combattre et de souffrir que les Russes promettaient le repos et l'abondance. Tous les genres de séduction étaient employés : l'or, l'argent, les menaces, la colère du prince, la voix de la patrie, étaient offerts et invoqués. Le duc se joignait à ses émissaires; il écrivait, priait, protestait, circonvenait les chefs et les soldats. La désertion se mit dans les troupes étrangères, et bientôt elles refusèrent tout service. Les Bavarois, les Polonais eux-mêmes, trop convaincus de nos malheurs, craignaient de faire de leurs armes un usage sacrilége et se tenaient dans l'inaction. Nous étions réduits aux seules forces nationales, c'est-à-dire à moins de six mille hommes; et nous avions plus de deux lieues d'étendue à défendre. Je résolus de faire connaître à l'empereur la situation fâcheuse où nous étions. La chose n'était pas aisée; l'Allemagne entière était en insurrection; la mer était couverte de croisières ennemies. Mais aucun péril, aucun obstacle n'étonnait le capitaine Marnier; il part pour cette expédition aventureuse, capture un bâtiment, convoie avec la flotte anglaise et lui échappe.

Le duc de Wurtemberg semblait avoir le projet de tout séduire. Je ne fus pas moi-même à l'abri de ses tentatives. Il exaltait ses ressources, dépréciait les miennes, parlait de la France, de la Sibérie, et me proposait de rendre la place. Ces menaces, ces oppositions s'adressaient mal; je le lui témoignai, et il n'en fut plus question. Des moyens plus convenables furent mis en œuvre ; les feux furent doublés, et le bombardement, toujours plus terrible, ne discontinuait ni le jour ni la nuit. La ville, le Bischfberg, les redoutes Frioul, étaient écrasés. Soutenus par un feu d'artillerie si formidable, les Russes imaginent de nous enlever. Ils s'avancent munis de haches, d'échelles, et fondent sur la batterie Gudin. Le capitaine Razumsky la commandait ; il les accueille par des décharges à mitraille, et les renverse. Ils se remettent néanmoins, et tentent l'escalade ; mais, accablés par une fusillade meurtrière, ils se dispersent à la vue du major Deskur et laissent armes et échelles dans les mains des braves capitaines Zbiewiski et Propocki. Ils essaient, avec aussi peu de succès, de se rendre maîtres de la batterie Fitzer, dans l'allée de Langfuhr. Le colonel Plessmann, le capitaine Renouard et l'adjudant Stolling leur opposent une résistance qu'ils ne peuvent vaincre : trois fois ils reviennent à la charge, trois fois ils sont défaits.

Cependant les redoutes Frioul étaient dans un état déplorable : sans parapets, sans fougasses, accablées par les obus et la mitraille, elles ne présentaient plus aucun moyen de défense ; je les fis évacuer. La plus grande partie des fortifications était encore intacte ; mais nos vivres touchaient à leur terme. Le temps des glaces était arrivé. Il aurait fallu vingt mille hommes pour m'opposer aux progrès du siége, garder les forts, l'inondation, et maintenir libre le cours des eaux. La lutte était trop inégale; c'eût été verser le sang pour le seul plaisir de le verser.

Je crus trouver un moyen qui conciliait mes devoirs et l'humanité. Je calculai le nombre de jours que devait fournir ce qui nous restait de subsistances; je proposai de suspendre les hostilités et de remettre la place à cette époque, si le cours des choses n'en disposait autrement. Le conseil adopta cet avis à l'unanimité. Les négociations s'ouvrirent, le feu cessa. Le général Heudelet et le colonel Richemont se rendirent au camp, et arrêtèrent une capitulation où la faculté de rentrer en France nous était spécialement garantie. Une partie de ces conventions était déjà exécutée; les prisonniers russes avaient été rendus, les forts livrés, lorsque j'appris que l'empereur Alexandre refusait sa ratification. Le duc de Wurtemberg m'offrait de remettre les choses dans leur premier état. C'était une dérision. Mais que faire? nous n'avions plus de vivres. Il fallut se résigner. Il régla les choses comme il l'entendit, et nous prîmes le chemin de la Russie.

Touchés de nos malheurs, les auxiliaires eussent voulu les partager. Les Polonais brisaient leurs armes; les Bavarois juraient de ne jamais les tourner contre nous. Mais le devoir fait taire les affections. Il fallut se séparer. Le général prince de Radziwil et le colonel Buttler, si distingués l'un et l'autre par leur caractère et par leurs actions, les reconduisirent dans leur patrie.

Ainsi finit, après un an de combats, une défense pénible, où nous eûmes à lutter contre tous les fléaux, tous les obstacles, et qui n'est pas une des moindres preuves de ce que peuvent le courage et le patriotisme des soldats français.

CHAPITRE XLIV.

Nous fûmes conduits à Kiow. Nous y apprîmes les prodiges de cette poignée de braves qui n'avaient pas désespéré du salut de la patrie. Ils avaient triomphé à Montmirail, à Sezanne, à Champaubert, partout où l'ennemi avait osé les attendre. L'Europe entière fuyait devant eux, la coalition était dissoute... L'obstination d'un soldat nous arracha les fruits de la victoire. Il fallut combattre, vaincre encore; mais les munitions manquaient, les corps n'arrivaient pas, les généraux haranguaient la troupe pour lui faire recevoir des capitulations. Tout fut perdu : notre gloire, nos conquêtes s'évanouirent comme une ombre; les signes même en furent répudiés.

Le but de la coalition était atteint. Notre captivité n'était plus profitable; nous fûmes rendus à la liberté. Nous revînmes en France : quel spectacle elle présentait! L'émigration avait envahi l'armée, les antichambres; elle pliait sous les insignes du commandement et les décorations. La première personne que je rencontrai aux Tuileries fut un chef de bataillon que j'avais autrefois secouru et protégé : il était devenu lieutenant-général; il ne me reconnut plus. Un autre que j'avais eu long-temps à Dantzick, n'avait pas mieux conservé sa mémoire. Je l'avais accueilli à la recommandation du duc de Cadore; j'avais essuyé ses fades adulations : il me traitait de monseigneur, d'excellence; il m'eût volontiers appelé l'éternel. Plus je lui témoignais combien ces sottises me déplaisaient, plus il renchérissait; il imagina même d'assister à mon lever. Il ne tint pas à lui que je ne me crusse un souverain. Ses malversations me délivrèrent de cet obstiné flatteur; elles devinrent si criantes que le gouvernement fut près de sévir. Je sauvai au gentilhomme la honte d'une condamnation; mais je le fis éloigner : il alla exercer son industrie à..... Il eut bientôt connaissance de nos revers, s'effraya, prit la poste, et n'arrêta pas qu'il ne fût en-deçà du Rhin : la peur le servit mieux que n'eût fait le courage. Il avait des épaulettes à gros grains, et quatre ou cinq décorations : c'était assez bien débuter dans la carrière; on ne va pas si vite sur le champ de bataille. Il s'éloigna dès qu'il m'aperçut : apparemment que son costume l'embarrassait. J'en rencontrai un troisième, que ma présence ne mit pas à l'aise.

Attaché autrefois à Joséphine, il avait fait preuve d'une prévoyance véritablement exquise : afin d'être en mesure contre les cas imprévus qui pouvaient survenir dans les promenades et les voyages, il s'était muni d'un vase de vermeil, qu'il portait constamment sur lui. Quand la circonstance l'exigeait, il le tirait de sa poche, le présentait, le reprenait, le vidait, l'essuyait, et le serrait avec soin. C'était avoir l'instinct de la domesticité.

Mais tous ces preux si ardents à la caisse, aux décorations, aux commandements, donnèrent bientôt la mesure de leur courage. Napoléon parut, ils s'éclipsèrent. Ils avaient assiégé Louis XVIII dispensateur des grâces; ils n'eurent pas une amorce à brûler pour Louis XVIII malheureux. Nous essayâmes quelques dispositions; mais le peuple, les soldats n'avaient jamais été complices des humiliations de la France; ils refusèrent de combattre les couleurs qu'ils adoraient, et l'empereur reprit tranquillement les rênes de l'état.

Les généraux Bertrand et Lemarrois m'écrivirent de me rendre aux Tuileries. Je revins à Paris. Une nouvelle invitation m'attendait à mon hôtel; le grand maréchal m'annonçait que sa majesté désirait me voir. Je ne voulus pas me faire attendre; j'allai tel que je me trouvais, bien sûr que Napoléon saurait faire la part du devoir et celle des affections. Je fus introduit sur-le-champ.

« NAPOLÉON. Vous voilà, monsieur le général » Rapp ; vous vous êtes bien fait désirer ? D'où » venez-vous ?

» RAPP. D'Écouen, où j'ai laissé mes troupes à » la disposition du ministre de la guerre.

» NAPOLÉON. Vouliez-vous réellement vous bat-» tre contre moi ?

» RAPP. Oui, sire.

» NAPOLÉON. Diable !

» RAPP. La résolution était obligée.

» NAPOLÉON. (*D'un ton animé.*) F....e, je savais » bien que vous étiez devant moi. Si l'on se fût » battu, j'aurais été vous chercher sur le champ » de bataille. Je vous aurais fait voir la tête de » Méduse : auriez-vous osé tirer sur moi ?

» RAPP. Sans doute ; mon devoir...

» NAPOLÉON. C'est trop fort. Mais les soldats ne » vous auraient pas obéi ; ils m'avaient conservé » plus d'affection. Si d'ailleurs vous aviez tiré un » seul coup, vos paysans d'Alsace vous auraient » lapidé.

» RAPP. Vous conviendrez, sire, que la position » était pénible : vous abdiquez, vous partez, vous » nous engagez à servir le roi ; vous revenez...

»Toute la puissance des souvenirs ne peut nous
» faire illusion.

» Napoléon. Comment cela? Que voulez-vous
» dire? Croyez-vous que je sois revenu sans al-
» liance, sans accord?... D'ailleurs mon système
» est changé : plus de guerre, plus de conquêtes;
» je veux régner en paix, et faire le bonheur de
» mes sujets.

» Rapp. Vous le dites : mais vos antichambres
» sont déjà pleines de ces complaisants qui ont
» toujours flatté votre penchant pour les armes.

» Napoléon. Bah! bah! l'expérience... Alliez-
» vous souvent aux Tuileries?

» Rapp. Quelquefois, sire.

» Napoléon. Comment vous traitaient ces gens-
» là?

» Rapp. Je n'ai pas à m'en plaindre.

» Napoléon. Le roi paraît vous avoir bien reçu
» à votre retour de Russie?

» Rapp. Parfaitement, sire.

» Napoléon. Sans doute. Cajolé d'abord, mis
» ensuite à la porte. Voilà ce qui vous attendait
» tous; car enfin vous n'étiez pas leurs hommes,
» vous ne pouviez leur convenir : il faut d'autres
» titres, d'autres droits pour leur plaire.

» Rapp. Le roi a débarrassé la France des alliés.

» Napoléon. C'est bien; mais à quel prix! Et

» ses engagements, les a-t-il tenus ? Pourquoi n'a-
» t-il pas fait pendre Ferrand pour son discours sur
» les biens nationaux? C'est cela; c'est l'insolence
» des nobles et des prêtres qui m'a fait quitter l'île
» d'Elbe. J'aurais pu arriver avec trois millions de
» paysans qui accouraient pour se plaindre et m'of-
» frir leurs services. Mais j'étais sûr de ne pas trou-
» ver de résistance devant Paris. Les Bourbons sont
» bien heureux que je sois revenu : sans moi ils
» auraient fini par une révolution épouvantable.

» Avez-vous vu le pamphlet de Châteaubriand,
» qui ne m'accorde pas même du courage sur le
» champ de bataille? Ne m'avez-vous pas vu quel-
» quefois au feu? Suis-je un lâche ?

» RAPP. J'ai partagé l'indignation qu'ont res-
» sentie tous les honnêtes gens, d'une accusation
» aussi injuste qu'elle est ignoble.

» NAPOLÉON. Voyiez-vous quelquefois le duc
» d'Orléans ?

» RAPP. Je ne l'ai vu qu'une fois.

» NAPOLÉON. C'est celui-là qui a de l'esprit de
» conduite et du tact! Les autres sont mal en-
» tourés, mal conseillés. Ils ne m'aiment pas. Ils
» vont être plus furieux que jamais : il y a de
» quoi. Je suis arrivé sans coup férir. C'est mainte-
» nant qu'ils vont crier à l'ambitieux : c'est là l'é-
» ternel reproche; ils ne savent dire autre chose.

»Rapp. Ils ne sont pas les seuls qui vous accu-
»sent d'ambition.

»Napoléon. Comment... suis-je ambitieux, moi?
»Est-on gros comme moi quand on a de l'am-
»bition? (Il se frappait avec les deux mains sur
»le ventre.)

»Rapp. Votre majesté plaisante.

»Napoléon. Non: j'ai voulu que la France fût
»ce qu'elle doit être; mais je n'ai jamais été am-
»bitieux. D'ailleurs de quoi s'avisent ces gens-là?
»Il leur convient bien de faire de l'importance
»avec la nation et avec l'armée. Est-ce leur cou-
»rage qui les rend si avantageux?

»Rapp. Ils en ont quelquefois montré, à l'ar-
»mée de Condé par exemple.

»Napoléon. Quel est cet ordre que je vous
»aperçois?

»Rapp. La Légion-d'Honneur.

»Napoléon. Diable! Ils ont eu au moins l'es-
»prit d'en faire une belle décoration. Et ces deux
»croix-là? (Il les touchait.)

»Rapp. Saint-Louis et le Lis. (Il sourit.)

»Napoléon. Concevez-vous cette b... de Ber-
»thier, qui n'a pas voulu rester. Il reviendra; je
»lui pardonne tout, à une condition cependant:
»c'est qu'il mettra son habit de garde du corps
»pour paraître devant moi. Mais tout cela est fini.

» Allons, monsieur le général Rapp, il faut encore
» une fois servir la France, et nous nous retire-
» rons d'où nous sommes.

» Rapp. Convenez, sire (puisque vous avez eu
» quelquefois la bonté de me permettre de vous
» parler avec franchise), convenez que vous
» avez eu tort de ne pas faire la paix à Dresde :
» tout était réparé si vous l'eussiez conclue. Vous
» rappelez-vous mes rapports sur l'esprit de l'Al-
» lemagne ? vous les traitiez de pamphlets ; vous
» me faisiez des reproches.

» Napoléon. Je ne pouvais pas faire la paix à
» Dresde ; les alliés n'étaient pas sincères. Si d'ail-
» leurs chacun eût fait son devoir au renouvel-
» lement des hostilités, j'étais encore le maître du
» monde. J'avais déjà pris de mon côté trente-deux
» mille Autrichiens.

» Rapp. Il n'y a qu'un instant que votre ma-
» jesté n'avait pas d'ambition, et voici qu'il est
» encore question de la souveraineté du monde.

» Napoléon. Eh ! mais, oui. D'ailleurs, Mar-
» mont, les sénateurs... Mon plan était combiné
» de manière à ne pas laisser échapper un seul
» allié.

» Rapp. Tous ces malheurs sont la conséquence
» des revers de Leipsick : vous les eussiez prévenus
» en acceptant la paix à Dresde.

»Napoléon. Vous ignorez ce qu'eût été une
»paix semblable.» Et s'animant tout à coup,
«Aurais-tu peur, me dit-il avec vivacité, aurais-
»tu peur de recommencer la guerre, toi qui as
»été quinze ans mon aide-de-camp ? Lors de ton
»retour d'Égypte, à la mort de Desaix, tu n'é-
»tais qu'un soldat, j'ai fait de toi un homme;
»aujourd'hui tu peux prétendre à tout.

»Rapp. Je n'ai jamais laissé passer une occasion
» de vous en témoigner ma reconnaissance; et si
» je vis encore, ce n'est pas ma faute.

»Napoléon. Je n'oublierai jamais ta conduite
»à la retraite de Moscou. Ney et toi, vous êtes
»du petit nombre de ceux qui ont l'âme forte-
»ment trempée. D'ailleurs à ton siége de Dant-
»zick, tu as fait plus que l'impossible.»

Napoléon me sauta au cou, me serra avec
véhémence contre lui pendant au moins deux
minutes. Il m'embrassa plusieurs fois, et me dit
en me tirant la moustache :

«Allons, un brave d'Égypte, d'Austerlitz, ne
»peut m'abandonner. Tu prendras le comman-
»dement de l'armée du Rhin, pendant que je
»traiterai avec les Prussiens et les Russes. J'es-
»père que d'ici à un mois tu recevras ma femme
»et mon fils à Strasbourg. Je veux que dès ce
»soir tu fasses ton service d'aide-de-camp auprès

» de moi. Écris au comte Maison de venir m'em-
» brasser : c'est un brave homme; je veux le voir. »

Napoléon raconta une partie de cette conversation à quelques personnes de ses alentours. Il leur dit que je lui avais parlé avec trop de liberté, qu'il m'avait tiré les oreilles.

La fortune lui souriait. Les courtisans accouraient en foule; c'était un abandon, un dévouement ! ils bouillaient de zèle. Ces protestations n'eurent pourtant pas tout l'effet qu'ils s'en étaient promis. Beaucoup furent repoussés : un surtout, qui s'obstinait à faire accepter ses services, fut durement écarté. Comblé de faveurs, d'or et de dignités, il avait accablé d'outrages son bienfaiteur malheureux; il fut conspué, traité de misérable. Ces messieurs se targuent aujourd'hui d'une fidélité à toute épreuve. Ils accusent l'indulgence du roi dans les salons du faubourg Saint-Germain. Ils voudraient voir conduire à l'échafaud tous ceux qui ont été employés dans les cent jours. Le hasard les a servis, les apparences sont pour eux; à la bonne heure : mais les généraux, les ministres de Napoléon, les officiers attachés à sa personne, savent ce qu'ils doivent penser de ces stoïciens d'antichambre. Tôt ou tard le gouvernement royal sera éclairé : il y a de quoi suppléer au livre rouge.

Napoléon me fit demander le 29 mars, et m'annonça qu'il fallait partir pour l'armée du Rhin. Il me donna le grand aigle de la Légion-d'Honneur, qu'il m'avait destiné après le siége de Dantzick. Il me dit qu'avant quinze jours mes troupes seraient portées à quarante mille hommes (j'en avais quinze mille au commencement des hostilités); je lui observai que c'était bien peu en comparaison de celles que nous allions avoir sur les bras, que le congrès (sa déclaration était déjà connue) nous menaçait d'un déluge de soldats. « La déclaration à laquelle vous faites allu-
» sion est fausse, répliqua-t-il avec humeur; elle
» est fabriquée à Paris. Au reste, allez. Lecourbe
» commandera en Franche-Comté, Suchet dans
» les Alpes, Clausel sur la Gironde. Nous avons
» bien des chances. Gérard va à Metz; il vient
» de me tourmenter pour que je lui donne ce
» Bourmont, je lui ai accordé à regret; je n'ai
» jamais aimé cette figure-là.

» Les propositions que j'ai faites aux souverains
» ont été froidement accueillies. Cependant tout
» espoir d'arrangement n'est pas détruit. Il est
» possible que l'énergie avec laquelle se prononce
» l'opinion les ramène à des sentiments de paix.
» Je vais encore faire une tentative. Voici la lettre
» que je leur écris :

« Monsieur mon frère,

» Vous aurez appris dans le cours du mois
» dernier mon retour sur les côtes de France,
» mon entrée à Paris, et le départ de la famille
» des Bourbons. La véritable nature de ces évé-
» nements doit maintenant être connue de votre
» majesté. Ils sont l'ouvrage d'une irrésistible
» puissance, l'ouvrage de la volonté unanime
» d'une grande nation qui connaît ses devoirs et
» ses droits. La dynastie que la force avait rendue
» au peuple français n'était plus faite pour lui :
» les Bourbons n'ont voulu s'associer ni à ses
» sentiments ni à ses mœurs ; la France a dû se
» séparer d'eux. Sa voix appelait un libérateur.
» L'attente qui m'avait décidé au plus grand des
» sacrifices avait été trompée. Je suis venu ; et
» du point où j'ai touché le rivage, l'amour de
» mes peuples m'a porté jusqu'au sein de ma ca-
» pitale. Le premier besoin de mon cœur est de
» payer tant d'affection par le maintien d'une
» honorable tranquillité. Le rétablissement du
» trône impérial était nécessaire au bonheur des
» Français : ma plus douce pensée est de le rendre
» en même temps utile à l'affermissement du re-
» pos de l'Europe. Assez de gloire a illustré tour

» à tour les drapeaux des diverses nations ; les
» vicissitudes du sort ont assez fait succéder de
» grands revers à de grands succès. Une plus
» belle arène est ouverte aujourd'hui aux souve-
» rains, et je suis le premier à y descendre. Après
» avoir présenté au monde le spectacle de grands
» combats, il sera plus doux de ne connaître dé-
» sormais d'autre rivalité que celle des avantages
» de la paix, d'autre lutte que la lutte sainte de
» la félicité des peuples. La France se plaît à
» proclamer avec franchise ce noble but de tous
» ses vœux. Jalouse de son indépendance, le prin-
» cipe invariable de sa politique sera le respect
» le plus absolu pour l'indépendance des autres
» nations. Si tels sont, comme j'en ai l'heureuse
» confiance, les sentiments personnels de votre
» majesté, le calme général est assuré pour long-
» temps, et la justice, assise aux confins des di-
» vers états, suffira seule pour en garder les
» frontières.

» Je suis avec empressement, etc. »

Mais toutes ouvertures furent inutiles. Il était hors des proportions humaines, il assurait la suprématie de la France : c'étaient là des griefs que rien ne pouvait balancer ; j'en étais convaincu. Sa perte était résolue.

Je partis pour l'Alsace; l'attitude hostile des cours étrangères y avait excité une indignation générale: toutes les âmes généreuses, tous ceux qui abhorrent le joug de l'étranger, se disposaient à repousser cette ligue de rois qui, sous prétexte de combattre un homme, ne cherchaient qu'à s'enrichir de nos dépouilles. Les habitants, de concert et par un mouvement spontané, s'étaient portés sur les hauteurs qui dominent les défilés, les routes ou passages, et travaillaient à y construire des retranchements; les femmes, les enfants mettaient la main à l'œuvre. On s'égayait, on s'animait l'un l'autre en chantant des refrains patriotiques. Il y avait entre tous les citoyens rivalité de zèle et de dévouement: les uns élevaient des redoutes, les autres coulaient des balles, remontaient de vieux fusils, confectionnaient des cartouches. Enfin tous les bras étaient en mouvement; chacun voulait travailler à la défense commune.

Une scène touchante et digne des temps antiques eut lieu à Mulhausen lorsque j'y arrivai. On donnait un bal, les personnes les plus distinguées de la ville étaient réunies; l'assemblée était brillante et nombreuse. Vers la fin de la soirée on parla de la guerre, de l'invasion du territoire; chacun communiquait son avis, chacun faisait part de ses espérances et de ses craintes. Les dames discutaient entre elles, et s'entretenaient des dangers de la patrie. Tout à coup une des plus jeunes propose à ses compagnes de jurer qu'elles n'épouseront que des Français qui aient défendu les frontières. Des cris de joie, des battements de mains accueillent cette proposition. De toutes les parties de la salle on se dirige vers cet essaim de beautés ; on les environne, on se presse autour d'elles. Je me joignis à la foule, j'applaudis à la motion généreuse qui avait été faite, et j'eus l'honneur de recevoir le serment que chacune des jeunes patriotes vint prêter entre mes mains.

Ce trait rappelle les mariages des Samnites, mais il a peut-être quelque chose de plus admirable encore : ce qui était une institution chez ces peuples fut parmi nous l'effet d'une résolution spontanée ; chez eux le patriotisme était dans la loi, chez nous il était dans le cœur des jeunes filles.

CHAPITRE XLV.

Tout ce zèle cependant ne remplissait pas mes cadres; le temps courait et les recrues n'arrivaient pas. Les alliés se concentraient sur la rive gauche, ils pouvaient franchir le fleuve d'un instant à l'autre; ma position devenait critique. Je fis passer mes états de situation à l'empereur. Il ne put cacher sa surprise. « Si peu de monde!...
» L'Alsace, dont le patriotisme est si ardent!...
» N'importe... la victoire enfantera les bataillons.
» Tout n'est pas désespéré; la guerre a ses chan-
» ces; nous en sortirons. » Il m'avait ordonné quatre jours auparavant de ne pas laisser un seul homme de troupes de ligne dans les places fortes, d'extraire des dépôts tout ce qui était en état de servir, d'inonder, de mettre en état les lignes de Weissembourg, et d'assurer avec soin mes communications avec Bitche. J'étais occupé de ces mesures; mais il ne trouvait pas que j'allasse assez vite, il m'écrivit.

« Monsieur le général Rapp,

» J'ai reçu votre lettre du 12 mai. Je vois, par
» l'état que vous y avez joint, que le 18ᵉ de ligne,
» qui a deux bataillons à votre armée, forts de
» douze cents hommes, peut vous fournir un troi-
» sième bataillon de six cents hommes; faites-le
» partir sur-le-champ de Strasbourg pour venir
» vous rejoindre. Le 32ᵉ ne peut donner que deux
» cents hommes de renfort à vos bataillons de
» guerre, ce qui les portera à douze cents hom-
» mes. Le 39ᵉ peut vous fournir son troisième
» bataillon, faites-le partir. Le 55ᵉ peut également
» vous fournir son troisième bataillon. Le 58ᵉ
» peut vous fournir deux cents hommes pour com-
» pléter ses deux premiers bataillons. Le 103ᵉ
» peut compléter ses deux premiers bataillons à
» douze cents hommes; le 104ᵉ de même. Le 7ᵉ
» léger peut vous fournir son troisième bataillon;
» de même le 10ᵉ léger. Vous pouvez donc avec
» un peu d'activité renforcer votre infanterie de
» quatre mille hommes. Je suis surpris qu'il n'y
» ait pas eu plus d'engagements volontaires dans
» l'Alsace pour ces régiments. Le 39ᵉ de ligne se
» recrute dans le Haut-Rhin; ce département doit
» avoir fourni au moins deux mille vieux soldats,

» qui, répartis entre le 39ᵉ, 32ᵉ et 18ᵉ, devaient
» porter les troisièmes bataillons et même les qua-
» trièmes au complet. Le 10ᵉ léger, qui se recrute
» dans la Haute-Saône, doit recevoir beaucoup
» de monde. Le 57ᵉ, qui se recrute dans le Doubs,
» doit en recevoir également beaucoup. Le 7ᵉ léger,
» le 58ᵉ, et le 104ᵉ, qui se recrutent dans le Bas-
» Rhin, devraient être au complet. Faites-moi con-
» naître pourquoi tous les hommes que vous avez
» à vos dépôts ne sont pas sur-le-champ habillés,
» et n'augmentent pas vos cadres. Faites-moi con-
» naître aussi ce qui est annoncé à ces régiments
» des différents départements. Espérez-vous qu'au
» 1ᵉʳ juin vos troisièmes bataillons soient complé-
» tés, et que chaque régiment soit à dix-huit cents
» hommes ; ce qui ferait sept mille hommes pour
» chacune de vos divisions ? Êtes-vous content des
» généraux de division et de brigade que vous
» avez ? Quelle sera la situation du 2ᵉ de chas-
» seurs, du 7ᵉ, et du 19ᵉ de dragons, qui ont
» tous leur dépôt dans votre division, au 1ᵉʳ juin ?
» Ces trois régiments avaient à leur dépôt quatre
» cents hommes et trois cents chevaux : ils doi-
» vent en avoir reçu depuis. Au 1ᵉʳ juin, avec
» des mesures actives, cette division doit être
» de quinze cents chevaux. La troisième division
» a également tous ses dépôts dans votre arron-

» dissement : elle a douze cents hommes à son dé-
» pôt ; elle devra donc vous fournir deux mille
» chevaux.

» NAPOLÉON.

» Paris, le 14 mai 1815. »

Je répondis sur-le-champ aux questions qu'il m'adressait ; je lui exposai l'état déplorable dans lequel la troupe était tombée : les armes, la monture, l'habillement, il fallait tout remettre à neuf. Je ne pouvais pas avoir au-delà de vingt-deux mille hommes disponibles au 1er juin. Le tableau n'était pas brillant ; mais l'empereur faisait un si admirable emploi de ses ressources, qu'on ne devait jamais désespérer. Il mit de nouveaux fonds à ma disposition ; il stimulait mon zèle, m'engageait à ne rien négliger pour accroître mes forces et à reconnaître tous les défilés. Sa dépêche mérite d'être connue.

« MONSIEUR LE COMTE RAPP,

» Je reçois votre lettre du 18 mai. J'ai accordé
» treize millions pour l'habillement dans la dis-
» tribution de mai. Des ordonnances pour des
» sommes considérables ont été envoyées à cha-

» que corps de votre armée : assurez-vous qu'elles
» soient soldées. Je ne puis pas m'accoutumer à
» l'idée que vous ne puissiez avoir de disponible
» au 1ᵉʳ juin que vingt-deux mille deux cents hom-
» mes, quand la force des dépôts est de quatre mille
» hommes. Appelez à vous le troisième bataillon
» du 18ᵉ, le troisième du 39ᵉ, le troisième du 57ᵉ,
» le troisième du 7ᵉ léger, le quatrième du 10ᵉ
» léger ; ce qui vous formera un régiment à qua-
» tre bataillons, quatre à trois bataillons, et qua-
» tre à deux bataillons, ou vingt-quatre bataillons.
» Poussez l'habillement ; l'argent est en expédi-
» tion, et ne manquera pas. La situation que vous
» m'avez envoyée de votre cavalerie n'est pas
» bien faite. Comment le 6ᵉ de cuirassiers n'a-t-il
» que ses troisième et quatrième escadrons au
» dépôt ? Qu'est donc devenu son cinquième es-
» cadron ? Même observation pour le 19ᵉ de dra-
» gons. Vous avez mille sept cent quatre-vingt-
» sept hommes, et seulement quatre cent vingt-
» sept chevaux ; mais vous ne me faites pas con-
» naître combien d'hommes il y a en détache-
» ment pour prendre les chevaux des gendarmes,
» combien il y en a en remonte au dépôt de Ver-
» sailles, combien le régiment doit recevoir de
» chevaux par suite des marchés qu'il a passés,
» combien les départements doivent en fournir.

»Si vous y mettez l'activité convenable, vous
» devez sur ces dix-sept cents hommes en avoir
» bientôt quinze à seize cents montés, qui, joints
» à ceux qui composent aujourd'hui les esca-
» drons, porteront votre cavalerie à près de
» quatre mille hommes. Vous voyez cela trop lé-
» gèrement; levez les obstacles par vous-même;
» voyez les dépôts, et augmentez votre armée.
» Montez un espionnage pour savoir ce qui se
» passe au-delà du Rhin, et principalement à
» Mayence, à Thionville; et connaissez bien tous
» les débouchés des Vosges.

》 Napoléon.

« Paris, le 20 mai 1815. »

CHAPITRE XLVI.

J'allai occuper les lignes de la Lauter. Vingt-trois ans auparavant nous les avions défendues; mais alors elles étaient en bon état, la rive gauche du fleuve était gardée; nous avions quatre-vingt mille combattants, un corps de réserve, et l'armée du Haut-Rhin nous soutenait. Rien de tout cela n'existait plus. Les lignes n'offraient que des ruines : les digues et les écluses qui en faisaient la principale force étaient presque entièrement détruites, et les places qui les appuyaient n'étaient ni armées ni même à l'abri d'un coup de main. Nous comptions à peine quinze mille hommes d'infanterie répartis en trois divisions, aux ordres des généraux Rottembourg, Albert et Grandjean. Deux mille chevaux commandés par le comte Merlin composaient toute notre cavalerie. De Weissembourg jusqu'à Huningue d'une part, et jusqu'à la Belgique de l'autre, la frontière était complétement dégarnie. Dans cet état de choses, Germesheim devenait une position importante; défendue par une garnison considérable et vingt-quatre bouches à feu, elle ne pouvait être emportée que de vive force. Je ne désespérai pas du succès, et je fis, dès que la nouvelle des hostilités me fut parvenue, une reconnaissance générale, dans laquelle je m'emparai d'Hann, d'Anweiller, et de tous les villages de la Queich. Le chef d'escadron Turckheim enleva au galop celui de Gottenstein et les postes bavarois qui l'occupaient.

Le 21 au milieu de la nuit, toutes les dispositions étaient faites, et déjà les colonnes d'attaque se mettaient en marche, lorsqu'on annonça le désastre de Waterloo. Elles furent aussitôt rappelées. Je sentais bien que l'ennemi ne tarderait pas à franchir le fleuve; je me hâtai de prendre les mesures administratives que les circonstances exigeaient, et de mettre en état de défense les places qui étaient sous mon commandement. Je jetai un bataillon de ligne dans Landau, où je fis entrer les caisses du pays. Mais déjà, comme je l'avais prévu, les troupes de la coalition avaient passé le Rhin à Oppenheim et à Germesheim, et s'étaient partout répandues; nos soldats furent obligés d'en venir aux mains pour arriver à leur destination. Nous nous retirâmes derrière la Lauter; et le bruit de l'invasion du Haut-Rhin par la grande armée sous la conduite de Schwartzenberg m'étant parvenu au même instant, je fis partir en poste deux bataillons pour renforcer les garnisons de Neuf-Brisack et de Schelestadt.

Les Russes, les Autrichiens, les Bavarois, les Wurtembergeois, les Badois, et une foule d'autres nations, réunis au nombre de plus de soixante mille hommes, sous les ordres du prince royal aujourd'hui roi de Wurtemberg, débordèrent aussitôt le faible corps que j'avais sous mes ordres.

J'avais d'abord eu le dessein de défendre l'Alsace pied à pied, en me repliant vers les Vosges, la Meurthe, la Moselle et la Marne : mais j'appris que l'armée de la Moselle, qui m'appuyait par sa gauche, s'était dirigée vers le nord ; que des colonnes ennemies occupaient déjà Sarrebruck et inondaient la Lorraine : ce mouvement n'était donc plus possible. D'un autre côté, une décision précipitée, dans des circonstances aussi imprévues, pouvait avoir les plus graves conséquences. Je temporisai, dans l'espérance de recevoir des ordres pour régler mes mouvements. Mais, depuis la dépêche qui me donna connaissance de nos revers, je n'en reçus aucune jusqu'à la rentrée de Louis XVIII dans la capitale.

Dans la soirée du 24, la cavalerie wurtembergeoise attaqua mes avant-postes; les 7ᵉ chasseurs et 11ᵉ dragons prirent les armes, fondirent sur les assaillants, et les taillèrent en pièces. Le lendemain, l'armée continua son mouvement de concentration. Je m'établis en avant de la forêt de Haguenau, la droite à Seltz, le centre à Surbourg, et la gauche à cheval sur la route de Bitche, que l'ennemi avait déjà investie.

Cette position n'était que provisoire : elle était trop étendue; je ne l'avais prise que pour ne pas me porter tout à coup en arrière de la ville, et laisser pénétrer les alliés entre cette place et Saverne, que le lieutenant-général Desbureaux occupait avec un bataillon de ligne, des partisans et quelques lanciers.

Le général Rottembourg était chargé de surveiller le Rhin en arrière et sur la droite. Je n'avais pu lui laisser qu'une brigade, que j'avais portée à Seltz; encore fus-je obligé de retirer le 40ᵉ au moment où les Autrichiens paraissaient. Il ne lui resta que le 39ᵉ, dont le deuxième bataillon formait les avant-postes et la réserve. Le 1ᵉʳ, une compagnie de sapeurs et huit pièces de canon composaient le corps de bataille pour une ligne de plus d'une demi-lieue d'étendue. La position, sans être mauvaise par elle-même, n'avait rien de rassurant. La petite ville de Seltz, appuyée au Rhin, est située sur les deux rives de la Seltzbach. Cette rivière est assez bien encaissée sur une étendue d'environ deux cents toises ; mais plus loin elle est partout guéable, et les bois qui la bordent en favorisent encore le passage. D'un autre côté, je craignais un débarquement, que l'ennemi pouvait facilement effectuer en arrière de la droite, et auquel je n'eusse pu m'opposer que faiblement, attendu que toute l'attention devait se porter sur le front, qui, comme je l'ai dit, s'étendait fort loin.

Dans cette alternative, le général Rottembourg se décida à ne faire observer le Rhin que par des patrouilles, et envoya une compagnie pour garder les gués, depuis le moulin de Seltz jusqu'à Nideradern. Il plaça son artillerie sur une petite éminence de la rive droite, à gauche de la ville, et ce qui lui restait de soldats se porta en avant pour soutenir le deuxième bataillon, qui occupait les avant-postes et le bois.

A onze heures, l'ennemi ayant réuni ses masses, commença l'attaque par un feu de mousqueterie bien nourri, qu'il appuya avec huit pièces de canon. La résistance des nôtres fut opiniâtre, et pendant long-temps il ne put la vaincre ; mais à la fin cette petite avant-garde fut contrainte de se replier dans le bois. Elle s'y maintint avec un courage héroïque, et résista long-temps aux efforts de huit à neuf mille hommes, que soutenait une artillerie nombreuse. Enfin, après quelques heures de la plus belle résistance, cette poignée de braves se retira dans le plus grand ordre, et vint se réunir au premier bataillon.

Enhardi par ce succès, l'ennemi fit descendre ses masses. Il déboucha par la grande route, se dirigea sur Seltz, dont il croyait s'emparer sans difficulté. Nous le laissâmes arriver sous le feu de nos batteries ; dès qu'elles purent jouer, une décharge épouvantable porta la mort dans ses rangs. Rassuré par le nombre, il continua néanmoins d'avancer, et le combat se rétablit avec plus de vigueur qu'auparavant. Mais, toujours contenus par la valeur de nos soldats, et foudroyés par l'artillerie française, les Autrichiens finirent par céder, et se retirèrent en désordre dans le bois. Leurs mouvements dès lors devinrent incertains, et ils hésitèrent long-temps sur ce qu'ils avaient à faire. Nos pièces continuaient de porter la mort au milieu de leurs colonnes. L'attaque n'était pas plus périlleuse que l'inaction ; ils marchèrent en avant, et parvinrent à s'emparer de la partie de la ville située sur la rive gauche. Mais ce triomphe leur coûta cher. Quelques obus lancés sur les maisons dont ils étaient maîtres les contraignirent à les quitter, et à regagner précipitamment leur premier asile; nos batteries redoublèrent leur feu, et firent essuyer aux fuyards une perte immense.

Cette attaque ne fut pas la seule dans laquelle ils échouèrent. Dès le commencement de l'action, ils s'étaient avancés, par la grande route de Weissembourg à Haguenau, sur Surbourg, qu'occupait un bataillon du 18e, commandé par le colonel Voyrol. Ce village fut vaillamment défendu : pendant plus de deux heures l'ennemi ne put y pénétrer; mais il déploya enfin des forces si considérables, que, dans la crainte de voir tourner la position, le général Albert la fit évacuer. Nos soldats se replièrent derrière la Saare, où ils se réunirent au reste du régiment. Assaillis en cet endroit par l'élite de l'armée autrichienne, ils restèrent inébranlables. Lassés de tant d'attaques infructueuses, convaincus qu'ils ne parviendraient pas à forcer des hommes qui paraissaient décidés à mourir à leur poste, ni à s'emparer des avenues de la forêt, les alliés se décidèrent enfin à la retraite.

Nous avions trois cents hommes tués ou blessés : les Autrichiens, de leur propre aveu, en avaient perdu deux mille et avaient eu deux pièces de canon démontées.

Nos troupes avaient à peine pris quelques heures de repos, lorsque je fus obligé de les remettre en marche. L'armée alliée du Haut-Rhin s'avançait sur Strasbourg; cette nouvelle m'était parvenue pendant l'action. Je n'avais pas un instant à perdre. Je me dirigeai sans délai sur cette place, et l'événement a fait voir si cette mesure était juste.

CHAPITRE XLVII.

Ce fut pendant cette retraite que les soldats apprirent le désastre de Waterloo et l'abdication de l'empereur, que, jusqu'à ce moment, je leur avais soigneusement cachés. Ces événements produisirent un découragement universel, et la désertion se mit bientôt parmi eux. Les moins emportés roulaient dans leurs têtes des projets funestes. Excités par la malveillance, les uns voulaient se rendre dans leurs foyers, les autres proposaient de se jeter en partisans dans les Vosges.

Je fus aussitôt informé de ces dispositions. J'envisageai de suite les terribles conséquences qu'elles pouvaient avoir. Je publiai un ordre du jour; il réussit, les esprits se calmèrent; mais l'inquiétude ne tarda pas à se réveiller. Arrivé à Haguenau, le *** régiment, autrefois si fameux, annonça hautement le dessein de quitter l'armée et de se rendre avec son artillerie dans les montagnes. Déjà les pièces étaient attelées et un bataillon avait pris les armes. Je fus averti ; j'accourus, je pris à la main l'aigle de ces rebelles ; et me plaçant au milieu d'eux, « Soldats, leur dis-je, j'apprends qu'il est ques- » tion, parmi vous, de nous abandonner. Dans » une heure nous allons nous battre ; voulez- » vous que les Autrichiens pensent que vous » avez fui le champ d'honneur? Que les braves » jurent de ne quitter ni leurs aigles ni leur gé- » néral en chef. Je permets aux lâches de s'en » aller. » A ces mots, tous s'écrient : « Vive Rapp! » vive notre général ! » Tous font le serment de mourir sous leurs drapeaux, et le calme est rétabli.

Nous nous mîmes aussitôt en marche, et nous nous portâmes sur la Souffel, à deux lieues en avant de Strasbourg. La quinzième division avait sa droite à la rivière d'Ill, son centre à Hoenheim, sa gauche à Souffelweyersheim, et s'étendait jusqu'à la route de Brumpt; la seizième occupait Lampertheim, Mundolsheim, les trois villages de Hausbergen, et appuyait sa gauche à la route de Saverne ; enfin la dix-septième était en colonnes sur celle de Molsheim, avec deux régiments de cavalerie; deux autres étaient placés en arrière de la quinzième division à Bischeim. Telle était la position de nos troupes le 28 au matin, lorsque l'ennemi se jeta avec impétuosité sur le village de Lampertheim, occupé par un bataillon du 10e, sous le commandement du général Beurmann. Ce bataillon seul soutint long-temps les efforts de huit mille hommes d'infanterie et le feu continu de six pièces de canon. Néanmoins, comme le nombre des assaillants augmentait sans cesse, il se retira derrière la rivière, et vint, conformément à ses ordres, s'éblir à Mundolsheim.

Des colonnes ennemies, fortes de quarante à cinquante mille hommes, s'avancèrent aussitôt par les routes de Brumpt et de Bischweiller. Toutes ces dispositions, et les masses de cavalerie qui couvraient la première de ces routes, annonçaient le projet de séparer les divisions des généraux Rottembourg et Albert, afin d'accabler celle-ci. Je ne me mépris pas sur le dessein des alliés; mais je ne pouvais réunir mes troupes, déployées dans une plaine immense et déjà engagées sur toute la ligne. Il ne me restait qu'un parti; je le pris sur-le-champ : heureusement c'était le plus funeste pour l'ennemi. Je serre en colonnes le 10e régiment, au milieu du feu; je fais avancer le 32e, et je l'échelonne après l'avoir formé en carré. Le reste de la division Albert reste en réserve à la hauteur de Hiderhausbergen.

Tout en défendant le terrain pied à pied, le

général Rottembourg fit un changement de front, l'aile gauche en arrière, et vint couvrir les villages de Hoenheim, Bischeim et Schittigheim, en menaçant le flanc des troupes qui s'engageaient entre ces deux divisions. C'étaient ses instructions.

Le 103ᵉ fut placé sur la route de Brumpt, et le 36ᵉ sortit de Souffelweyersheim pour l'appuyer; mais à peine était-il en marche que les alliés attaquent le village. J'envoie aussitôt une compagnie pour défendre cette importante position. Nos soldats s'y portent à la course, mais l'ennemi s'en empare avant qu'ils puissent arriver. Le capitaine Chauvin soutient avec une rare bravoure le feu d'une nuée de tirailleurs, et donne au général Fririon le temps d'accourir. Celui-ci laisse un bataillon et quatre pièces de canon pour couvrir la route, et s'avance au pas de charge avec le reste de ses forces. Le général Gudin seconde ce mouvement, et manœuvre sur celle de Bischweiller : les Autrichiens cèdent et se retirent; mais les renforts qu'ils reçoivent à chaque instant ne laissent à nos troupes aucun espoir de se maintenir. D'un autre côté, les assaillants avaient débordé le 10ᵉ, et le moment était venu d'exécuter le mouvement que j'avais prescrit. En conséquence, la seizième division replia son aile gauche perpendiculairement en arrière, et en conservant la tête de Hoenheim, d'où notre artillerie foudroyait l'ennemi en flanc et à revers. En même temps, le brave général Beurmann, attaqué de toutes parts et déjà enveloppé, sortait de Mundolsheim à la tête du 10°, et faisait retraite en bon ordre sur la division.

Les Autrichiens, de leur côté, se portaient sur la route de Brumpt avec des masses énormes de cavalerie et d'infanterie, soutenues par une artillerie formidable. Ils s'engagèrent entre les deux divisions, et arrivèrent sans obstacle sur quatre bouches à feu qui n'avaient cessé de mitrailler leurs colonnes. Elles furent enlevées : mais l'ennemi prêta le flanc aux troupes du général Rottembourg, et à deux régiments de cavalerie qui se trouvaient sur son front. Je profitai de cette circonstance, je me mis à la tête du 11° de dragons et du 7° de chasseurs à cheval. Je me précipitai en avant, je renversai la première ligne, pénétrai dans la seconde, culbutai tout ce qui opposa de la résistance. Nous fîmes une boucherie affreuse de la cavalerie autrichienne et wurtembergeoise. En même temps le 32° de ligne arrive au pas de charge, en colonnes serrées, et l'empêche de se rallier. Elle se renverse sur sa propre infanterie et la met en fuite.

De son côté le général Rottembourg porte sa

droite en avant, et fait sur l'ennemi, qui défile en désordre devant ses colonnes, le feu le plus meurtrier d'artillerie et de mousqueterie; en un instant le champ de bataille est couvert de morts, et l'immense armée du prince de Wurtemberg mise en déroute. Elle fut telle que des bagages qui se trouvaient à deux lieues en arrière furent culbutés, pillés, et que le prince lui-même perdit ses équipages. Le désordre s'étendit jusqu'à Haguenau, et aurait été plus loin, si 30,000 Russes, arrivés de Weissembourg, n'eussent par leur présence rassuré les fuyards. La nuit qui survint, et le danger qu'il y aurait eu à s'aventurer devant des forces aussi supérieures, nous empêchèrent de profiter de nos avantages. Nous ne pûmes reprendre notre artillerie; l'ennemi s'était hâté de la faire passer sur ses derrières.

Elle lui coûtait assez cher pour qu'il tînt à la conserver. Il avait quinze cents à deux mille morts et un nombre de blessés encore plus considérable. De notre côté, nous eûmes environ sept cents hommes hors de combat. De ce nombre étaient les deux capitaines d'artillerie légère Favier et Dandlau, blessés l'un et l'autre en défendant leurs pièces, et le colonel Montagnier, qui rendit de si grands services en cette occasion.

Le général ennemi se vengea de sa défaite par

des dégâts. Il incendia, le lendemain de la bataille, le village de Souffelweyersheim, sous prétexte que les paysans avaient tiré sur ses troupes. Le fait n'est pas vrai, et le nom du prince de Wurtemberg reste à jamais souillé d'une action qui a plongé une foule de familles dans la misère.

Soit que la vigueur avec laquelle nous avions repoussé toutes ses attaques l'eût dégoûté d'en faire de nouvelles, soit tout autre motif, il resta quelques jours sans rien entreprendre. Je profitai de ce repos pour approvisionner Strasbourg et me fortifier dans mes positions. J'eus le temps aussi de donner à tous les commandants de place qui étaient sous mes ordres les instructions les plus précises.

Cependant l'armée alliée augmentait sans cesse, de nouveaux corps venaient la grossir tous les jours : bientôt soixante-dix mille hommes se déployèrent devant nous, et vinrent nous presser de toutes parts. Les parlementaires se succédaient l'un à l'autre, et sans avoir aucun but marqué. Je fis proposer au général ennemi une suspension d'armes, pendant laquelle je pourrais envoyer un officier à Paris, et recevoir des ordres du gouvernement. Le prince de Wurtemberg refusa, sans renoncer néanmoins au système de communication qu'il avait adopté.

Ce fut à peu près à cette époque qu'il fit venir devant lui le pasteur de Wendenheim, homme respectable et excellent patriote. « Connaissez-vous, lui dit-il, le général Rapp? — Oui, monseigneur. — Vous chargeriez-vous d'une mission auprès de lui? — Assurément, si elle n'avait rien de contraire aux intérêts de mon pays. — Eh bien, allez lui dire que s'il veut me livrer Strasbourg pour le roi de France, il verra pleuvoir sur lui les biens et les honneurs. — Monseigneur, le général Rapp est Alsacien, et par conséquent bon Français; jamais il ne consentira à déshonorer sa carrière militaire. En conséquence, je prie votre altesse de charger un autre que moi de ce message. »

A ces mots, le vénérable pasteur s'incline et disparaît, laissant le prince étonné et confondu d'avoir proposé inutilement une bassesse. Néanmoins son altesse ne se rebuta pas. Le 3 juillet, elle m'envoya le général Vacquant, en qualité de parlementaire, pour me demander, au nom du roi de France, la remise de la place de Strasbourg. Afin d'inspirer plus de confiance, l'officier autrichien portait un énorme ruban blanc et la décoration du lis. Je lui demandai s'il venait de la part du roi, il répondit que non. « Eh bien, lui dis-je, je ne rendrai la place

» que lorsque mes soldats auront mangé des
» cuisses autrichiennes, comme ceux que j'avais
» à Dantzick en ont mangé de russes. »

Importuné des communications insignifiantes que me faisait passer chaque jour le commandant des alliés, je cherchai à pénétrer ses motifs. Dans cette vue, une reconnaissance générale fut exécutée le 6 sur les positions autrichiennes. Nos soldats enlevèrent quelques postes de cavalerie, en taillèrent d'autres en pièces, et rentrèrent au camp après avoir fait prendre les armes à toute l'armée ennemie.

Une forte canonnade s'étant fait entendre deux jours après du côté de Phalsbourg, je résolus de faire une seconde pointe, tant pour m'assurer au juste des forces que j'avais devant moi, que pour empêcher le prince de Wurtemberg de détacher des troupes contre cette place. La division Albert et la cavalerie marchèrent contre le camp retranché que les Autrichiens avaient assis depuis la forte position d'Oberhausbergen jusqu'à Hiderhausbergen. L'attaque commença à trois heures du matin, elle fut impétueuse et couronnée du plus grand succès. La cavalerie ennemie fut culbutée et mise en fuite par la brigade du général Grouvel; les principaux villages furent pris à la baïonnette, et les retranchements emportés. Plusieurs officiers furent faits prisonniers dans leurs lits, d'autres au moment où ils couraient aux armes. Des généraux s'échappèrent en chemise, et ne durent leur salut qu'aux ténèbres qui les protégeaient.

Le 10ᵉ d'infanterie légère, commandé par le brave colonel Cretté, déploya dans cette affaire la même valeur qu'à la bataille du 28. Le 18ᵉ, sous les ordres du colonel Voyrol, l'un des officiers les plus intrépides de l'armée française, se rendit maître du village de Mittelhausbergen, où il se maintint long-temps contre des forces supérieures et des attaques non interrompues sur tous les points.

Le signal de la retraite ayant été donné, le général Albert fit échelonner le 57ᵉ vers l'attaque de droite, et le 32ᵉ vers celle de gauche. Nous nous repliâmes dans le plus grand ordre. L'ennemi voulut nous troubler, il fondit sur nos troupes. Le 57ᵉ le reçut sans s'ébranler, et fit une décharge à bout portant qui désorganisa ses colonnes; deux fois la cavalerie alliée revint à la charge, deux fois elle fut repoussée avec perte. Le général Laroche, qui la conduisait, fut atteint et tomba sous les pieds des chevaux; il eût péri si les Français ne fussent venus à son secours. « Amis, s'écria-t-il, j'ai servi autrefois dans vos

» rangs, sauvez-moi. » Il fut aussitôt relevé et rendu aux siens. Un gros de cuirassiers faillit surprendre le 18ᵉ dans son mouvement rétrograde ; mais le chef de l'état-major-général, le colonel Schneider, lui ayant habilement opposé un bataillon qu'il avait sous la main, rompit son choc et sauva le régiment d'une défaite inévitable.

Les alliés, convaincus qu'ils ne parviendraient pas à nous entamer, nous laissèrent paisiblement continuer notre marche. Nos troupes rentrèrent au camp après avoir acquis la certitude de l'immense supériorité des forces qu'elles avaient à combattre. De part et d'autre on prit des cantonnements. Une convention militaire fut conclue peu de jours après, et les hostilités cessèrent dans toute l'Alsace.

CHAPITRE XLVIII.

L'oisiveté engendra bientôt la sédition. D'autres armées, d'autres corps, que n'égarait aucune combinaison politique, avaient foulé aux pieds la discipline militaire. Est-il étrange qu'au milieu de l'effervescence générale mes soldats se soient un instant oubliés? Cet épisode est pénible. Je ne dois ni l'écrire ni le taire. Je puis bien supporter le blâme qu'ont encouru Joubert, Masséna, et tant d'autres généraux que je n'ai pas la prétention d'égaler. Voici en quels termes un anonyme a rendu compte de cet acte d'indiscipline. Il n'a pas voulu tout dire, mais il s'agit de moi : je dois imiter sa réserve. Je souscris du reste au jugement qu'il a porté.

«Les Autrichiens, désespérant de se rendre maîtres de Strasbourg par la force des armes, cherchèrent à se ménager des intelligences dans cette ville. Ils y réussirent d'autant mieux qu'ils employèrent avec sagacité les deux moyens qui agissent le plus puissamment sur le cœur de l'homme, l'or et la frayeur. Ils séduisirent les uns par l'appât des richesses, ils en subjuguèrent d'autres en leur faisant craindre les vengeances du gouvernement. Lorsqu'ils se furent de la sorte assurés de tous ceux qu'ils jugèrent susceptibles d'être égarés, ils se hâtèrent d'exécuter leurs perfides desseins.

» Dès l'ouverture de la campagne, nos soldats se trouvaient dans un état d'irritation bien propre à seconder les vues secrètes de l'ennemi : ils connaissaient l'affreuse journée de Waterloo, ils en savaient tous les détails; mais ils avaient trop de confiance dans l'habileté de cet homme fameux avec lequel ils avaient cinq fois triomphé de l'Europe entière, ils l'avaient vu trop souvent ressaisir par des inspirations soudaines la victoire qui lui échappait, pour croire que son génie militaire l'eût tout à coup abandonné; ils songeaient perpétuellement à ce désastre, et ils ne pouvaient y songer sans frémir. Persuadés qu'ils étaient que nos troupes étaient toujours les mêmes, et qu'elles avaient affaire aux mêmes ennemis, une telle défaite leur paraissait inconcevable. N'en connaissant pas les véritables causes, ils accusaient les traîtres de tous nos malheurs : des traîtres avaient livré nos plans, des traîtres avaient commandé de fausses manœuvres, des traîtres avaient crié *sauve qui peut;* il y en avait parmi les généraux, parmi les officiers, parmi les soldats : qui sait même s'il n'en existait que dans l'armée du nord ? qui sait si le corps dont ils faisaient partie, si leur régiment, si leur compagnie, n'en étaient pas infectés? Pouvaient-ils compter sur leurs chefs, sur leurs camarades? Tout le monde était suspect, il fallait se défier de tout le monde.

» Tels étaient les discours qui échappaient à la colère, que la malveillance accueillait, amplifiait, envenimait, et que chaque soldat finit par répéter et par croire. Bientôt on expliqua tout par cette idée. Accoutumé à tenir la campagne, on s'était vu avec douleur contraint de se retirer devant un ennemi qu'on méprisait. Il eût été naturel d'attribuer ses progrès à son immense supériorité numérique : on aima mieux les expliquer autrement; les chefs étaient d'intelligence avec les Autrichiens. Plusieurs circonstances aussi fatales qu'inévitables vinrent donner à cette opinion une sorte de vraisemblance aux yeux des soldats prévenus. Ce fut d'abord l'ordre que reçut le comte Rapp de licencier l'armée, et de renvoyer chaque homme isolément, sans argent et sans armes. Ce fut ensuite une injonction qui lui fut faite par le gouvernement de livrer à des commissaires russes dix mille fusils tirés de l'arsenal de Strasbourg. Ces deux dépêches l'obligèrent d'entrer en correspondance avec les alliés. Les fréquents échanges de courriers qui eurent lieu à cette occasion produisirent un mauvais effet sur les esprits. Le mystère dont le général fut obligé de s'envelopper pour cacher aux troupes le transport des armes à feu augmenta l'irritation ; les malveillants la portèrent à son comble. Ils disaient hautement que le comte Rapp était vendu, qu'il avait reçu plusieurs millions des Autrichiens pour les introduire dans la place, et que s'il renvoyait les soldats individuellement et désarmés, c'était d'après une convention faite et pour les livrer à l'ennemi.

» Dès qu'une fois ces germes de fermentation eurent été jetés dans les différents corps, ils se développèrent d'eux-mêmes ; les instigateurs n'eurent plus qu'à en observer les progrès, à combiner les incidents propres à augmenter les troubles, et à rendre inévitable la catastrophe qu'ils préparaient.

» Quoique le général Rapp fût bien loin de soupçonner une telle trame, il avait pris, en quelque sorte, toutes les mesures qu'il pouvait prendre pour la déjouer. Aussitôt que la dépêche ministérielle relative au licenciement lui fut parvenue, il avait expédié en toute hâte à Paris un de ses aides-de-camp, le chef d'escadron Marnier. Cet officier vit plusieurs fois les ministres, il leur représenta à quelle violence l'armée allait se porter si la solde entière n'était pas payée; mais il ne put obtenir, malgré les instances les plus vives, qu'une traite de quatre cent mille francs sur la caisse de service. Son retour avec cette faible somme vint détruire toutes les espérances. Le général en chef, qui voyait les esprits s'aigrir de plus en plus, ne négligea rien pour conjurer l'orage. Le manque de fonds était ce qui indisposait le plus : pour faire disparaître cette cause de mécontentement, il essaya d'ouvrir un emprunt dans Strasbourg. Les habitants lui ayant demandé une hypothèque, il fit solliciter, auprès du ministre des finances, l'autorisation d'engager les tabacs qui se trouvaient dans la ville : le ministre s'y refusa. Néanmoins, par l'entremise du général Semelé, qui commandait la place, on obtint des autorités civiles une somme de cent soixante mille francs. De si faibles moyens ne pouvaient satisfaire les soldats, que de faux bruits animaient sans cesse, et l'insurrection ne tarda pas à éclater. Elle fut soudaine, elle fut générale, et présenta un caractère tout-à-fait particulier. J'en retracerai tous les détails, parce qu'ils serviront à faire mieux connaître l'esprit du soldat français.

« Le 2 septembre, vers les huit heures du matin, environ soixante officiers subalternes de différents régiments s'assemblèrent dans un des bastions de la place. Ils arrêtèrent un projet d'obéissance aux ordres qui licenciaient l'armée, mais à des conditions dont ils résolurent de ne point se départir. Cette déclaration commençait ainsi :

« Au nom de l'armée du Rhin, les officiers,
» sous-officiers et soldats n'obéiront aux ordres
» donnés pour le licenciement qu'aux conditions
» suivantes :

» Art. 1ᵉʳ. Les officiers, sous-officiers et soldats
» ne quitteront l'armée qu'après avoir été soldés
» de tout ce qui leur est dû.

» Art. 2. Ils partiront tous le même jour, em-
» portant armes, bagages, et cinquante cartouches
» chacun, etc., etc. »

» Dès que cette pièce eut été libellée, ils se rendirent chez le général en chef pour lui en donner communication. Celui-ci, alors malade, était dans le bain. Étonné de cette visite inattendue, il donne ordre de laisser approcher. Cinq officiers s'approchent aussitôt de la baignoire ; ils font l'exposé du sujet de leur mission, et déclarent que l'armée ne subira le licenciement qu'autant que ces conditions auront été rem-

plies. A ce mot de conditions, le général furieux s'élance du bain, et arrachant le papier des mains de l'orateur : « Quoi ! messieurs, vous vou-
» lez m'imposer des conditions ! vous refusez
» d'obéir ! des conditions à moi !... »

» Le ton de voix, le regard du comte Rapp, peut-être l'attitude dans laquelle il se présentait, imposèrent à la députation. Elle se retira confuse, et chacun des officiers alla rendre compte à son régiment du mauvais accueil qu'ils avaient reçu.

» Les sous-officiers, assemblés au nombre d'environ cinq cents, attendaient pour agir la réponse du général. Ils sentirent bien, quand ils en eurent connaissance, qu'un tel homme n'était pas facile à intimider, et qu'en faisant une démarche, ils ne seraient pas plus heureux que leurs chefs. Mais leur parti était pris ; ils vinrent se ranger en bataille dans la cour du palais, et demandèrent qu'on les introduisît auprès du général en chef. Un aide-de-camp descend pour connaître les motifs qui les amènent, ils refusent d'entrer en explication avec lui. « Quel est le
» chef de la troupe ? demande cet officier. Aucun...
» tous, » répondent-ils en masse. Il appelle au centre les plus anciens de chaque régiment ; il leur adresse quelques représentations sur l'acte

d'indiscipline dont ils se rendent coupables. Mille voix confuses l'interrompent aussitôt : « De l'ar-
» gent! de l'argent!... Nous voulons être payés de
» tout ce qui nous est dû ; nous saurons nous
» faire payer. »

» Le chef d'état-major colonel Schneider, dont ils avaient tant de fois admiré la résolution au milieu des dangers, arrive sur ces entrefaites, et essaie avec aussi peu de succès de les calmer : « De l'argent, répètent-ils encore, de l'argent! » Fatigués de pousser des cris, de faire des menaces inutiles, et n'ayant pu arriver jusqu'au général en chef, ils se dispersent enfin, après s'être assigné un rendez-vous. La plupart se portent sur la place d'armes, où ils procèdent aussitôt à l'élection des nouveaux chefs qu'ils avaient résolu de se donner. L'un d'eux, nommé Dalouzi, sergent au 7ᵉ léger, connu par sa capacité, son audace, et surtout par un babil soldatesque qui lui était propre, réunit tous les suffrages : « Vous
» voulez être payés, dit-il à ses camarades, et
» c'est pour cela que vous êtes ici. — Oui, ré-
» pondit-on d'une commune voix. — Eh bien! si
» vous promettez de m'obéir, de vous abstenir de
» tout désordre, de faire respecter les propriétés,
» de protéger les personnes, je jure sur ma tête
» que vous le serez avant vingt-quatre heures. »

Ce discours fut accueilli avec des cris de joie, et le sergent fut nommé général. Il choisit aussitôt pour son chef d'état-major le tambour-major du 58e; un second sous-officier fut chargé des fonctions de gouverneur de la place; un troisième, du commandement de la première division; un autre de la seconde, et ainsi de suite. Les régiments eurent des colonels; les bataillons, les escadrons, des chefs; et les compagnies, des capitaines; enfin on compléta un état-major.

» Les autres sous-officiers étaient retournés aux casernes, où les soldats attendaient avec impatience le résultat de la démarche qui venait d'être faite. La générale est aussitôt battue, et tous les corps, infanterie, cavalerie, artillerie, sont dirigés en ordre et à la course sur la place d'armes. L'organisation était à peine terminée, lorsqu'ils y arrivèrent. A mesure qu'ils paraissaient, les nouveaux chefs allaient en prendre le commandement, et les dirigeaient sur les points qu'ils avaient ordre d'occuper.

» Cependant le général Rapp, étonné de voir éclater une insurrection si grave, s'était habillé à la hâte, dans l'espérance de connaître les motifs de ces mouvements séditieux, et de parvenir à les calmer. Mais les diverses opérations dont nous venons de rendre compte avaient été conduites avec une telle célérité, qu'au moment où il sortait accompagné de son chef d'état-major et de quelques officiers, les colonnes, suivies d'une populace nombreuse, débouchaient déjà par toutes les rues qui aboutissent à la place du palais. Dès qu'elles aperçoivent le général, les troupes se mettent précipitamment en bataille, et croisent la baïonnette pour l'empêcher de passer. Aussitôt des cris forcenés se font entendre des derniers rangs. « Tirez... il a vendu l'armée... » Tirez donc. » Des misérables, répandus dans les groupes, excitaient du geste et de la voix à massacrer ce vaillant homme. La fureur se répand de proche en proche, et bientôt la confusion est à son comble; les soldats égarés apprêtent leurs armes; les rangs se doublent; huit pièces de canon arrivent au galop, et sont incontinent chargées à mitraille.

» Chaque fois que le général Rapp adresse la parole à ceux qui le menacent, les vociférations recommencent et les cris provocateurs se font entendre avec une nouvelle rage. Mis en joue à plusieurs reprises, les pièces de canon sont constamment dirigées sur lui, et les pointeurs suivent tous ses mouvements : « Rangez-vous ! s'é- » criaient-ils, que nous tirions dessus. » Un obusier s'attache avec tant de persévérance au groupe dont le général est environné, qu'il s'en aperçoit. Il court au canonnier qui tient la mèche : « Eh » bien! que prétends-tu faire, misérable? lui dit-» il; veux-tu me tuer? Mets le feu, me voici à » l'embouchure. — Ah, mon général! s'écrie le » soldat en laissant échapper son boute-feu, j'ai » été au siége de Dantzick avec vous, je vous » donnerais ma vie... Mais les camarades veulent » être payés, je suis obligé de faire comme eux. » Et il reprend sa mèche.

» Accablé de questions vides de sens, d'interpellations sans objet, étourdi des clameurs de la multitude, dont les flots grossissaient sans cesse, le général se décida enfin à rentrer au palais.

» Les troupes l'y suivirent, et les différentes avenues en furent sur-le-champ occupées par huit pièces de canon, mille hommes d'infanterie et un escadron de cavalerie. Cette garde se nomma la garde extérieure du palais. Un bataillon de grenadiers vint s'établir dans la cour, et prit la dénomination de garde intérieure. Près de soixante factionnaires furent placés deux à deux à toutes les portes et sur l'escalier qui conduisait à l'appartement du comte Rapp; il y en eut même, pendant quelques instants, jusqu'à celle de sa chambre à coucher. On s'empara ensuite du télégraphe et de la monnaie. Pour témoigner en même temps qu'on n'avait aucun mauvais dessein, un détachement fut envoyé à l'hôtel du général autrichien Volkman, qui se trouvait dans la place, et fut mis à sa disposition. Les ponts furent levés, et l'on ne communiqua plus avec les dehors sans une permission signée du nouveau commandant. Le tambour-major du 58ᵉ se rendit avec un trompette au quartier-général des alliés, et leur signifia que s'ils respectaient la trêve, la garnison ne se porterait à aucun acte d'hostilité; mais que s'ils essayaient de profiter de la mésintelligence qui régnait entre le chef et les soldats, elle saurait opposer une noble résistance.

» Cependant Dalouzi avait établi son état-major sur la place d'armes, et créé deux commissions, l'une des vivres, composée de fourriers, et l'autre des finances, formée de sergents-majors; elles se constituèrent en permanence, délibérèrent sur les mesures les plus propres à maintenir la tranquillité publique, et à mettre la ville à l'abri de toute surprise. Les postes de la citadelle et ceux de l'intérieur furent doublés; on plaça même des gardes à quelques vieilles poternes qui jusque-là avaient été négligées; on renforça la ligne extérieure, les troupes bivouaquèrent sur les places et dans les rues ; enfin on n'oublia aucune des précautions que peut suggérer la prudence la plus soupçonneuse. Afin de prévenir les excès auxquels la malveillance pouvait exciter les soldats, il fut défendu, sous peine de mort, d'entrer dans aucun des lieux où l'on vendait de l'eau-de-vie, du vin ou de la bière. La même peine fut portée contre tous ceux qui se rendraient coupables de pillage, de désordre ou d'insubordination. Enfin, pour assurer mieux encore la tranquillité publique, il fut résolu que l'armée serait instruite de six heures en six heures de sa situation.

» Ces dispositions prises, le receveur-général et l'inspecteur aux revues furent mandés. Celui-ci fit un état approximatif des sommes nécessaires pour mettre la solde au courant, l'autre présenta le montant de son avoir en caisse; après quoi, Dalouzi convoqua le conseil municipal, auquel il exposa les motifs qui avaient déterminé la garnison à prendre les armes, et pria le maire d'aviser aux moyens de faire des fonds pour acquitter l'arriéré.

» Il envoya ensuite au comte Rapp une députation composée du nouveau gouverneur et de cinq ou six généraux-sergents. « Eh bien ! que me vou-

» lez-vous encore? leur dit ce général avec l'accent
» de l'indignation et du mépris. Vous êtes indignes
» de porter l'uniforme français... J'ai cru que vous
» étiez des gens d'honneur, je me suis trompé...
» Vous vous laissez séduire par des misérables...
» Que prétendez-vous faire?... Pourquoi ces gardes
» qui environnent le palais?... Pourquoi cette ar-
» tillerie dirigée contre moi?... Je suis donc bien
» redoutable?... Croit-on que je veuille m'évader?...
» Et pour quelle raison m'évaderais-je?... Je ne
» crains rien... Je ne vous crains pas... Mais au
» fait que me voulez-vous? encore une fois que
» me voulez-vous?...» L'agitation du comte Rapp,
en prononçant ces mots, contrastait vivement
avec l'air sombre de la députation. Ces sous-officiers, confus de retenir captif un chef qu'ils aimaient, et dont la valeur, la loyauté leur étaient
si connues, gardaient un profond silence. Ils
étaient sur le point de se retirer, lorsqu'un d'entre eux prenant la parole : « Mon général, dit-il,
» nous avons appris que les autres corps d'armée
» ont été payés, nos soldats veulent également
» l'être; ils sont en révolte, mais ils nous obéis-
» sent. Nous ne demandons que ce qui nous est
» dû, le faible dédommagement de tant de sang
» et de blessures; nous ne demandons que ce qui
» nous est indispensable pour faire notre route et

» nous retirer dans nos foyers. Les troupes ne ren-
» treront dans l'ordre, c'est une chose fermement
» arrêtée, que lorsque la solde sera alignée pour
» tout le monde. — Il n'y a pas assez d'argent en
» caisse, repartit le général. J'ai eu l'intention de
» vous faire payer, même de vos masses ; j'ai en-
» voyé un aide-de-camp à Paris, il a vu les minis-
» tres, mais on n'a pu lui donner que quatre cent
» mille francs. C'est cette somme, ainsi que celle
» qui existe déjà dans la caisse du payeur, que je
» ferai répartir entre les divers régiments. — L'ar-
» mée veut être payée, mon général. — Je vous ai
» dit ce que j'avais à vous dire ; retirez-vous, et
» rentrez au plus tôt dans l'ordre... Si l'ennemi a
» malheureusement connaissance de ce qui se
» passe ici, que deviendrez-vous ? — On a tout
» prévu, mon général : un régiment de cavalerie
» et douze pièces de canon sont partis pour ren-
» forcer la division qui est au camp. Il vous est
» facile de nous faire payer ; et vous avez tout à
» craindre de la part des soldats, si d'ici à vingt-
» quatre heures ils ne sont pas satisfaits. — Que
» m'importe à moi, ce que vous et vos soldats
» pouvez faire ! Je vous répète que vous n'aurez
» que les fonds qui vous sont destinés. Quelque
» chose qui puisse arriver, n'espérez pas me con-
» traindre à faire ce que mon devoir me défend.

» — Général, les soldats peuvent vous conduire
» à la citadelle, ils peuvent même vous fusiller;
» nous répondons d'eux maintenant, mais si
» vous ne nous faites pas payer... — Je n'ai plus
» rien à vous dire, sortez de chez moi... Si vous
» me fusillez, eh bien, je préfère la mort à la
» honte... Vous êtes des ennemis de l'ordre...;
» vous êtes des instruments de la malveillance et
» d'une conspiration que vous ne connaissez pas...
» L'ennemi est peut-être d'accord... Je vous rends
» responsables de tout ce qui peut arriver... Vous
» m'avez entendu, sortez!... Je rougis de conver-
» ser avec des rebelles. »

» Ces mots de conspirations firent sur eux une impression très vive ; ils se turent quelque temps; ils se remirent néanmoins, et l'un d'eux répondit que s'il y avait parmi eux des gens qui eussent des intentions cachées, ils l'ignoraient; que, pour eux, ils ne voulaient qu'être payés, mais qu'ils voulaient l'être, et qu'ils allaient lui amener les autorités civiles, afin qu'il donnât l'ordre de faire les fonds : après quoi ils se retirèrent.

» Pendant que le conseil avisait aux moyens d'assurer la tranquillité publique, et de faire acquitter la solde arriérée, l'armée avait exécuté divers mouvements; elle avait fait des marches, des contre-marches, toujours au pas de course, sans proférer un mot, sans se permettre une menace contre les officiers et les généraux qu'elle avait mis en arrestation. Ce silence, peu ordinaire aux militaires français, avait quelque chose de sinistre dont les habitants étaient épouvantés. Cependant les troupes s'étaient enfin calmées, mais elles ne communiquaient pas avec les bourgeois; elles refusaient même de répondre à leurs questions. Dans les rues, sur les places, on voyait se former des groupes qui se dispersaient après s'être communiqué tout bas soit des ordres, soit des avis. La ville entière était plongée dans une sombre inquiétude : on se rappelait des époques funestes, on craignait de les voir renaître; chacun tremblait pour ses biens, pour sa vie même. Jamais tableau plus effrayant que celui que présentait alors cette immense cité.

» Le général en chef ayant appris que les habitants avaient consenti à faire les fonds nécessaires, et qu'ils donnaient à la frayeur ce qu'ils avaient si long-temps refusé à ses prières, envoya son chef d'état-major auprès des autorités pour régler avec elles la répartition de l'emprunt. Cet officier fut conduit à l'hôtel de ville par un caporal et six hommes qui ne le quittèrent pas. Il y termina ses comptes, et revint au palais sous la même escorte.

» Cependant les généraux et les chefs de corps employaient tour à tour les menaces et les prières pour ramener les mutins à leur devoir. Ces derniers, qui aimaient leurs supérieurs, et qui n'auraient osé leur manquer en face, usaient d'artifice pour échapper à l'ascendant et aux représentations qu'ils craignaient. Lorsqu'un officier se portait d'un côté, on avait soin de lui opposer en première ligne des soldats d'une autre arme; et pendant qu'il haranguait ceux-ci, les autres vociféraient par derrière. Si, malgré cette tactique, il parvenait à joindre un de ses subordonnés et lui adressait des reproches : « Moi ! mon officier, » répondait l'autre avec une douceur hypocrite, « je » ne fais rien, je ne dis pas un mot. » Et il se perdait aussitôt dans la foule. Les troupes prirent bientôt une mesure générale pour se délivrer de ces sollicitations importunes, et tous ceux qui avaient un commandement important furetn consignés chez eux.

» Cependant les alarmes des bourgeois ne tardèrent pas à se calmer, la retraite fut battue long-temps avant la nuit; et dès cet instant, les patrouilles se succédèrent sans interruption. Plusieurs ordres du jour furent lus à chaque poste. Ils recommandaient la tranquillité, l'obéissance, et promettaient que les paiements seraient effec-

tués dans les vingt-quatre heures. L'une de ces pièces était ainsi conçue : « Tout va bien, les ha-
» bitants financent, et les paiements sont com-
» mencés. *Signé,* GARNISON. »

» La ville eut ordre d'illuminer, afin qu'il fût plus facile d'exercer une surveillance sévère.

» Les chefs secrets de l'insurrection n'avaient pas tardé à s'apercevoir qu'une sagesse désespérante présidait à tous les conseils, et que leur but était manqué s'ils ne réussissaient à échauffer de nouveau les esprits, et à exciter quelque émeute dans laquelle le sang pût couler.

» Ils firent donc, vers les cinq heures du soir, arriver au galop sur la place d'armes un chasseur à cheval, annonçant qu'on venait d'arrêter trois fourgons chargés d'or, appartenants au général Rapp, qui les faisait sortir sous la protection des Autrichiens. « Ces trois voitures, ajoutait-il, ont
» été conduites au pont couvert, et voici le reçu
» que je porte à notre commandant en chef. Il
» faut fusiller le général Rapp... c'est un traître...
» il nous a vendus à l'ennemi. »

» Quelque échauffé que l'on fût encore, ce discours produisit peu d'effet. Les troupes maltraitaient leur chef pour l'obliger à lever des contributions, mais elles ne nourrissaient aucun soupçon contre lui. Sa réputation d'homme d'honneur restait intacte, et son intégrité ne leur était pas plus suspecte que son courage. Des provocations au meurtre si ouvertes excitèrent la défiance, et les soldats devinrent plus circonspects. Quelques uns cependant semaient l'inquiétude et voulaient qu'on s'assurât de sa personne; mais l'armée eut le bon esprit de repousser des suggestions dont peut-être elle ne sentit pas d'abord toute la perfidie.

» Dès qu'un moyen échouait, les conspirateurs en tentaient un autre, et ne négligeaient rien pour faire verser le sang, persuadés que s'il avait une fois coulé, il serait facile de le faire couler encore. Le cocher du général conduisait du palais aux écuries un chariot chargé de paille. Les factionnaires firent quelques difficultés de le laisser passer: il sortit cependant ; mais à peine était-il dehors que des malveillants crient à la trahison, et prétendent que, sous prétexte de transporter de la paille, on enlève la caisse militaire. Aussitôt la multitude se jette sur la voiture et la décharge pour la mieux fouiller. On ne trouve rien; on la recharge, en exigeant néanmoins qu'elle rentre : les chevaux effrayés prennent la course et renversent un enfant.

A cette vue la fureur redouble, on force les gardes, on se précipite en tumulte dans la cour du palais, on saisit le cocher, et on le massacre sans pitié entre les mains d'un officier accouru pour le défendre. Le désordre ne devait sûrement pas se borner à la mort d'un domestique; mais des groupes de soldats survinrent, forcèrent les plus emportés de se contenir, et le coup fut encore manqué.

» Toutes les tentatives pour faire égorger le général Rapp par la main de ses troupes ayant échoué, on eut recours aux voies ordinaires de l'assassinat. Dès que la nuit fut avancée, une foule d'individus se succédèrent l'un à l'autre, et usèrent de violence pour s'introduire dans sa chambre à coucher. Mais les aides-de-camp et quelques officiers en défendirent l'entrée avec courage, et préservèrent leur chef de toute insulte.

» Au milieu de cette effervescence, une circonstance vint tout à coup refroidir les soldats, et contribua à les faire rentrer dans l'ordre. La ligne ennemie resserra ses cantonnements au moment même où l'insurrection éclatait, et reçut aussitôt des renforts considérables. Cette concordance des mesures prises par les Autrichiens avec un événement qu'ils ne devaient pas encore connaître, donna beaucoup à penser : aussi la division du dehors doubla de suite ses grand'-

gardes ; de nouvelles troupes et de l'artillerie accoururent de la place.

» L'ennemi intimidé n'osa rien entreprendre. Peut-être aussi attendait-il le résultat des machinations qu'il avait ourdies dans Strasbourg ; peut-être craignait-il de se compromettre avec une armée d'autant plus redoutable qu'elle s'était imposé l'obligation de vaincre, et qu'elle continuait, pour tout ce qui était relatif aux dispositions militaires, à recevoir les ordres du général Rottembourg, dont les Autrichiens avaient plus d'une fois, dans cette campagne, éprouvé la valeur et l'habileté. L'ennemi resta donc en position, et semblait attendre que le moment favorable fût venu. De son côté, la troupe se tint en garde contre les écarts où on voulait la jeter, et poursuivit avec calme et constance le but unique qu'elle s'était proposé, l'acquittement de la solde arriérée.

» Le général Garnison redoublait de vigilance pour maintenir la tranquillité publique, et sortait fréquemment suivi de son état-major, tous en costume de sergents et à cheval, pour s'assurer de l'exécution de ses ordres. Dès qu'il paraissait, les tambours battaient au champ, les postes prenaient les armes et lui rendaient tous les honneurs dus à un commandant en chef.

Ainsi Strasbourg présentait l'image de l'ordre le plus parfait au milieu du désordre, et la discipline la plus sévère régnait au milieu d'une armée en révolte.

» L'emprunt ayant été réalisé, les officiers-payeurs, suivant l'ordre numérique de leur régiment, furent conduits sous bonne escorte chez le payeur-général, où ils touchèrent les sommes nécessaires pour mettre au courant la solde de leurs corps. Mais il leur fut enjoint de n'effectuer les paiements individuels que lorsque tous les régiments auraient touché ce qui leur était dû. Ainsi se passa le premier jour : il y eut moins d'agitation dans le second. On essaya encore d'accréditer parmi la troupe quelques bruits propres à la soulever ; mais elle y fit peu d'attention. Vers le soir, la consigne du palais devint moins sévère ; les aides-de-camp eurent la permission de sortir sous escorte. Un peloton de grenadiers était chargé de les conduire où ils voulaient, et de les ramener.

» Pendant la nuit, les postes furent tous renouvelés. Des individus en costume de sous-officiers se présentèrent encore pour pénétrer chez le général, et s'assurer, disaient-ils, s'il ne s'était pas évadé. Les altercations entre eux et les officiers de l'état-major furent plus vives que jamais;

ceux-ci néanmoins finirent par l'emporter. Enfin la répartition des fonds fut achevée vers les neuf heures du matin. Aussitôt la générale se fit entendre : l'armée se rassembla, retira ses postes, leva le siége du palais, et se rendit sur la place d'armes. Le général Garnison, accompagné de tout son état-major, fit mettre les troupes en bataille, et leur adressa la proclamation suivante. Nous la rapportons textuellement.

« Soldats de l'armée du Rhin,

» La démarche hardie qui vient d'être faite par
» vos sous-officiers pour vous faire rendre jus-
» tice, et le parfait paiement de votre solde, les
» ont compromis envers les autorités civiles et
» militaires. C'est dans votre bonne conduite,
» votre résignation et votre excellente discipline,
» qu'ils espèrent trouver leur salut; et celle que
» vous avez gardée jusqu'à ce jour en est le sûr
» garant, et ils en espèrent la continuation.

» Soldats, les officiers-payeurs ont entre leurs
» mains tout ce qui vous est dû; la garnison ren-
» trera à sa première place; les postes resteront
» jusqu'à ce que le général en chef ait donné des
» ordres en conséquence. Sitôt la rentrée, les ser-
» gents-majors et maréchaux-des-logis se rendront

» chez leurs officiers-payeurs, et prendront note,
» avant de solder la troupe, de MM. les colonels,
» afin d'exercer la retenue de qui de droit. L'in-
» fanterie doit être licenciée, elle prendra des or-
» dres supérieurs ; et la cavalerie, n'ayant encore
» aucun ordre, attendra son sort, afin de rendre
» au moins, avant de partir, chevaux, armes, et
» tout ce qui appartient au gouvernement ; afin
» que l'on puisse dire : Ils sont Français, ils ont
» servi avec honneur, ils se sont fait payer de ce
» qui leur était dû, et se sont soumis aux ordres
» du roi, avec ce beau titre de l'armée du Rhin.

» Par ordre de l'armée du Rhin. »

» Le sergent-général, après avoir prononcé ce discours, que l'armée écouta en silence, fit défiler devant lui les deux divisions d'infanterie, la cavalerie et l'artillerie, et alla en grande pompe arborer à la préfecture et à la mairie des drapeaux blancs faits par son ordre. Les troupes se rendirent ensuite aux casernes, et rentrèrent sous l'autorité de leurs officiers respectifs.

» Aussitôt que la liberté leur fut rendue, les généraux, les colonels et officiers supérieurs s'empressèrent de se rendre chez le comte Rapp, pour lui témoigner la douleur qu'ils avaient eue de voir l'armée méconnaître ainsi le frein de la discipline. Ils firent même imprimer, contre les mouvements séditieux auxquels on s'était livré, une protestation qu'ils signèrent tous, et qui contenait des choses très flatteuses pour le général en chef.

» Deux jours après, on déposa les armes à l'arsenal, et tous les corps furent licenciés. Dalouzi, comme chef de révolte, avait encouru la peine capitale; mais on lui fit grâce en faveur du bon ordre qu'il avait maintenu au milieu de l'insurrection[1]. »

L'armée était dissoute, mon commandement expiré, rien ne me retenait plus en Alsace. Mais les bonnes âmes du faubourg Saint-Germain avaient imaginé que nous étions un sujet d'effroi pour l'Europe. Sur le champ de bataille, je le crois, et les alliés n'en disconvenaient pas. Ailleurs! c'était trop présumer de nous. En fait de trames et de complots ce n'est pas nous qui méritions la palme. J'allai néanmoins au-devant de celle qu'on voulait me décerner. J'écrivis au roi; je n'essayai pas de lui déguiser mes sentiments. Si j'avais pu jeter dans le Rhin la coalition tout entière, je l'aurais fait, je ne m'en cachais pas. Ma lettre était ainsi conçue :

[1] *Précis des opérations des armées du Rhin et du Jura en* 1815.

« Sire,

» Je ne cherche point à justifier ma conduite.
» Votre majesté sait que mon inclination et mon
» éducation militaire m'ont toujours porté à dé-
» fendre le territoire français contre toute agres-
» sion étrangère; je ne pouvais surtout hésiter à
» offrir mon sang pour la défense de l'Alsace, qui
» m'a vu naître.

» Si j'ai conservé l'estime de votre majesté, je
» désire finir ma carrière dans ma patrie; s'il en
» était autrement, je serais le premier à demander
» d'aller passer mes jours chez l'étranger; je ne
» saurais vivre dans mon pays sans l'estime de
» mon souverain.

» Je ne demande que cela, et n'ai besoin que de
» cela. »

Cette lettre ne fut pas inutile. Des signes d'intérêt échappés au monarque continrent la malveillance. Je passai quelques mois à Paris sans
être inquiété; mais l'émigration avait envahi les
chambres et rugissait à la tribune. Les vociférations contre ce que la France possède d'hommes
distingués par leur talent et leur courage me donnèrent tant de dégoût que je m'éloignai. Je me
retirai en Suisse, où du moins l'aristocratie ne

présentait pas le scandale des fureurs du jour à côté des bassesses de la veille. L'ordonnance du 5 septembre fut rendue quelque temps après : je revins à Paris, où je vis tranquille au sein de ma famille, et où j'ai trouvé un bonheur qui jusque-là m'était inconnu.

Ici finissent les Mémoires. Nous n'ajouterons que quelques mots.

Devenu membre de la chambre des pairs, le général fut appelé auprès du chef de l'état. Cette faveur ne le rendit pas infidèle à ses souvenirs. Tant d'immortelles journées étaient trop profondément gravées dans son âme! Il ne pouvait oublier nos victoires, celui qui les avait préparées, ceux qui les avaient obtenues. Il y avait souvent pris une part si glorieuse! le courage ne se déshérite pas. Aussi les braves que poursuivaient des hommes qui s'étaient éclipsés devant eux sur le champ de bataille trouvèrent-ils toujours dans le général un protecteur dévoué. Sa bourse, son crédit, leur étaient ouverts. Jamais il ne rebuta l'infortune. Ceux mêmes qui n'avaient auprès de lui aucun des droits que donne le drapeau participaient à ses bienfaits. Il suffisait qu'ils fussent dans le besoin. Le malheur était quelque chose de sacré à ses yeux.

L'inaction dans laquelle il était tout à coup tombé, après une vie d'alarmes et de fatigues, avait achevé l'ouvrage des blessures dont il était couvert. Sa santé s'était évanouie; bientôt il toucha au terme que lui avait assigné la nature. Il envisagea la mort sans émotion, se fit placer de manière à faire front à l'étranger, qu'il n'avait jamais regardé qu'en face, et rendit l'âme en faisant des vœux pour sa famille et pour la France.

PIÈCES JUSTIFICATIVES.

LETTRE DU GÉNÉRAL RAPP AU DUC DE WURTEMBERG.

Du 14 juin.

M. le colonel Richemont m'a communiqué la lettre dont votre altesse royale l'a honoré le ... de ce mois. J'ai vu avec peine que les propositions très conciliantes faites, en mon nom, par M. Richemont, n'ont point été admises et que des discussions se sont entamées sur des points qui me semblaient ne devoir donner lieu à aucun débat.

En général, je dois faire observer à votre altesse royale que l'armistice n'a pas été demandé par l'empereur Napoléon, ce qui suppose que tous les articles doivent être entendus à l'avantage de l'armée française; mais puisque l'on méconnaît les intentions du traité, je ne vois d'autre moyen pour remplir le but de votre altesse royale et le mien, que de lui proposer de laisser, quant aux limites, les choses dans l'état où elles sont, et d'informer les commissaires nommés par l'article 9 et 12 de l'armistice, des difficultés qui se sont élevées ici sur l'exécution de l'article 6. Je prie donc votre altesse de nommer, conjointement avec moi, deux officiers qui seront chargés de se rendre auprès de ces commissaires, et qui rapporteront bientôt la solution que nous devons attendre.

Je consens pareillement à ce que l'article relatif aux subsistances ne soit réglé que provisoirement, c'est-à-dire que si votre altesse royale ne voulait pas prendre sur elle de faire livrer trente mille rations de vivres à compter du jour de l'armistice, ainsi qu'elles me sont nécessaires d'après l'état de la garnison, le colonel Richemont pourra régler avec MM. les commissaires russes, les quantités qui devront nous être fournies, à valoir sur ce qui sera définitivement réglé par les commissaires de l'armistice, auxquels on en référera comme pour l'article des limites.

L'officier qui a apporté l'armistice aurait pu se charger de faire connaître au quartier-général impérial les discussions qui se sont élevées, si ses instructions ne l'obligeaient à retarder son départ jusqu'après la première distribution qui doit être faite à la garnison par les soins du général commandant le blocus.

J'aurais beaucoup désiré qu'on s'entendît pour l'exécution du traité, car j'ai lieu de craindre que l'on ne tire du retard de cet officier des inductions fâcheuses sur la bonne intelligence que l'armistice suppose entre nous, ce dont j'aurais été d'autant plus contrarié qu'il me semble que votre altesse aurait pu accéder aux propositions du colonel Richemont; ce que j'aurais très certainement fait en sa place, sans pour cela craindre aucun reproche de mon souverain.

Signé, Comte Rapp.

RÉPONSE.

Sulmin, le 15 juin 1813.

J'ai reçu la lettre que votre excellence m'a fait l'honneur de m'écrire en date du 14 juin, et je dois lui avouer avec franchise que je ne puis trop m'expliquer les motifs des mésentendus qui existent relativement à l'exécution littérale des articles de la trève.

Ce traité ayant déterminé des bases fixes pour éviter tout sujet de contestation, il me semble qu'il serait infiniment plus simple et plus naturel de s'y tenir entièrement. J'avoue à votre excellence que c'est avec une véritable peine que je consens à m'en écarter d'après sa proposition. Il me semble que, par cet arrangement qu'elle désire, nous outre-passons d'une certaine manière tous deux nos pouvoirs, et qu'il vaudrait beaucoup mieux de régler entre nous le rayon de neutralité d'après le sens littéral de l'armistice. Cependant, pour éviter toutes discussions ultérieures, je consens, d'après sa proposition, de laisser les choses sur le pied actuel; j'ordonnerai même aux chefs de mes avant-postes de s'entendre avec les vôtres pour faire quelques arrangements qui pourront lui être agréables relativement à mes vedettes et à mes piquets, pour empêcher toute collision entre nos troupes légères.

Pour ce qui concerne l'article des subsistances, la commission rassemblée à cet effet a déjà commencé ses séances, et j'espère que M. le colonel Richemont sera bientôt en état de pouvoir lui annoncer que cet article a été définitivement réglé.

Quant à ce qui regarde les deux officiers que votre excellence voudrait envoyer auprès des commissaires destinés à régler définitivement toutes les difficultés qui paraissent naître relativement aux stipulations de la trêve, je dois vous observer, monsieur le comte, que je n'ai point le pouvoir de leur accorder les passe-ports nécessaires : l'article des subsistances qui sera réglé incessamment permettra, dans peu de jours, à M. le capitaine Planat de se charger de cette commission.

Veuillez vous persuader au reste, mon général, qu'accoutumé, depuis vingt-cinq ans de service, à remplir avec une parfaite exactitude les ordres de mon souverain, j'aurais agi d'une manière bien différente si j'avais consenti aux propositions qui m'ont été faites par M. le colonel Richemont, et qui s'écartaient si essentiellement des articles d'une trêve dont les expressions simples et naturelles ne laissent aucune latitude à la moindre discussion.

Votre excellence me trouvera au reste toujours prêt à faire tout ce qui pourra lui être agréable et qui s'accordera avec mes devoirs. Je saisirai de même avec empressement toutes les occasions où je pourrai la convaincre que rien n'égale la très haute considération avec laquelle j'ai l'honneur d'être, etc.

Signé, ALEXANDRE, duc de Wurtemberg.

LETTRE DU DUC DE WURTEMBERG A SON EXCELLENCE LE COMTE RAPP.

De mon quartier-général, le 12 juillet 1813.

(Arrivée le 14, quoique le duc ne fût qu'à 2 lieues de Dantzick.)

GÉNÉRAL,

Un courrier, qui vient de m'arriver du quartier-général, m'apporte l'ordre de suspendre les fournitures qui ont été faites jusqu'ici à la garnison de Dantzick. Le corps de volontaires qui se trouvait sous les ordres du major prussien Lutzow ayant été attaqué, pendant la durée de la trêve, sans le moindre motif, on m'annonce que c'est la raison qui a causé cette détermination, qui doit avoir son cours jusqu'au moment où cette affaire sera réglée définitivement.

En communiquant les ordres que j'ai reçus à votre excellence, je la préviens en même temps que cette affaire, qui sera probablement bientôt réglée, ne change cependant point les autres articles de la trève, qui doit subsister dans toute sa teneur.

J'ai l'honneur, etc.

Signé, Alexandre, duc de Wurtemberg, général de cavalerie.

RÉPONSE.

Dantzick, le 14 juillet 1813.

Monsieur le duc,

Depuis les arrangements convenus entre nous par suite de l'armistice, j'ai vu avec beaucoup de peine que votre altesse royale ne les remplissait pas avec l'exactitude qu'exigent de pareilles conventions.

J'ai aperçu, dans le retard de toutes les livraisons, une guerre sourde qui détruisait par le fait l'esprit de l'armistice. Malgré mes continuelles réclamations, on a laissé arriérer une grande partie des fournitures; vous n'avez pas même acquitté le courant, et c'est dans cet état de choses que je reçois, aujourd'hui 14, la lettre de votre altesse, en date du 12 juillet, qui me prévient qu'elle a ordre de suspendre les fournitures. Cette cessation a effectivement lieu depuis quatre jours, c'est-à-dire depuis le 10; et comme notre correspondance peut nous parvenir en deux heures, je ne cacherai point à votre altesse avec quels sentiments je dois apprécier la différence de la date et de l'arrivée de votre dépêche.

Les conditions d'un armistice, monsieur le duc, lient également les deux parties; et dès que l'une d'entre elles se permet d'en annuler une des clauses principales et des plus essentielles, l'armistice est dès lors rompu, et elle se met en état de guerre contre l'autre : et c'est ainsi que je considère, dès à présent, la déclaration que vous me faites; et quoique votre altesse m'annonce que les autres articles de la trêve subsisteront, elle sentira que je ne puis recevoir de pareilles modifications que par les ordres de mon souverain. Il ne me reste donc plus qu'à la prier de me faire savoir si les six jours qui doivent précéder la reprise des hostilités courront du 12 à une heure du matin, ou du 14 à midi.

Je dois lui déclarer, au surplus, que je la rends responsable de la rupture d'un armistice conclu entre nos souverains, et que je ne puis entendre à aucune explication évasive qu'après la réception de tous les vivres qui me sont dus.

Signé, Comte RAPP.

LETTRE DU DUC DE WURTEMBERG AU GÉNÉRAL COMTE RAPP.

De mon quartier-général, le 15 juillet 1813.

Je viens de recevoir la lettre que vous m'avez écrite, et je ne puis dissimuler à votre excellence que j'ai été plus que surpris de son contenu.

Il serait absolument inutile de répéter encore à votre excellence ce que MM. les généraux Borozdin et Jelebtzow n'ont pas manqué de lui observer à plusieurs reprises, c'est-à-dire que les retards momentanés qu'a éprouvés la garnison de Dantzick dans son ravitaillement n'ont été occasionés que parce que l'arrangement proposé et demandé par votre excellence, de faire acheter des vivres par ses propres commissaires, a été changé subitement, ce qui n'a pas manqué de produire les plus grands embarras, les commissaires prussiens s'étant excusés sur le dénûment total des provinces limitrophes de Dantzick, qui sont déjà chargées depuis si long-temps de l'approvisionnement de mes troupes. Si, comme je l'avais déjà demandé plusieurs fois, il y avait eu ici, à mon quartier-général, conformément aux stipulations de la trève, un commissaire français en permanence, il aurait pu se convaincre lui-même de l'embarras extrême qu'ont eu les commissaires prussiens pour se procurer les charrois et les vivres nécessaires pour le ravitaillement de la place de Dantzick, et pour l'entretien de mes propres troupes, de manière que ce n'est point l'armée formant le blocus qui a mis des entraves au ravitaillement de la place de Dantzick. Au reste, ce n'est qu'à mon souverain, l'auguste empereur Alexandre, auquel je dois rendre compte de mes actions.

. . . .
. . . .

Je viens maintenant à un article beaucoup plus important, puisqu'il peut avoir des suites très conséquentes; car il paraît, d'après la lettre de votre excellence, qu'elle est décidée à recommencer les hostilités de son chef, tandis que les places de Stettin et de Custrin sont aussi privées momentanément, comme Dantzick, des fournitures stipulées dans l'armistice. J'espère au reste qu'elle fera de mûres réflexions sur ce qu'elle entreprendra; et c'est moi qui la rends responsable de toutes les démarches qu'elle fera, et qui pourraient empêcher les puissances belligérantes de se rapprocher.

Je lui envoie ci-joint la copie exacte de la lettre que j'ai reçue de M. le commandant en chef de toutes les armées, Barclay de Tolly; elle verra que bien loin qu'il soit question de recommencer les hostilités, cela m'est expressément interdit.

Si, malgré toutes mes observations, monsieur le général, dont au reste j'ai pris acte devant mes généraux, commandants de corps, vous ne jugiez pas à propos d'attendre patiemment que l'affaire de la légion de Lutzow, qui a causé la suspension momentanée du ravitaillement de Dantzick, dont les arrérages au reste ne sont que suspendus, et des autres forteresses, soit réglée à l'amiable, et que vous m'attaquiez, je vous prouverai que mes braves Russes ne craignent les menaces de personne, et qu'ils sont au reste prêts à verser leur sang pour la cause de tous les souverains et de tous les peuples.

Signé, ALEXANDRE, duc de Wurtemberg.

RÉPONSE.

Dantzick, le 16 juillet 1813.

J'ai reçu la lettre que votre altesse royale m'a fait l'honneur de m'écrire, le 15 de ce mois. Je ne reviendrai pas sur les diverses observations qu'elle me fait sur la non-exécution des conditions de l'armistice, relativement aux vivres; elles ont été constamment reproduites et toujours victorieusement réfutées, et ne présentent rien de nouveau. Le général Heudelet, que j'ai envoyé à la conférence demandée par M. le général Borodzin, a fait connaître de ma part les seuls moyens d'arrangement provisoire qui pouvaient encore avoir lieu entre nous.

Dans une lettre du 14, j'ai prié votre altesse royale de me fixer à quelle époque devaient commencer les six jours entre la rupture et la reprise des hostilités ; je n'ai pas eu de réponse positive. Je dois donc la prévenir que la lettre de votre altesse royale du 12 ne m'étant parvenue que le 14 à midi, et ne pouvant considérer son refus positif et officiel de continuer les fournitures que comme une rupture le l'armistice, les hostilités recommenceront le 20 ; je dois cette détermination à l'empereur et à l'honneur de mon corps d'armée. Six coups de canon tirés des divers forts de Dantzick, à midi, ne laisseront aucun doute à ce sujet.

Je prie votre altesse royale de ne pas considérer comme une menace l'obligation où je me suis trouvé d'interpréter la violation d'un des articles du traité comme une déclaration formelle qui annulle l'armistice ; je connais les braves troupes russes, que j'ai souvent combattues, et je sais qu'elles sont dignes d'être opposées aux nôtres.

Ma lettre serait finie, monseigneur, si je n'étais dans l'obligation de faire remarquer à votre altesse royale, relativement à quelques expressions de sa lettre du 15, que je ne dois également compte qu'à mon souverain de mes déterminations ; que, quant à ce que votre altesse appelle la cause de tous les souverains et de tous les peuples, ces phrases sont bien extraordinaires dans la lettre d'un prince qui sait mieux que personne que l'empereur Alexandre, son souverain, a été engagé pendant cinq ans dans notre alliance contre le despotisme d'une puissance maritime qui voudrait avoir tout le continent pour tributaire, et que son auguste frère, le roi de Wurtemberg, a été depuis long-temps l'un des plus fermes soutiens de cette même cause.

Signé, Comte RAPP.

LETTRE DU DUC DE WURTEMBERG AU GÉNÉRAL RAPP.

De mon quartier-général, le 17 juillet 1813.

MONSIEUR LE GÉNÉRAL,

Je n'aurais plus rien à ajouter à la lettre que j'ai écrite à votre excellence en date du 15 juillet, si la guerre formelle qu'elle me déclare comme de puissance à puissance ne m'obligeait de faire encore quelques remarques essentielles, avant le commencement des hostilités qu'elle va entreprendre.

Je lui observerai donc, quoiqu'il me soit absolument impossible d'accepter officiellement la déclaration qu'elle va recommencer les hostilités, et en vous rendant encore une fois responsable, mon général, de toutes les suites que produira cet événement, que si, malgré mes observations, vous persistiez cependant dans une détermination qui, à ce que je crois, ne sera pas même approuvée par l'empereur Napoléon, que le terme de la rupture que vous fixez au 20 juillet à midi est contraire aux articles 2 et 3 de l'armistice, puisqu'après le 20 juillet, le terme de l'expiration de la trève, les hostilités ne pourront cependant recommencer, d'après l'article 9, que six jours après le 20 juillet, ce qui nous mènerait donc au 26 de ce mois; et il serait vraiment extraordinaire que nous fussions les deux seuls chefs de corps sur le théâtre de la guerre qui recommençassent les hostilités.

Je suis convaincu qu'avec un peu de patience nous aurons bientôt la nouvelle que les affaires des cabinets prennent une autre tournure. Quel serait alors le regret de votre excellence si, par une trop grande précipitation, il pourrait de nouveau naître des embarras entre les cours, dont la mienne, au reste, n'a aucun reproche à se faire, puisqu'il était bien naturel qu'elle usât momentanément de représailles après avoir appris la destruction du corps de Lutzow au milieu de l'armistice, les hommes ne pouvant point renaître, au lieu qu'il sera très possible de fournir à la garnison de Dantzick les ravitaillements arriérés.

Je finis ma lettre, mon général, forcé de vous faire quelques observations sur les dernières phrases de la vôtre, qui m'ont paru extrêmement étranges. L'Europe entière, et j'ose dire la France même, connaît parfaitement les raisons qui ont causé la rupture de la paix signée à Tilsit. Elle connaît de même aussi le ton dictatorial dont s'est servi l'ambassadeur comte Lauriston au sein de la capitale de Pierre-le-Grand. L'auguste empereur Alexandre a dû appeler, à cette audace extrême, à son glaive ; il a dû s'entourer de ses preux, ouvrir les églises saintes, et se confier au peuple généreux et fidèle qui lui a prouvé ce que peut une nation heureuse dans ses guérets, mais qui n'a pas balancé un instant de s'armer pour la défense de son honneur et de son souverain.

Pour ce qui concerne mon frère, le roi de Wurtemberg, que votre excellence appelle un des plus fermes soutiens de la cause qu'elle défend, je puis assurer votre excellence qu'un général en chef russe ne se croit point inférieur en aucune manière à un roi de la confédération, puisqu'il ne dépend que de l'empereur Alexandre de m'élever à cette dignité, s'il le juge à propos, et alors je serai roi comme un autre : j'y mettrai cependant une petite condition, c'est que ce ne soit point aux dépens d'aucune puissance, ni de personne.

Signé, Alexandre, duc de Wurtemberg.

CAPITULATION

DE LA PLACE DE DANTZICK.

Capitulation de la place de Dantzick, sous conditions spéciales, conclue entre leurs excellences, M. le lieutenant-général Borozdin; M. le général-major Welljaminoff, en fonction de chef de l'état-major; et MM. les colonels du génie Manfredi et Pullet; chargés de pleins pouvoirs de son altesse royale monseigneur le duc de Wurtemberg, commandant en chef les troupes formant le siége de Dantzick, d'une part :

Et leurs excellences M. le comte Heudelet, général de division ; M. le général de brigade d'Héricourt, chef de l'état-major ; et M. le colonel Richemont; également chargés de pleins pouvoirs de son excellence le comte Rapp, aide-de-camp de l'empereur, commandant en chef du dixième corps d'armée, gouverneur-général, d'autre part :

ARTICLE PREMIER.

Les troupes formant la garnison de Dantzick, des forts et redoutes y appartenants, sortiront de la ville avec armes et bagages, le 1ᵉʳ janvier 1814, à dix heures du matin par la porte d'Oliwa, et poseront les armes devant la batterie Gottes-Engel, si à cette époque la garnison de Dantzick n'est point débloquée par un corps d'armée équivalent à la force de l'armée assiégeante, ou si un traité conclu entre les puissances belligérantes n'a pas fixé à cette époque le sort de la ville de Dantzick. MM. les officiers conserveront leurs épées, eu égard à la vigoureuse défense et à la conduite distinguée de la garnison. Le peloton de la garde impériale, et un bataillon de six cents hommes, conserveront leurs armes, et ils prendront avec eux deux pièces de six, ainsi que les chariots de munition y appartenants. Vingt-cinq cavaliers conserveront de même leurs chevaux et leurs armes.

ARTICLE II.

Les forts de Weichselmünde, le Holm, et les ouvrages intermédiaires, ainsi que les clefs de la porte extérieure d'Oliwa, seront remis à l'armée combinée dans la matinée du 24 décembre 1813.

ARTICLE III.

D'abord après la signature de la présente capitulation, le fort Lacoste, celui de Neufahrwasser avec ses dépendances, et la rive gauche de la Vistule jusqu'à la hauteur de la redoute Gudin, et à partir de ce dernier ouvrage la ligne des redoutes qui se trouvent sur le Zigangenberg, ainsi que la Mowenkrugschantz, seront remis dans leur état actuel, sans aucune détérioration, entre les mains de l'armée assiégeante; le pont qui réunit présentement la tête du pont de Fahrwasser avec le fort de Weichselmünde, sera reculé et placé à l'embouchure de la Vistule, entre Neufahrwasser et la Mowenkrugschantz.

ARTICLE IV.

La garnison de Dantzick sera prisonnière de guerre, et sera conduite en France. Monsieur le gouverneur, comte Rapp, s'engage formellement à ce que ni les officiers ni les soldats ne servent, jusqu'à leur parfait échange, contre aucune des puissances qui se trouvent en guerre contre la France. Il sera dressé un contrôle exact des noms de tous messieurs les généraux, officiers, ainsi que des sous-officiers et soldats, composant la garnison de Dantzick, sans exception quelconque. Cette liste sera double; chacun de messieurs les généraux et officiers signera la promesse et donnera sa parole d'honneur de ne point servir ni contre la Russie ni contre ses alliés, jusqu'à leur parfait échange. On fera de même un contrôle exact de tous les soldats qui se trouvent sous les armes, et un autre de ceux qui sont ou blessés ou malades.

ARTICLE V.

Monsieur le gouverneur, comte Rapp, s'engage de faire accélérer autant que possible l'échange des individus formant la garnison de Dantzick, grade pour grade, contre un nombre égal de prisonniers appartenants aux puissances coalisées. Mais si, contre toute attente, cet échange ne pouvait avoir lieu à défaut du nombre nécessaire de prisonniers russes, autrichiens, prussiens, ou autres, appartenants aux cours alliées contre la France, ou si lesdites cours y mettaient quelque obstacle, alors au bout d'un an et d'un jour, à dater du 1ᵉʳ janvier mil huit cent quatorze, nouveau style, les individus formant la garnison de Dantzick, seront déchargés de l'obligation formelle contractée dans l'article IV de la présente capitulation, et pourront être employés de nouveau par leur gouvernement.

ARTICLE VI.

Les troupes polonaises et autres appartenantes à la garnison auront une pleine et entière liberté de suivre le sort de l'armée française, et dans ce cas seront traitées de la même manière, excepté celles de ces troupes dont les souverains seraient alliés avec les puissances coalisées contre sa majesté l'empereur Napoléon, lesquelles seront acheminées sur les états ou les armées de leurs souverains, suivant les ordres qu'elles en recevront, et qu'elles enverront chercher par des officiers ou courriers aussitôt après la signature du présent. Messieurs les officiers polonais et autres donneront chacun leur parole d'honneur par écrit, de ne pas servir contre les puissances alliées, jusqu'à leur parfait échange, conformément à l'explication donnée par l'article v.

ARTICLE VII.

Tous les prisonniers, de quelque nation qu'ils soient, qui appartiennent aux puissances en guerre contre la France, et qui se trouvent présentement à Dantzick, seront remis en liberté et sans échange, et envoyés aux avant-postes russes par la porte Peters-Hagen, le matin du 12 décembre 1813.

ARTICLE VIII.

Les malades et les blessés appartenants à la garnison seront traités de la même manière et avec les mêmes soins que ceux des puissances alliées; ils seront envoyés en France après leur parfait rétablissement, sous les mêmes conditions que le reste des troupes formant la garnison de Dantzick. Un commissaire des guerres et des officiers de santé seront laissés auprès de ces malades pour les soigner et réclamer leur évacuation.

ARTICLE IX.

D'abord qu'un certain nombre d'individus appartenants aux troupes des puissances coalisées aura été échangé contre un nombre égal d'individus appartenants à la garnison de Dantzick, alors ces derniers peuvent se regarder comme libres de leur engagement précédent, contracté formellement dans l'article iv de la présente capitulation.

ARTICLE X.

Les troupes de la garnison de Dantzick, à l'exception de celles qui, aux termes de l'article vi, recevront les ordres de leurs souverains, marcheront par journées d'étape en quatre colonnes, et à deux jours de distance l'une de l'autre, et d'après la marche-route ci-jointe, et seront escortées jusqu'aux avant-postes de l'armée française. Les fournitures pour la garnison de Dantzick se feront en marche, conformément à l'état ci-joint. La première colonne se mettra en marche le 2 janvier 1814; la seconde le 4, et ainsi de suite.

ARTICLE XI.

Tous les Français non combattants, et qui ne sont point au service militaire, pourront suivre, s'ils le veulent, les troupes de la garnison; mais ils ne peuvent point prétendre aux rations fixées pour les militaires ; ils pourront disposer au reste des propriétés qui seront reconnues leur appartenir.

ARTICLE XII.

Le 12 décembre 1813, il sera remis au commissaire nommé par l'armée assiégeante, tous les canons, mortiers, etc., etc., armes, munitions de guerre, plans, dessins, devis, les caisses militaires, tous les magasins de quelque nature qu'ils soient, les pontons, tous les objets appartenants aux corps du génie, à la marine, à l'artillerie, au train, voitures, etc., etc., sans aucune exception quelconque ; et il en sera fait un double inventaire qui sera remis au chef d'état-major de l'armée combinée.

ARTICLE XIII.

MM. les généraux, officiers d'état-major et autres, conserveront leurs bagages et leurs chevaux fixés par le règlement français, et recevront le fourrage en conséquence pendant la marche.

ARTICLE XIV.

Tous les détails relatifs aux transports à accorder, soit pour les malades et blessés, ou pour les corps et officiers, seront reglés par les chefs des deux états-majors respectifs.

ARTICLE XV.

Il demeure réservé au sénat de Dantzick de faire valoir auprès de sa majesté l'empereur Napoléon tous ses droits à la liquidation des dettes qui peuvent exister de part et d'autre; et son excellence le gouverneur-général s'oblige à faire donner à ceux envers qui ces dettes ont été contractées des reconnaissances qui servent à certifier leurs créances; mais sous aucun prétexte, il ne pourra être retenu des ôtages pour ces créances.

ARTICLE XVI.

Les hostilités de tout genre cesseront de part et d'autre à dater de la signature du présent traité.

ARTICLE XVII.

Tout article qui pourrait présenter des doutes sera toujours interprété en faveur de la garnison.

ARTICLE XVIII.

On fera quatre copies exactes de la présente capitulation, dont deux en langue russe et deux en langue française, pour être remises en double aux deux généraux en chef.

ARTICLE XIX.

Après la signature de ces pièces officielles, il sera permis au gouverneur général, comte Rapp, d'envoyer un courrier à son gouvernement; il sera accompagné jusqu'aux avant-postes français par un officier russe.

Fait et convenu à Langfuhr, cejourd'hui 29 novembre 1813.

Signé, le général de division comte Heudelet, le général d'Héricourt, le colonel Richemont, le lieutenant-général et chevalier Borozdin, le général-major Welljaminoff, en fonction de chef d'état-major, le colonel du génie Manfredi, le colonel du génie Pullet.

Vu et approuvé,

Le comte Rapp.

LETTRE DU DUC DE WURTEMBERG AU GÉNÉRAL RAPP.

De mon quartier-général de Pelouken, le 23 décembre 1813, à 11 heures du soir.

Général,

Je suis obligé de vous faire part que je viens de recevoir un courrier de sa majesté impériale qui m'apprend que la capitulation conclue entre votre excellence et moi a été approuvée par l'empereur, hormis ce qui concerne le retour de la garnison en France. Quoiqu'il ne m'appartienne pas d'examiner si on a pris en considération particulière que la garnison de Dantzick ne soit forcée, à l'instar de celle de Thorn et d'autres places, à reprendre service avant son parfait échange, et après qu'elle aura repassé le Rhin, je suis cependant obligé de faire part à votre excellence de la volonté précise de sa majesté, étant cependant persuadé qu'aucuns de MM. les généraux ni officiers faisant partie de la brave garnison de Dantzick ne se permettraient, dans aucun cas, de manquer à ses engagements, ce dont je serais volontiers le garant. Sa majesté m'a aussi formellement autorisé à vous déclarer, mon général, que la garnison ne sera point envoyée dans les provinces éloignées de la Russie, si votre excellence me remet la place sans détérioration ultérieure, aux termes de la capitulation. Elle pourra choisir pour son séjour particulier, celui de MM. les généraux et officiers, entre les villes de Reval, Pleskow, Zaliega et Orel, pour y demeurer jusqu'à ce que la garnison soit échangée. D'ailleurs il s'entend de soi-même que MM. les généraux et officiers, d'après la capitulation, conserveront tous les avantages qui leur ont été assurés. Pour ce qui concerne les troupes polonaises qui se trouvent encore à Dantzick, la volonté de sa majesté est qu'elles soient renvoyées tranquillement dans leurs foyers, à leur sortie de la place, de même que les troupes allemandes.

Je dois croire, mon général, que votre excellence n'hésitera sûrement pas de consentir à ces arrangements, puisqu'il est à croire que la guerre ne pourra pas durer un an, et alors chacun retournera d'abord chez soi; et je suis d'autant plus persuadé que votre excellence prendra cette détermination que, dans le cas contraire, je ne pourrai lui épargner, ainsi qu'à sa garnison, toutes les rigueurs inévitables qu'entraînerait une résistance parfaitement inutile, qui aurait pour suite infaillible de voir transporter sa garnison dans les provinces les plus éloignées de l'empire russe, sans qu'elle puisse jouir alors des moindres avantages qui lui seront parfaitement garantis maintenant, ainsi que toutes les commodités nécessaires pour la route et stipulées dans la capitulation.

Si votre excellence, contre toute attente, prenait cependant cette détermination aussi inattendue que préjudiciable aux intérêts de la garnison, je lui remettrai alors après-demain samedi, à midi, tous les ouvrages qui ont été cédés à l'armée assiégeante, excepté le fort de Neufahrwasser, puisque la volonté suprême de sa majesté est que votre excellence fasse sortir préalablement toutes les troupes allemandes qui se trouvent à Dantzick avec armes et bagages, la confédération du Rhin n'existant plus, tous les états qui la composaient étant devenus nos alliés; et dans ce cas Neufahrwasser lui sera remis de même de suite et sans la moindre difficulté. J'enverrai aussi à Dantzick par la porte d'Oliwa tous les éclopppés, dès qu'ils seront de retour, et alors les hostilités recommenceraient, le lendemain de leur remise, à neuf heures du matin.

Signé, le duc de Wurtemberg.

P. S. Je prie votre excellence de vouloir bien me faire parvenir sa réponse demain matin. Si M. le général Heudelet, ou un autre de MM. les généraux, était envoyé à mon quartier-général, cela faciliterait infiniment la conclusion d'une affaire qui pourrait se terminer à sa satisfaction.

J'ai écrit sur ceci à sa majesté par un courrier.

RÉPONSE.

Monseigneur,

J'ai fait une capitulation avec votre altesse royale; aujourd'hui elle m'annonce que, sans y avoir égard, l'empereur Alexandre ordonne que la garnison de Dantzick soit envoyée en Russie comme prisonnière de guerre, au lieu de rentrer en France.

Le 10ᵉ corps d'armée laisse à l'Europe, à l'histoire, et à la postérité, à juger une aussi étrange infraction des traités, contre laquelle je proteste formellement.

Par suite de ces principes sacrés, j'ai l'honneur d'annoncer à votre altesse royale que, m'en tenant strictement au texte d'une capitulation que je ne dois pas regarder comme anéantie parce qu'elle est violée, je l'exécuterai ponctuellement, et que je suis prêt à remettre aujourd'hui même aux troupes de votre altesse les forts Weichselmunde, Napoléon, et le Holm, ainsi que tous les magasins, et à sortir de la place avec ma garnison le 1ᵉʳ janvier prochain.

A cette époque, la force et l'abus du pouvoir pourront nous entraîner en Russie, en Sibérie, partout où l'on voudra. Nous saurons souffrir, mourir même, s'il le faut, victimes de notre confiance dans un traité solennel. L'empereur Napoléon et la France sont assez puissants pour nous venger tôt ou tard.

Dans cet état de choses, monseigneur, il ne me reste aucun arrangement à faire avec votre altesse royale, m'en référant entièrement à la capitulation du 29 novembre, qu'on peut, je le répète, enfreindre, mais non anéantir.

Signé, Comte RAPP.

Dantzick, le 23 décembre 1813.

LETTRE DU COMTE RAPP AU DUC DE WURTEMBERG.

Dantzick, le 25 décembre 1813.

Monseigneur,

Mon aide-de-camp m'a remis hier soir la lettre que votre altesse m'a fait l'honneur de m'écrire.

D'après le renvoi qu'elle m'a fait de ma lettre, je crois m'apercevoir qu'elle me suppose de l'aigreur. Votre altesse ne me rend pas justice : voilà 22 ans que je fais la guerre ; je suis habitué à la bonne comme à la mauvaise fortune.

Votre altesse m'a fait l'honneur de me dire qu'il était tout naturel que l'empereur Alexandre pût ratifier ou non la capitulation : ou votre altesse était munie de pleins pouvoirs ou ne l'était pas ; ma conduite dans ce cas eût été toute différente.

Le maréchal Kalkreuth, après une défense très courte, a obtenu une capitulation fort honorable. Je me rappelle même que l'empereur Napoléon, qui n'était qu'à vingt lieues de la place, en était mécontent ; mais il ne voulut pas faire éprouver de désagrément à son général en chef, en annulant la capitulation, et le maréchal Kalkreuth sortit de Dantzick sans la moindre humiliation. Il est impossible de mettre plus de délicatesse et de loyauté que nous l'avons fait, le maréchal Lefebvre et moi. Le maréchal Kalkreuth vit encore, et il en a conservé le souvenir. Il y a des officiers prussiens au quartier-général de votre altesse qui pourront aussi en rendre témoignage.

Votre altesse me fait l'honneur de me dire que sa majesté ordonne que toutes les choses soient remises sur le même pied où elles étaient avant, si je veux recommencer les hostilités. Votre altesse sait parfaitement que les avantages étaient alors de notre côté, puisqu'elle nous a fait constamment des offres qu'elle prétendait être favorables, et que maintenant c'est tout le contraire : cela n'a pas besoin de preuves.

C'est d'ailleurs vous, monseigneur, qui m'avez toujours proposé d'entrer en arrangement pour faire cesser l'effusion de sang, en nous offrant comme condition *fondamentale* notre rentrée en France. La correspondance de votre altesse avec moi en fait foi.

Votre altesse sait bien dans quelle situation nous nous trouvons, et qu'il est de toute impossibilité, sous tous les rapports, de prolonger notre défense ; ainsi le choix qu'elle me laisse devient parfaitement illusoire.

Je prie votre altesse de faire occuper aujourd'hui Weichselmunde, le Holm, et ouvrages intermédiaires. Je n'y ai laissé que de petits détachements pour empêcher les dégradations. Je désire aussi que votre altesse envoie des commissaires pour recevoir les inventaires de nos magasins de toute espèce ; j'y tiens beaucoup, pour qu'il n'y ait pas de réclamation, et qu'on ne puisse pas nous reprocher d'avoir rien détérioré, non pas dans la crainte d'aller en Russie avec moins de commodités, comme votre altesse le répète dans sa lettre, mais par le désir de remplir religieusement tous mes engagements.

J'ai l'honneur de déclarer de nouveau à votre altesse que la garnison de Dantzick sortira le 1ᵉʳ janvier, dans la matinée, en exécution de l'article 1ᵉʳ de la capitulation du 29 novembre, à laquelle je m'en tiens entièrement, et à laquelle il est tout-à-fait inutile d'ajouter aucun autre arrangement. Les circonstances, après notre sortie, nous mettront absolument à la disposition de votre altesse.

J'ai l'honneur, etc.

Signé, Comte RAPP.

AU MÊME.

26 décembre 1813.

MONSEIGNEUR,

Le général Manfredi m'a remis la lettre de votre altesse royale, d'hier, 25 de ce mois. Ayant eu déjà l'honneur de traiter avec elle les premiers articles de cette lettre, ce dernier est le seul qui me semble exiger une réponse. Votre altesse royale me déclare qu'elle ne peut consentir à me laisser sortir de Dantzick, à moins d'un arrangement préalable. De mon côté, ne croyant pas pouvoir revenir sur la capitulation du 29 novembre, approuvée par votre altesse royale et par moi, j'ai l'honneur de lui déclarer qu'au 31 décembre, n'ayant plus de moyens de prolonger ma défense, je me mets à sa disposition, ainsi que les troupes sous mes ordres. Cet arrangement, monseigneur, est bien simple ; c'est à votre altesse royale à régler le sort de la garnison.

Je me contente de recommander à sa générosité les soldats, surtout ceux qui par leurs infirmités et leurs blessures réclament plus particulièrement ma sollicitude.

Je lui recommande également les non-combattants, les femmes, les enfants, et les Français qui habitent Dantzick.

Signé, Comte RAPP.

FIN.

www.ingramcontent.com/pod-product-compliance
Lightning Source LLC
Chambersburg PA
CBHW071102230426
43666CB00009B/1798